D1620741

Herman Bang

Herman Bang: Gesammelte Werke

Sharp Ink 2024

Herman Bang

Herman Bang: Gesammelte Werke

Sharp Ink, 2024
Contact: info@sharpinkbooks.com

ISBN: 978-80-283-4430-6

Inhaltsverzeichnis

Die vier Teufel (1890)

Erstes Kapitel

Die Glocke des Regisseurs ertönte. Allmählich nahm das Publikum seine Plätze ein, wobei das Getrampel auf der Galerie, das Geplauder im Parkett, das Rufen der Apfelsinenjungen die Musik übertönte – und endlich kamen auch die blasierten Leute in den Logen zur Ruhe und warteten.

Es kam die Nummer »Les quatre diables« an die Reihe. Man sah es an dem ausgespannten Netz.

Fritz und Adolf liefen aus der Garderobe hinaus in das Künstlerfoyer, sie eilten den Gang entlang, wobei die grauen Mäntel um ihre Beine schlugen, riefen und klopften an die Türe Aimees und Luisens.

Die beiden Schwestern warteten schon, ebenfalls in fieberhafter Erregung, in ihren langen weißen Gesellschaftsmänteln, die sie ganz einhüllten – während die Duenna mit ihrem schief-sitzenden Kapotthut unaufhörlich im Diskant Rufe ausstieß und verwirrt mit dem Puder, der Armschminke und dem zerdrückten Harz in den Händen hin und her lief.

»Kommt«, rief Adolf, »es ist Zeit!«

Aber sie liefen alle noch einen Augenblick durcheinander, ganz kopflos, von dem Fieber ergriffen, das alle Artisten packt, wenn sie das Trikot auf den Beinen fühlen.

Die Duenna schrie am lautesten.

Nur Aimee streckte ruhig ihre Arme aus den langen Ärmeln Fritz entgegen.

Und schnell, ohne sie anzusehen und ohne ein Wort zu reden, führte er mechanisch eine Puderquaste an den vorgestreckten Armen auf und nieder – wie es seine Gewohnheit war.

»Kommt!« rief Adolf wieder. Sie gingen alle hinaus, Hand in Hand, und warteten. Sie stellten sich am Eingang auf und hörten von drinnen die ersten Takte des Liebeswalzers, nach dem sie arbeiteten:

> Amour, amour,
> oh, bel oiseau,
> chante, chante,
> chante toujours.

Fritz und Adolf warfen ihre Mäntel zu Boden und standen strahlend in rosa Anzügen da, ein so blasses Rosa, daß es fast weiß erschien. Ihre Körper wirkten wie nackt – jeder Muskel war zu sehen.

Die Musik hörte auf zu spielen.

Im Stall war es ganz leer und still. Nur ein paar Pferdeknechte waren, ohne sich stören zu lassen, damit beschäftigt, die Futterbüchsen zu untersuchen, und sie standen und hoben mißtrauisch die schweren Behälter empor.

Die Melodie begann von neuem: »Die vier Teufel« betraten die Manege.

Das Beifallsklatschen erschien ihnen wie ein undeutliches Brausen, und sie unterschieden keine Gesichter. Es war, als wenn alle Fibern ihrer Körper bereits vor Anstrengung zitterten.

Dann lösten Adolf und Fritz rasch die weiten Mäntel Luisens und Aimees, sie fielen auf den Sand hernieder, und die Schwestern standen unter dem Feuer von Hunderten von Gläsern gleichsam nackt in ihren schwarzen Trikots da – wie zwei Negerinnen mit weißen Gesichtern.

Sie schwangen sich alle ins Netz hinauf und begannen zu arbeiten. Nackt schienen sie zwischen den rasselnden Schaukeln hin und her zu fliegen, deren Messingstangen leuchteten. Sie umarmten einander, sie fingen einander auf, sie feuerten sich gegenseitig durch Zurufe an; es war, als wenn die weißen und schwarzen Körper sich liebesheiß umschlängen und dann sich wieder lösten, sich abermals umschlängen und sich wieder lösten in lockender Nacktheit.

Und der Liebeswalzer mit seinen schläfrig schmachtenden Rhythmen tönte weiter, und die Haare der Frauen umflatterten, wenn sie durch die Luft flogen, weit ausgebreitet die schwarze Blöße – wie ein Atlasmantel.

Sie hörten nicht auf. Nun arbeiteten sie übereinander, Adolf und Luise oben.

Der Beifall klang zu ihnen hinauf wie ein verwirrtes Gemurmel, während die Artisten in ihren Logen (wo auch die noch immer erregte Duenna, den rosengarnierten Kapotthut schief auf dem Kopfe, ganz voran stand und mit ihren bloßen schallenden Händen Beifall klatschte) die »Teufel« mit ihren Gläsern beobachteten und den »Kniff« bei ihren Anzügen herauszubekommen suchten, deren Gewagtheit in der Artistenwelt berühmt war:

»Oui, oui, ihre Hüften sind ganz nackt–«

»Der Kniff ist eben der, daß man die Lenden sieht«, riefen sie in der Artistenloge durcheinander.

Die dicke Vorreiterin in dem »Ritterspiel aus dem sechzehnten Jahrhundert«, Mlle. Rosa, legte ihr Glas schwer beiseite.

»Nein, sie haben gar kein Korsett an«, sagte sie, ganz schweißig in ihrem eigenen dicken Panzer. Sie fuhren fort zu arbeiten. Das elektrische Licht wechselte zwischen Blau und Gelb, während sie durch die Luft fuhren.

Fritz schrie auf; an den Beinen hängend, fing er Aimee in seinen Armen auf.

Dann ruhten sie sich aus, indem sie auf dem Trapez nebeneinander saßen.

Über sich hörten sie das Rufen Luisens und Adolfs. Aimee sprach mit keuchender Brust von Luisens Arbeit:

»Voyez donc, voyez!« rief sie.

Luise wurde von Adolfs Beinen aufgefangen.

Aber Fritz antwortete ihr nicht. Er starrte nur, während er mechanisch fortfuhr, seine Hände an der kleinen aufgehängten Decke abzutrocknen, nach der Logenreihe hinab, die sich, hell und unruhig, unter ihnen wie die hellfarbige Umsäumung eines bunten Beetes hinstreckte.

Und plötzlich verstummte auch Aimee und starrte in derselben Richtung hinab wie er, bis Fritz sagte, als risse er sich von etwas los:

»Wir sind an der Reihe«, und sie erwachte mit einem Ruck.

Wieder trockneten sie ihre Hände an der Decke ab und warfen sich herab, so daß sie an den Armen hingen, als wenn sie die Kraft ihrer Muskeln versuchen wollten. Dann setzten sie sich wieder hinauf. Die Seele wohnte in ihren Augen, mit denen sie die Entfernung zwischen den Trapezen maßen.

Plötzlich schrien sie beide:

»Du courage!«

Und Fritz flog rücklings dahin nach dem entferntesten Trapez, während Luise und Adolf oben einen langen, anhaltenden Schrei ausstießen, als wollten sie ein Tier ermuntern.

Amour, amour,
oh, bel oiseau,
chante, chante,
chante toujours.

Ihre große Nummer begann. Sie stießen sich rücklings ab, unter heiserem Rufen, flogen aneinander vorbei und erreichten ihr Ziel. Sie wiederholten es und schrien abermals. Und hoch oben, von der Rotunde, fiel plötzlich, während Luise und Adolf wie zwei sich unaufhörlich drehende Räder auf ihren Schaukeln herumkreisten, ein Regen von deutlich glitzerndem Gold wie eine goldene Staubwolke herab, die leuchtend langsam niedersank – durch den blanken weißen Strom der elektrischen Lampen.

Einen Augenblick sah es aus, als wenn die Teufel durch einen strahlenden Goldschwarm flögen, während der Staub, der langsam herabsank, ihre Nacktheit mit Tausenden strahlender Goldflittern übersäte.

Amour, amour,
oh, bel oiseau,
chante, chante,
chante toujours.

Plötzlich schossen sie, einer nach dem andern, kopfüber durch den glänzenden Regen in das ausgespannte Netz hinab – und die Musik verstummte.

Sie mußten wieder und wieder vorkommen.

Verwirrt stützten sie einander, als würden sie plötzlich schwindlig. Sie gingen hinaus und kamen wieder herein. Dann ließ der Beifall nach.

Stöhnend liefen sie in die Garderoben, und Adolf und Fritz warfen sich auf eine Matratze am Boden platt nieder und hüllten sich in eine Decke ein. Da lagen sie eine Weile, sie waren kaum bei Besinnung.

Dann standen sie auf und kleideten sich um.

Adolf blickte von seinem Spiegel nach Fritz hin, der sich im Stallmeisterfrack präsentierte.

»Willst du Dienst tun?« fragte er.

Und Fritz sagte verdrießlich:

»Der Direktor hat mich darum gebeten.«

Er ging zu den andern hinein, die beim Eingang die Stallmeisterwacht hatten und abwechselnd, todmüde gleich ihm, heimlich für einen Augenblick die schlaffen Körper an den Wänden ruhten.

Nach der Vorstellung versammelte sich die Truppe im Restaurant.

Die »Teufel« saßen, stumm wie die andern, an einem Tisch für sich. An einigen Tischen begann man Karten zu spielen – immer ohne zu reden. Man hörte nur den Laut des Geldes, das über den Tisch hingeschoben wurde.

Die beiden Kellner standen wartend vor dem Büfett und starrten stumpfsinnig all die stillen Leute an. Dumm, die Beine gerade vor sich hingestreckt und mit schlaffhängenden Armen, als wäre ihnen alles gleich, blieben die Artisten längs der Wand sitzen.

Die Kellner begannen das Gas herabzuschrauben.

Adolf schob das Geld neben eines der Seidel hin und stand auf.

»Kommt«, sagte er. »Wir wollen gehen!«

Und die andern drei folgten.

Die Straßen waren schon ganz still. Sie vernahmen keinen andern Laut als ihre eigenen Tritte, während sie je zwei und zwei, wie sie arbeiteten, dahinschritten. Sie erreichten ihre Wohnung und trennten sich im ersten Stockwerk auf dem dunklen Flur mit einem leisen »Gute Nacht!«

Aimee blieb auf dem Treppenabsatz im Dunkeln stehen, bis Fritz und Adolf zum zweiten Stock hinaufgekommen waren und die Türe sich hinter ihnen geschlossen hatte.

Die beiden Schwestern gingen hinein und zogen sich aus, ohne ein Wort zu reden. Als Luise aber im Bett lag, begann sie von der Arbeit der andern zu plaudern, von denen, die in den Logen gewesen waren, von den Stammgästen: Sie kannte alle Gesichter.

Aimee saß noch immer auf dem Rande ihres Bettes, halb angekleidet, ohne sich zu rühren. Luisens Geplauder wurde immer abgebrochener. Schließlich schlief sie ein.

Aber ein Weilchen später erwachte sie wieder und setzte sich im Bett aufrecht hin. Aimee saß noch auf demselben Platz.

»Gehst du denn nicht ins Bett?« fragte Luise.

Aimee löschte schnell das Licht aus.

»Ja, nun,« sagte sie und stand auf.

Aber auch im Bett schlief sie nicht. Sie dachte nur an das eine: daß ihre Augen und die Fritzens sich niemals mehr trafen, wenn er ihre Arme puderte.

Auch Fritz und Adolf waren in ihrem Zimmer zur Ruhe gegangen. Aber Fritz warf sich nur wie gefoltert im Bette umher:

Galt das ihm? Und was wollte *sie* von ihm, sie, dieses Weib in der Loge? *Wollte* sie etwas? Aber warum sah sie ihn immer so an? Warum streifte sie sonst so nah an ihm vorbei? *Galt* das ihm?

Er hatte keinen andern Gedanken als dieses Weib. Vom Morgen bis in die Nacht hinein keinen andern. Nur sie. Er lief mit der einen Frage, wie ein Tier in seinem Käfig, umher: ob sie wirklich wollte – dieses Weib in der Loge?

Und ständig, überall merkte er den Duft ihrer Kleider, wenn sie hinunterkam und an ihm vorbeiging.

Immer dicht an ihm vorbei, wenn er als Stallmeister dastand.

Aber galt das denn ihm? Und was wollte sie?

Er fuhr fort, sich schmerzvoll hin und her zu werfen, und er sagte einmal nach dem andern ins Dunkel hinaus, als wenn das Wort ihn faszinierte:

»Femme du monde!«

Einmal ums andere, ganz leise, wie in Verzauberung:

"Femme du monde —- «

Und er begann mit all seinen Fragen wieder von neuem: ob das ihm galt, ob das ihm galt?

Aimee war wieder aufgestanden. Ganz leise schlich sie durch das Zimmer hin. Im Dunkeln tasteten ihre Finger nach dem Rosenkranz in der Schublade, und sie fand ihn.–

Im Hause war es ganz still.

Zweites Kapitel

Die »Teufel« hatten »gearbeitet«.

Adolf schimpfte in der Garderobe, weil Fritz, wie er sagte, ihren ganzen Kontrakt zuschanden machte durch seine ewigen Stallmeisterdienste, obschon die »Teufel« davon befreit waren.

Aber Fritz gab ihm gar keine Antwort.

Jeden Abend zog er seine Stallmeisteruniform an und stellte sich neben dem Logenaufgang auf und wartete, bis »die Dame aus der Loge« am Arm ihres Mannes die Treppe hinunterkam und an ihm vorbeiging – sie hielt sich jetzt oft im Stalle auf während der letzten Abteilung–, dann folgte er ihnen.

Sie sprach mit den Stallknechten, sie klopfte die Pferde, sie las laut die Namen, die an den Ständen angeschlagen waren. Fritz folgte ihr.

Zu ihm sagte sie nichts.

Aber sie tat alles für ihn – das wußte er –; und durch tausend kleine Bewegungen, durch ein Emporrichten ihres Rückens, dadurch, daß sie ihren Arm ausstreckte, durch einen Blitz ihres Auges stellten sie beide sich gleichsam im geheimen füreinander aus, und der eine belastete den andern, obwohl sie beständig einander fern blieben – immer dieselbe Entfernung, die sie voneinander trennte und trotz der sie doch verbunden waren, als wenn der gemeinsame Trieb sie in einer besonderen Doppelschlinge gefangen hätte, die sie beide festhielt. Sie wechselte ihren Platz, las die Aufschrift eines neuen Standes und einen neuen Namen.

Fritz folgte.

Sie lachte, sie ging weiter; und sie ging zurück, um die Hunde zu liebkosen.

Fritz folgte nur.

Sie führte, und er folgte.

Er schien sie nicht anzusehen. Aber seine Augen verweilten auf dem Saume ihres Kleides, auf ihrer ausgestreckten Hand mit dem Blick wilder Tiere, die gezähmt werden, einem lauernden haßerfüllten Blick, der doch gleichzeitig sich seiner Ohnmacht bewußt ist.

Eines Abends kam sie auf ihn zu. Ihr Mann hatte sich ein Stück entfernt. Er schlug die Augen auf, und sie sagte leise:

»Fürchten Sie mich?«

Er schwieg einen Augenblick.

»Ich weiß nicht«, sagte er dann, heiser und hart.

Und sie wußte nichts mehr zu sagen – verwirrt oder fast ängstlich (eine Angst, die sie plötzlich nüchtern machte) infolge des begehrenden Blickes, den sie auf ihren Füßen brennen fühlte.

Sie wandte sich um und ging mit einem kurzen Lachen, das ihr eigenes Ohr verletzte, fort.

Am nächsten Abend war Fritz nicht Stallmeister. Er hatte sich selbst gesagt, er wollte ihr aus dem Wege gehen, er hatte fest beschlossen, er wollte sie nicht mehr sehen. Er besaß alle jene überkommene Furcht, die den Artisten vor den Frauen als ihrem Verderben eigen zu sein pflegt. Er betrachtete sie als mystische Feinde, die auf der Lauer lägen und nur geboren wären, seiner Kraft nachzustellen. Und wenn er sich einmal hingab – plötzlich, von unwiderstehlichem Drange ergriffen –, geschah es mit einer Art verzweifelter Selbstaufgabe, mit einem rachsüchtigen Haß gegen das Weib, das ihn nahm und ihm ein Stück seines Körpers, einen Teil seiner Kraft raubte – das, was sein teures Werkzeug war, sein einziges Existenzmittel.

Aber vor dieser Dame in der Loge fürchtete er sich doppelt, denn sie war eine Fremde und keine von den Seinen. Was wollte sie von ihm? Selbst der Gedanke an sie peinigte sein Hirn, das nicht ans Denken gewöhnt war. Er wachte mit mißtrauischer Angst über jede Bewegung dieser Fremden aus einer andern Rasse, als wollte sie ihm etwas geheimnisvolles Böses antun, er wußte, er vermochte ihr nicht zu entfliehen.

Er wollte sie nicht mehr sehen – nein, er wollte sie nicht sehen.

Es wurde ihm leicht, das Gelübde zu halten; denn sie kam gar nicht mehr. Zwei Tage nicht, drei Tage nicht – Am vierten Abend stand Fritz wieder als Stallmeister da. Aber sie kam nicht. Auch diesen Abend nicht. Auch am nächsten kam sie nicht.

So lang der Tag auch war, mit Angst dachte er: »Wenn sie kommt«, und am Abend empfand er einen dumpfen Zorn, eine brutale, aber stumme Wut, weil sie nicht kam.

So hatte sie ihn also zum Narren gehalten. So hatte sie ihn also verspottet. So – ein Frauenzimmer! Aber er wollte sich rächen, er würde sie schon finden–

Und er sah, wie er sie mit Schlägen überhäufte, sie mit Füßen trat, sie mißhandelte, so daß sie sich krümmte und halbtot liegen blieb: sie – das Frauenzimmer.

Stundenlang lag er nachts in stummer Wut da. Und sein Begehren wuchs sich in diesen ersten schlaflosen Nächten so verzweifelt gierig fest, denn er hatte noch niemals schlaflos gelegen.

Dann endlich – am neunten Tage kam sie.

Vom Trapez aus erblickte er ihr Gesicht – als wenn er mit den Augen eines andern zu sehen vermochte – und mit einem plötzlichen Rucke, wie in knabenhaftem Jubel, schleuderte er seinen schönen und schlanken Körper, an den gestreckten Armen hängend, hinaus in die Luft.

Sein ganzes Gesicht strahlte in schimmerndem Lächeln, und er schwang sich wieder empor.

Amour, amour,
oh, bel oiseau,
chante, chante,
chante toujours.

Leicht wiegte er das Haupt im Walzertakt; und er ergriff Aimees Hand, fest und froh, wie seit sieben Tagen nicht, und er sprach zu ihr:

»Enfin – du courage«, rief er laut.

Es klang wie ein Siegesschrei. Und als er dann in seiner Stallmeisteruniform in den Stall hinauskam und *sie* sah, stand er wieder stumm und feindlich und betrachtete sie gehässig mit demselben Blick, der ihr nicht recht in die Augen zu sehen wagte.

Aber nach der Vorstellung, im Restaurant, wurde er plötzlich wieder ausgelassen – fast wild. Er lachte und machte allerhand Kunststücke. Er spielte mit Tassen und mit Seideln und ließ seinen Zylinderhut balancieren – mit der Seite – auf der Spitze seines Stockes.

Die andern Artisten wurden von seiner lustigen Stimmung mitgerissen.

Der Clown Tom holte seine Harmonika und spielte, indem er mit seinen langen Beinen über die Stühle hinschritt.

Es entstand ein ungeheures Hallo. Alle machten Kunststücke. Mr. Fillis ließ eine mächtige Tüte auf seiner Nase balancieren, und zwei, drei Clowns kakelten, als wäre man mitten in einem Hühnerhof.

Aber Fritz schrie am lautesten, nachdem er auf einen Tisch gestiegen war; er spielte Ball mit zwei Glaskuppeln, die er von einem Gaskronleuchter abgeschraubt hatte, und schrie, über sein ganzes Gesicht strahlend, in den Spektakel hinein:

»Adolf, tiens! «

Adolf fing die Kuppel; er stand auf dem nächsten Tisch.

Die Artisten waren bald oben, bald unten, einige auf Tischen, andere auf Stühlen. Die Clowns kakelten, die Harmonika stieß Klagetöne aus.

»Fritz, tiens!«

Die Kuppeln flogen wieder hin und zurück – über die Köpfe der Clowns hinweg. Fritz fing sie und wandte sich plötzlich um:

»Aimee, tiens!«

Er warf sie gerade auf sie zu, und Aimee sprang auf. Aber sie kam nicht mehr zur Zeit, und die Kuppel fiel zu Boden und zerbrach.

Fritz lachte und betrachtete das zersplitterte Glas von seinem Tisch herab.

»Das bringt Glück«, sagte er und lachte; plötzlich stand er still und blickte in das Licht der Gaskrone hinauf. Aimee hatte sich abgewandt. Bleich setzte sie sich wieder an der Wand nieder.

Der Spektakel dauerte an. Die Uhr war nahezu zwölf. Die Kellner schraubten das Gas herab. Aber die Artisten hörten nicht auf, sie verdoppelten nur den Lärm in dem Halbdunkel. Ringsum aus allen Ecken hörte man ein ohrenzerreißendes Kakeln und Schreien, auf dem Tisch unter dem Kronleuchter ging Fritz auf den Händen.

Er war der letzte, der hinauskam – er war so aufgeregt, als wäre er betrunken.

In kleinen Häuflein schritten sie alle dahin. Nach und nach trennten sie sich, gruppenweise. Zum Abschied ertönten viele seltsame Laute in die Dunkelheit als letzte Grüße hinaus.

»Night«, rief Mr. Fillis, der durch die Nase sprach.

»Abend, Abend–«

Dann wurde es endlich still, und die vier Teufel schritten stumm, wie gewöhnlich, nebeneinander dahin.

Sie sprachen nicht mehr. Aber Fritz konnte sich noch nicht beruhigen. Er ließ wieder seinen guten Hut in der Luft auf der Spitze seines Stockes herumkreisen.

Sie erreichten ihre Wohnung und sagten sich gute Nacht.

In ihrem Zimmer machte Fritz beide Fenster weit auf und begann laut zu pfeifen, weit hinaus in die Gasse.

»Du bist verrückt!« sagte Adolf. »Was Teufel fehlt dir eigentlich?«

Fritz lachte nur:

»Il fait si beau temps«, sagte er nur und fuhr fort zu pfeifen.

Unten hatte auch Aimee ein Fenster geöffnet. Luise, die im Begriff war, sich auszuziehen, rief ihr zu, sie sollte es zumachen, aber Aimee blieb stehen und starrte in die enge Gasse hinaus.

Bisher hatte sie nicht begriffen – warum seine Augen leer geblieben waren, wenn er sie ansah, warum seine Stimme gleichsam müde geworden war, wenn er mit ihr sprach, auch nicht, daß seine Ohren halb geschlossen waren, wenn *sie* redete–

Und es war, als wären sie nicht mehr dieselben, wenn sie einander noch so nahe saßen–

Und nun puderte er auch nicht mehr ihre Arme!

Das war seit gestern.

Er kam so eilig und ungeduldig hinein, wie es nun seine Gewohnheit war. Und sie streckte ihm ihre Arme entgegen, und er starrte sie nur gedankenlos an, ohne sich auf etwas zu besinnen:

»So pudre dich doch«, sagte er dann heftig und lief davon.

Und ohne zu begreifen, puderte sie langsam den linken Arm und dann den rechten–

Ach nein, ach nein – niemals hatte sie gewußt, daß man so leiden könnte.

Aimee lehnte den Kopf an den Fensterrahmen, und die Tränen begannen ihr über die Wangen herabzufließen.

Nun wußte sie alles. Nun verstand sie–

Plötzlich hob sie den Kopf wieder empor, sie hörte, daß Fritz auf einmal begonnen hatte, laut vor sich hinzusummen.

Das war der »Liebeswalzer.«

Lauter und lauter summte er — nun sang er.

Wie froh er sang, wie glücklich! jeder Ton schmerzte sie, und doch blieb sie stehen: es war, als wenn dieser Gesang ihr alles, ihr ganzes Leben ihr ins Gedächtnis zurückrief.

Wie gut sie sich darauf besann – vom ersten Tage an–

Luise rief sie wieder, und mechanisch schloß sie das Fenster. Aber sie ging nicht zu Bett, still setzte sie sich nur in die dunkle Ecke.

Wie gut sie sich auf alles besann.

Drittes Kapitel

Wie deutlich Aimee den Fritz und Adolf noch sah, als sie das erste Mal zu ihnen kamen – als sie bei »Vater« Cecchi »angenommen« werden sollten.

Es war am Morgen, und Aimee und Luise lagen noch im Bett.

Und die Jungen hatten in der Ecke gestanden, mit geneigten Köpfen – sie trugen Leinenhosen, mitten im Winter, und Fritz hatte einen Strohhut. Und sie wurden ausgezogen, und Vater Cecchi befühlte sie und drückte ihre Beine und beklopfte ihren Brustkasten, bis sie weinten, während die alte Frau, die sie hingebracht hatte, nur ganz still, zusammengeschrumpelt, mit mummelndem Munde dastand – nur die schwarzen Blumen auf ihrem Hut zitterten ein wenig.

Sie fragte nichts. Sie sah nur die Jungen an und folgte ihnen mit den Augen – wie sie nackt unter Cecchis Händen exerzieren mußten–

Auch Aimee und Luise sahen vom Bett aus zu.

Vater Cecchi fuhr fort zu befühlen und zu beklopfen; das Leben der Jungen saß gleichsam in ihren angstvollen Augen.

Dann wurden sie »angenommen«.

Die alte Frau sprach kein Wort. Sie rührte die Jungen nicht an und sagte ihnen nicht Lebewohl. Es war, als wenn sie die ganze Zeit, während ihre Hutblumen zitterten, nur etwas suchte – irgend etwas, das sie nicht fand. Und so ging sie auch zur Türe hinaus, langsam, unentschlossen, und machte sie hinter sich zu.

Fritz schrie einmal auf, ein langer Kinderschrei, als würde er gestochen.–

Aber dann gingen sie beide, er und Adolf, in ihre Ecke zurück und setzten sich, das Kinn auf ihre Knie niedergebeugt und die geballten Hände fest gegen den Boden gestemmt, alle beide stumm nieder.

Vater Cecchi jagte sie in die Küche hinaus, Kartoffeln zu schälen. Aimee und Luise wurden ihnen nachgeschickt. Alle vier saßen sie stumm um die Schüssel herum.

Luise fragte:

»Woher kommt ihr?«

Aber die Jungen antworteten nicht. Sie kniffen nur die Lippen zusammen und blickten zu Boden.

Es verging einige Zeit, bis Aimee flüsterte:

»War das eure Mutter?«

Aber sie antworteten noch immer nicht – sondern saßen nur mit schluchzender Brust, als wenn sie innerlich weinten. Und man hörte nur den Laut der Kartoffeln, die in das Wasser hineinplumpsten, nachdem sie geschält waren.

»Ist sie tot?« flüsterte dann Luise.

Aber die Jungen antworteten noch nicht, und die beiden Mädchen sahen nur still von dem einen zum andern, während Aimee plötzlich ganz leise zu weinen begann und dann auch Luise – alle beide saßen sie und weinten.

Am nächsten Tage begannen die Jungen zu »arbeiten«.

Sie lernten den »chinesischen Tanz« und den »Bauerntanz«. Nach Verlauf von drei Wochen traten sie alle vier auf.

Wenn sie tanzen sollten, standen sie paarweise in den Kulissen, Aimee mit Fritz, Luise mit Adolf, mit starren Augen, und benetzten ihre Lippen mit der Zunge vor Angst, indem sie auf die Orchestermusik lauschten.

»Zieh die Jacke herunter«, sagte Aimee, die selbst vor Fieber kaum ruhig stehen konnte, und zog Fritzens Jacke herab, die schief saß.

»Commencez!« rief Cecchi aus der ersten Kulisse. Der Vorhang war aufgegangen, sie sollten hinaus.

Sie sahen nicht die Lampenreihe, und sie sahen nicht die Leute.

Mit erschrecktem Lächeln machten sie ihre einexerzierten Schritte, indem sie den Takt zählten und die Lippen bewegten, die Augen hielten sie starr auf Cecchi gerichtet, der in der ersten Kulisse mit den Füßen den Takt trampelte.

»Nach links!« flüsterte Aimee Fritz zu, der es niemals zu behalten vermochte; sie schwitzte vor Angst für sie beide und mußte für sie beide Gedächtnis haben.

Sie glichen alle zusammen Wachsfiguren, die sich auf einem Leierkasten herumdrehen.

Das Publikum klatschte und rief sie vor. Apfelsinen fielen auf die Bühne herab. Sie hoben sie auf und lächelten zum Dank dafür, obgleich sie sie Cecchi abliefern mußten, der sie nachts zu seinem Kognak mit Wasser aß, wenn er mit dem Agenten Watson Karten spielte.

Vater Cecchi spielte nämlich die ganzen Nächte durch mit dem Agenten daheim in ihrem Logis.

Die Kinder erwachten, wenn sie sich zankten, und sahen mit aufgerissenen Augen von ihren Betten aus zu, bis sie todmüde wieder in Schlaf fielen.

So verging die Zeit.

Die Cecchi-Truppe kam zu einem Zirkus, und alle vier machten das ganze Handwerk durch.

Sie begannen ihre Proben um halb neun. Zähneklappernd kleideten sie sich um und begannen in dem halbdunklen Zirkus zu arbeiten. Luise und Aimee gingen auf der Leine, indem sie mit zwei Fahnen balancierten, während Vater Cecchi, der rittlings auf der Barriere saß, kommandierte.

Dann wurde das Pferd vorgeführt, und Fritz sollte den Jockeysprung ausführen.

Vater Cecchi kommandierte, mit einer langen Peitsche bewaffnet. Fritz sprang und sprang. Es gelang ihm nicht. Er fiel auf die Barriere herab. Er stützte sich auf das Pferd. Die Peitsche sauste herab und traf sein Bein, so daß er lange Striemen erhielt.

Vater Cecchi fuhr fort zu kommandieren. Mit dem Weinen kämpfend, sprang der Junge und sprang.

Er kam wieder nicht hinauf und fiel.

Die alten Wunden an seinem Körper brachen auf und bluteten, so daß das alte Trikot Blutflecke bekam.

Vater Cecchi rief nur immer wieder: Encore – encore!

Atemlos, schluchzend zwischen den tiefen Atemzügen, sprang Fritz mit schmerzverzogenem Gesicht.

Die Peitsche traf ihn, und verzweifelt sagte er:

»Ich kann nicht!« Aber er mußte von neuem hinauf.

Das Pferd bekam doppelte Schläge und flog schnell mit dem schluchzenden Knaben dahin, dessen Glieder vor Schmerz zitterten: »Ich kann nicht!« rief er qualvoll.

Die Artisten sahen stumm vom Parkett und den Logen aus zu.

»Encore!« rief Cecchi. Fritz sprang wieder ab.

Bleich, mit weißen Lippen, in der Ecke einer Loge verborgen, sah Aimee voll Angst und Erbitterung zu.

Aber Vater Cecchi hörte nicht auf. Eine Stunde dauerte es, fünf Viertelstunden. Fritzens Körper war nur eine einzige Wunde. Er fiel wieder und wieder, stampfte vor Schmerz mit den Füßen in den Sand und fiel abermals.

Nein, nun gelang es nicht mehr. Und er wurde mit einem Fluch fortgeschickt.

Aimee lief aus der Loge heraus; stöhnend vor Schmerz, verbarg sich Fritz wie ein Tier hinter einem Haufen Tonnenreifen. Atemlos, mit geballten Händen, stieß er in wilder Wut abgerissene Flüche aus, eine Menge Gassenworte, Schimpfworte des Stalles.

Aimee saß ganz still. Nur ihre weißen Lippen bebten.

Lange saßen sie so hinter dem Haufen Reifen verborgen. Fritzens Kopf sank hinten gegen die Wand, und er schlief in schmerzvoller Ermattung ein, während Aimee mit ihrem weißen Gesicht unbewegt sitzen blieb, als wachte sie über seinen Schlaf.

Jahre vergingen. Sie waren bereits erwachsen.

Vater Cecchi war tot. Er wurde von dem Huf eines Pferdes totgeschlagen.

Aber sie blieben beisammen. Es ging mit ihnen auf und nieder. Sie waren bei großen Gesellschaften, und sie kamen auch zu ganz kleinen.

Wie deutlich Aimee noch das weißgekalkte und kahle Provinzpantheon sah, in dem sie in jenem Winter arbeiteten. Wie eiskalt es dort war. Sie trugen vor der Vorstellung drei Kohlenbecken hinein, und der ganze Zirkus füllte sich mit dem Rauch, so daß man kaum zu atmen vermochte.

Draußen im Stall standen die Artisten, blaugefroren, und hielten ihre nackten Arme über ein Kohlenbecken hin, und die Clowns sprangen in ihren Schirtingschuhen auf dem bloßen Boden herum, nur um die Füße warm zu erhalten.

Die Cecchitruppe arbeitete in allen Fächern. Sie tanzten, Fritz war Aimees Partner. Aimee war Parforcereiterin, Fritz schnallte als Stallmeister ihren Sattelgurt fester.

Die Truppe plagte sich; sie füllte fast das halbe Programm aus.

Aber es ging nicht. Jede Woche verschwand ein Pferd aus den Ständen, das verkauft wurde, um für die andern Futter zu schaffen. – Die Artisten, die Geld hatten, reisten fort, die zu bleiben gezwungen waren, hungerten – bis endlich alles zu Ende war und sie schließen mußten.

Pferde, Kostüme, alles wurde ihnen fortgenommen. Das Gericht war gekommen und hatte reinen Tisch gemacht.

Es war an dem Abend des Tages, da dies geschehen war.

Die wenigen Artisten, die noch übrig waren, saßen stumm und betrübt in dem dunklen Raum. Sie konnten nicht fort. Sie wußten auch nicht, wohin sie gehen sollten.

Im Stall auf einem Futterkasten saß der Direktor vor den leeren Ständen – und weinte, indem er fortwährend immer wieder dieselben Flüche in allen Sprachen murmelte.

Sonst war es ganz still, ganz tot.

Nur die Hunde – die hatte das Gericht vergessen – lagen traurig mit wachsamen Augen auf einem Haufen Stroh.

Die Cecchitruppe ging in das Restaurant hinein. Alles war verlassen. Der Wirt hatte sein Büfett geschlossen und die Gläser herabgenommen. Stühle und Tische standen staubig durcheinander.

Die vier saßen stumm in einer Ecke. Sie kamen von der Post. Das war ihr täglicher Gang. Sie holten Briefe von den Agenten – Absage auf Absage.

Fritz öffnete sie und las sie. Die andern drei saßen neben ihm und wagten nicht zu fragen.

Er öffnete Brief auf Brief und las langsam, gleichsam mißtrauisch – und legte jeden Brief beiseite.

Die andern sahen ihn nur an – stumm und verzagt.

Da sagte er:

»Nichts.«

Und sie saßen wieder vor den traurigen Briefen, die ihnen nichts gebracht hatten.

Dann sagte Fritz:

»So geht es nicht weiter. Wir müssen eine Spezialität suchen.«

Adolf zuckte die Achseln. »Es gibt auf allen Gebieten genug«, sagte er höhnisch. »Erfinde etwas Neues!«

»Luftarbeit macht sich bezahlt«, meinte er gedämpft.

Die anderen schwiegen, und Fritz sagte, wie vorher:

»Wir könnten in den Kuppeln arbeiten.«

Wieder trat Schweigen ein, bis Adolf fast zornig rief: »Du bist deiner Glieder wohl sicher?«

Fritz antwortete nicht. Es war eine Welle ganz dunkel und still.

»Wir könnten uns auch trennen«, sagte Adolf heiser und ganz leise.

Sie alle hatten denselben Gedanken gehabt, und alle fürchteten sich davor. Nun war er ausgesprochen, und Adolf fügte hinzu, indem er in die Dunkelheit und in den verlassenen Raum vor sich hinstarrte:

»Man kann doch nicht immer weiter an derselben Schüssel hungern!«

Er sprach in unterdrücktem, erregtem Ton, wie Leute, die sich um des Teufels Bart streiten; aber Fritz schwieg noch immer, ohne sich zu rühren, und starrte zu Boden.

Sie erhoben sich und gingen stumm hinaus. In allen Gängen war es kalt und dunkel.

Leise sagte Aimee, während sie dicht nebeneinander hinschritten, mit einer Stimme, die Fritz kaum zu vernehmen vermochte:

»Fritz, ich arbeite mit dir in der Luft!«

Fritz blieb stehen:

»Ich wußte es«, sagte er leise und ergriff ihre Hand. Luise und Adolf sagten nichts.

Sie beschlossen in der Stadt zu bleiben. Fritz versetzte ihre letzten Ringe. Adolf blieb nur, um an die Agenten zu schreiben. Aber Fritz und Aimee arbeiteten.

Sie hatten ihr Trapez im Pantheon aufgehängt und begannen, jeden Tag zu arbeiten. Sie übertrugen einige der Parterreübungen auf das Trapez und quälten, in Schweiß gebadet, stundenlang ihre Körper.

Viertelstunde um Viertelstunde ertönten Fritzens Kommandoworte. Dann ruhten sie sich nebeneinander auf demselben Trapez aus, mit müdem und mattem Lächeln.

Sie begannen sich an die Arbeit zu gewöhnen, und sie fingen mit den Hanloo-Voltaschen Übungen an. Sie versuchten die Sprünge zwischen den Schaukeln, kopfüber fielen sie in das aufgespannte Netz hinab.

Aber sie setzten die Übungen fort, indem sie sich durch Geschrei anspornten:

»En avant!«

»Ça va!«

»Encore!«

Fritz kam hinüber, Aimee fiel.

Sie setzten die Arbeit fort.

Die Seele lag in ihren Augen, wie Federn spannten sich ihre Muskeln; wie unterdrücktes Kampfgeschrei klangen ihre Stimmen: sie kamen hinüber.

Der eine folgte dem andern mit dem Blicke, wie gebannt, fieberhaft:

»En avant – du courage!«

Aimee war hinübergekommen: ihre Muskeln bebten, während sie an dem entferntesten Trapez hing. Sie versuchte noch einmal, und es glückte wieder. Eine Freude überkam sie. Es war, als wenn sie sich an der Kraft ihrer Körper berauschten. Sie flogen aneinander vorbei, und sie ruhten wieder, schweißtriefend, lächelnd – Hand in Hand.

Von Freude ergriffen, rühmten sie gegenseitig ihre Leiber, streichelten die Muskeln, die sie trugen, und blickten einander mit strahlenden Augen an:

»Ça va, ça va«, riefen sie und lachten.

Sie begannen, schwierigere Übungen vorzunehmen. Sie erdachten sich neue Kombinationen. Sie versuchten, und sie berechneten. Sie vertieften sich in die Übungen mit dem Eifer des Erfinders, verhandelten darüber und sannen auf Abwechslung. Fritz schlief fast nicht mehr: der Gedanke an die Arbeit hielt ihn während der Nächte wach.

Morgens, bevor die Sonne aufging, klopfte er an Aimees Türe und weckte sie.

Und draußen entwickelte er bereits, noch während sie sich anzog, seine Pläne, erklärte ihr, mit lauter Stimme rufend, und sie antwortete, eifrig wie er, so daß sie das Haus mit ihren frohen Stimmen erfüllten.

Luise rieb sich die Augen und setzte sich im Bett aufrecht hin.

Sie hatte begonnen, die Übungen zu besuchen. Sie wurde von dem Fortgang der Arbeit mitgerissen; sie rief ihnen zu, und sie applaudierte. Sie antworteten von oben; der Raum hallte wider, immer erfüllt von ihren frohen Stimmen.

Nur Adolf saß stumm in einer Ecke beim Stall.

Eines Tages war auch er hineingekommen und hatte sich dort hingesetzt und sah zu. Niemand sprach zu ihm.

Die Übung war vorüber; ihre Kräfte waren zu Ende: schwer fielen sie in das ausgespannte Netz herab.

Fritz sprang auf den Boden hinunter und hob vorsichtig Aimee aus dem Netz heraus: Froh hielt er sie einen Augenblick in den emporgestreckten Armen fest – wie ein Kind.

Sie zogen sich um; und sie gingen in eine kleine Kneipe hinüber, um zu essen.

Sie begannen, von der Zukunft zu reden, davon, wo sie Engagement suchen könnten, von der Gage, die sie zu erlangen vermochten, von dem Namen, den sie annehmen wollten – von dem Erfolg, der ihrer wartete.

Die beiden sonst so Stummen wurden beredt, sie lachten, sie bauten ihre Zukunft auf. Fritz ersann neue Übungen – immer neue:

»Wenn wir es wagten«, sagte Fritz, ganz heiß vor Eifer –, »wenn wir es wagten.«

Und Aimee antwortete, die Augen auf ihn gerichtet:

»Warum nicht? Wenn du willst!«

Etwas in ihrem Ton rührte Fritz:

»Du bist tapfer«, sagte er plötzlich und sah sie an: Ihre Augen leuchteten ihm entgegen.

Und beide saßen, die Köpfe gegen die Wand gelehnt, starrten lange Zeit vor sich in die Luft hinaus und träumten.

Eines Tages versuchten sie zum ersten Mal den letzten Sprung, den, von dem sie sich einig waren, daß er die große Spezialität bilden würde: er glückte – rücklings erreichten sie die Trapeze.

Von unten ließ sich ein Ruf vernehmen. Es war Adolf. Mit emporgewandtem Gesicht, mit strahlenden Augen schrie er Bravo – Bravo, so daß es in dem leeren Raum widerhallte: »Bravo, bravo!« schrie er wieder, von Bewunderung ergriffen.

Und sie begannen, miteinander zu reden, alle vier, auch Luise, von oben und unten, erklärend und fragend.

An diesem Tage aßen sie zusammen, und auch am nächsten. Sie sprachen alle von den Übungen, es war, als wenn sie alle mit dabei wären. Fritz sagte:

»Ja, Kinder – wenn wir zu vieren arbeiteten. Ihr, Adolf, oben – nur mit festen Barren und Mühlen, und wir, wir beide, Aimee, unter euch – mit dem Todessprung – ja, wenn wir das täten –«

Er fing an, ihnen seinen neuen Plan zu erklären, indem er alle Evolutionen ausmalte; aber Adolf blieb stumm, und Luise wagte nicht zu antworten.

Aber am nächsten Tage sagte Adolf – er stand gesenkten Blickes vor ihm und setzte die Füße vor und zurück:

»Probt ihr heute nachmittag?«

Nein, nachmittags probten sie nicht.

»Denn« – sagte Adolf – »man verliert seine Zeit, und die Glieder werden einem steif –«

Am Nachmittag begannen Adolf und Luise zu proben. Die beiden andern kamen und sahen zu. Sie ermunterten sie und belehrten sie.

Fritz saß heiter da und spielte mit Aimees Hand.

»Ça va, ça va!« riefen sie beide von unten.

Oben flogen Luise und Adolf dreist zwischen den Schaukeln auf und ab:

»Ça va, ça va!«

Sie wußten, nun blieben sie beisammen.

Die Proben waren zu Ende. Die »Nummer« war fertig.

Sie arbeiteten, wie Fritz es gewollt hatte. Sie nannten sich »Die vier Teufel« und ließen sich in Berlin Kostüme zeichnen und anfertigen.

Sie debütierten in Breslau. Dann zogen sie von Stadt zu Stadt. Der Erfolg blieb überall derselbe.

Aimee hatte sich ausgezogen und war zu Bett gegangen.

Schlaflos lag sie da und starrte in die Finsternis hinauf. Ja – wie deutlich sie das alles sah vom ersten Tage an.

Das ganze Leben hatten sie zusammen verbracht – das ganze Leben, Seite an Seite.

Und nun war sie gekommen, sie, diese Fremde – und bei dem Gedanken biß das Akrobatenmädchen in ohnmächtiger, verzweifelter, rein physischer Wut die Zähne zusammen–, um ihn zu verderben.

Was wollte sie von ihm, *sie* mit ihren Katzenaugen? Was wollte sie von ihm, mit ihrem Dirnenlächeln? Was wollte sie von ihm, und warum bot sie sich ihm wie eine Metze an? Ihn vernichten, ihn ihr rauben, seine Kraft zerstören – ihn zugrunde richten?

Aimee biß in ihr Bettuch, ballte ihre Kissen zusammen und fand keine Ruhe für ihre fieberheißen Hände.

Ihre Gedanken wußten nicht genug ohnmächtige Scheltworte, zornige Vorwürfe und rohe Beschuldigungen – bis sie wieder weinte; und wieder fühlte sie all den lähmenden Schmerz, der sie Tag und Nacht, Tag und Nacht verfolgte.

Viertes Kapitel

Fritz lag mit geschlossenen Augen, sein Kopf ruhte in dem Schoß der Geliebten.

Langsam und langsamer glitt die Spitze ihrer Nägel über sein blondes Haar.

Fritz blieb mit geschlossenen Augen liegen, sein Kopf ruhte leicht in ihrem Schoß: also wirklich – er, Fritz Schmidt aus der Frankfurter Gasse, er, der vaterlose Junge, dessen Mutter eines Tages, als sie betrunken war, in den Fluß sprang und dessen Großmutter ihn verkauft hatte – ihn und den Bruder – für zwanzig Mark.–

Also wirklich, er, Fritz Schmidt, genannt Cecchi von den »vier Teufeln«, war ihr Liebhaber geworden, der Liebhaber der »Dame aus der Loge«. Das war *sein* Nacken, der auf ihren Knien lag. Das war *sein* Arm, der ihren Leib umfassen durfte. Das war *sein* Hals, auf dem nun ihre Lippen ruhten.

Er, Fritz Cecchi von den »vier Teufeln«!

Und er öffnete halb die Augen, und er sah mit derselben nicht begreifenden, berauschten Verwunderung ihre feine Hand, die so weich war, die keine Arbeit verunstaltet hatte, ihre hellroten gewölbten Nägel, ihre mattweiße Haut, die er so gern weich und lange küßte.–

Ja – die Hand glitt über seine Stirn hin.

Er war es, der im Atmen den Duft ihres Körpers empfand, der ihm nahe war, ihrer Kleider, deren Stoffe Wolken ähnelten – owie seine Hände so gern über sie hinstrichen.–

Auf ihn wartete sie nachts an dem hohen Gitter, und sie fror während des Wartens, wie vor Kälte. *Ihn* führte sie durch den kleinen Garten des Palais und hängte sich in jedem Gebüsch an ihn.–

Seine Lippen nannten sie ihre »Blume«, *seine* Arme nannte sie ihr »Verderben«.

Ja – solch sonderbare Worte sprach sie, sie sagte: seine Lippen seien eine Blume, seine Arme ein Verderben.

Fritz Cecchi lächelte, und er schloß wieder seine Augen.–

Sie sah sein Lächeln, und sie bog den Kopf über ihn herab und führte ihre Lippen weich über sein Gesicht hin.

Fritz fuhr fort zu lächeln – gebannt von derselben Verwunderung:

»Aber das ist sonderbar«, sagte er leise und fuhr immer in demselben Tone fort: »Aber das ist sonderbar«, und er drehte seinen Kopf ein wenig hin und her.

»Was denn?« fragte sie.

»Dies!« erwiderte er nur und lag wieder still unter ihren Küssen, als fürchtete er, aus einem Traum zu erwachen.

Er lächelte noch immer: In Gedanken wiederholte er ständig ihren Namen, immer wieder über ihren Namen erstaunt – einen von den großen Namen, die von europäischem Klang sind und der selbst bis zu ihm, wie eine Sage, herabgelangt war.

Und langsam schlug er wieder die Augen auf und sah sie an und faßte mit beiden Händen nach ihren Ohren und lachte wie ein Junge, während er sie kniff – fester und fester: auch *das* durfte er – auch das.

Er richtete sich halb empor und schob seinen Kopf zu ihrer Schulter hinauf. Immer mit demselben Lächeln sah er sich in der Stube um:

All das war ihm untertänig, alles, was ihr gehörte: diese tausend zerbrechlichen Nippesgegenstände, die die seltsamen dünnbeinigen Möbel bedeckten: Beinahe wagte er auch sie nicht zu berühren, er, der Jongleur, faßte sie so behutsam an, als würden sie zwischen seinen Fingern zerbrechen; bald konnte er voll Übermut – denn er war hier Herr, er, Fritz Schmidt – mit einem Luxustisch Ball spielen oder eine ganze Etagere balancieren, während sie lachte, immerfort lachte.

Die Gemälde waren ihm fremd, Bilder von Ahnen in der Tracht der »Restaurationszeit« mit Galadegen und behandschuhten Händen.

Es gab Augenblicke, da er plötzlich den Bildern laut, ausgelassen ins Gesicht lachte, wie ein Straßenjunge – unaufhörlich lachte, daß er, Fritz Schmidt, hier bei ihr saß, dem Sprößling dieser Ahnen, und daß sie nun die *Seine* war.

Und er fuhr fort zu lachen und zu lachen – ohne daß sie begriff, warum. Und zuletzt sagte sie: »Aber warum lachst du denn?«

»Ja, ja«, erwiderte er und hörte plötzlich auf zu lachen: »denn dies ist sonderbar, dies ist so sonderbar –«

Er empfand ein eigentümliches, halb glückliches, halb scheues Erstaunen – daß er hier war. Daß er hier Herr war!

Denn er fühlte sich als Herr: sie war ja sein. Er besaß sie. In seinem unzivilisierten Hirn ruhten noch alle Gedanken von dem unbegrenzten Besitz des Mannes – dem Besitz der »Frauenzimmer«–, er, der Handelnde, der selbst im verzehrenden Genuß noch der Überlegene war und sie unter sich zerdrücken konnte.

Aber all diese männlichen Urvorstellungen bei Fritz – dem es eine Wollust bereitete, sie zu bändigen und zu zähmen und zügellos zu gebrauchen – schwanden wieder macht- und hilflos vor seiner stummen, erneuten Verwunderung über sie: ihr unbedeutendstes Wort war von anderem Klang und hatte anderen Tonfall; ihre geringste Bewegung war von anderer Art; ihr Körper, jeder Teil desselben, war von anderer, fremder Schönheit, unentwickelt und zart.–

Und er wurde gefügig und furchtsam, und er schlug plötzlich die geschlossenen Augen auf, um zu sehen, es war kein Traum, und langsam liebkoste er ihre feinen, schlanken Finger: ja, es war die Wahrheit!

Ihre Hände glitten immer zögernder und zögernder durch sein Haar, und sein Atem wurde schneller, während er dalag, als wenn er schliefe.

Plötzlich schlug er die Augen auf:

»Aber was wollen Sie denn von mir?« sagte er.

»Du dummer Mann«, flüsterte sie und hielt ihren Mund dicht über seiner Wange: »Du dummer Mann!«

Sie fuhr fort, nahe seinem Ohr zu flüstern – der Ton ihrer Stimme erregte ihn noch mehr als ihre Liebkosungen–:

»Du dummer Mann, du dummer Mann–«

Und als wenn sie den schönen und apathischen Körper in einen Rausch einlullen wollte, flüsterte sie:

»Du dummer Mann, du dummer Mann!«

Aber er erhob sich nur und sagte mit seinem ständigen Lächeln, während er neben ihr saß, ihren Kopf an seine Brust drückte und sie unsäglich zärtlich ansah:

»Könntest du hier schlafen?« und er wiegte sie in seinem Arm wie ein Kind, bis sie beide lachten, Aug in Auge.

»Du dummer Mann!«

Da flammten seine Augen auf, und er ergriff sie; schnell, ohne ein Wort, trug er sie vor sich her in erhobenen Armen, durch das Zimmer hin – dort hinein.

Nur die hellblaue Ampel sah still zu, wie ein schläfriges Auge.

Der Tag graute, als sie schieden. Aber in allen Ecken auf den Stufen der Treppe, im Garten mitten vor dem stillen Hause – das so vornehm und ehrbar mit verhüllten Scheiben dalag – verlängerten sie noch die geistlosen Stunden ihres Stelldicheins, während sie noch immer dieselben drei Worte flüsterte, die gleichsam der Refrain ihrer Liebesworte wurden – einer Liebe, deren einzige Seele der Instinkt war–:

»Du dummer Mann!«

Dann riß Fritz sich los, und die Gittertüre fiel hinter ihm zu.–

Aber sie blieb stehen, und noch einmal kehrte er zurück. Er nahm sie noch einmal in seine Arme, und plötzlich lachte er – während er vor dem großen Palais neben ihr stand.

Und als wenn ihre Gedanken sich begegneten, lachte auch sie – zum Hause ihrer Väter empor.

Und er begann – indem er mit seiner Neugier einen besonderen Triumph genoß – nach jedem einzelnen von den großen steinernen Wappen über den Fenstern, nach jeder Inschrift der Portale zu fragen, und sie antwortete ihm und lachte und lachte.

Es waren die stolzesten Namen des Landes. Er kannte sie nicht, aber sie erzählte von jedem etwas.

Es war Geschichte von Ehrungen, Geschichte von Kämpfen, Geschichte von Schlachtensiegern.

Er lachte.

Da waren Schilde, die den Thron geschirmt hatten. Da waren Zeichen, die selbst auf St. Peters Stuhl hindeuteten.

Er lachte.

Als würde sie von ihrer Unwürdigkeit selbst erhitzt, wurden ihre Liebkosungen heißer, roh und fast blasphemisch in diesem dämmernden Tageslicht, während sie fortfuhr zu erzählen, als wollte sie eines nach dem andern, Wort für Wort die Schilde ihres Vaterhauses herabreißen und in dem Schmutz ihrer Liebe zerschmettern.

»Und *das?*« fragte er und zeigte auf ein Wappen.

»Und *das?*«

Und sie fuhr fort zu erzählen.

Es war Geschichte von Jahrhunderten. Hier waren Throne erbaut und Königsthrone zusammengestürzt. Der war der Freund eines Kaisers. Der wurde der Tod eines Königs.

Und sie fuhr fort zu reden – flüsternd mit neckendem Spott, indem sie sich an die Schulter des Akrobaten lehnte und sich selbst dem Eindruck dieser Entweihung hingab.

Auch er wurde berauscht.

Es war, als sähen sie beide, hier vor ihren Augen, selbst die Vernichtung und genössen sie – genössen Minute für Minute den Fall dieses großen Hauses – mit Wappen, Portalen, Schilden, Gedächtnistafeln, Turmspitzen –, des Hauses, das unter dem Mühlstein ihres Triebes vernichtet wurde und zusammenstürzte.

Dann riß sie sich endlich los und flüchtete den Gang hinauf.

Noch einmal wandte sie sich in der kleinen Türe um und warf mit winkender Hand – gleichsam als letzten Scherz – dem großen Wappenschild auf dem Türgiebel eine Kußhand zu und lachte.–

Fritz ging nach Hause. Es war, als hätte er Flügel unter den Füßen. Er empfand gleichsam noch alle ihre Liebkosungen.

Ringsum erwachte die große Stadt.

Wagen ratterten die Straße entlang. Es lagen auf ihnen alle Schätze des Blumenmarktes: Veilchen, Frührosen, Aurikeln, Goldlack.

Fritz sang. Halblaut sang er die Verse des Liebeswalzers:

Amour, amour,
oh, bel oiseau,
chante, chante,
chante toujours.

Die Wagen fuhren noch immer an ihm vorbei. Die ganze Straße wurde von all den Düften erfüllt.

Die Blumenverkäufer, die, in große Decken eingehüllt, auf den Böcken saßen, wandten sich auf ihren Sitzen um und lächelten ihm zu.

Er sang noch.

Amour, amour,
oh, bel oiseau,
chante, chante,
chante toujours.

In seiner Gasse war es still und noch halbdunkel zwischen den hohen Häusern. Fritz ging langsamer. Noch immer summte er vor sich hin, und er blickte an seinem Hause hinauf und hinab.

Einen Augenblick fuhr er zusammen – ihm war, als hätte er oben hinter den Scheiben ein Gesicht gesehen.

Bleich, mit zurückgehaltenem Atem lauschte Aimee hinter ihrer Tür:

Ja, das war er.

Amour, amour,
oh, bel oiseau,
chante, chante,
chante toujours.

Die Türe oben wurde geschlossen, und alles wurde still.

Weiß wie eine Nachtwandlerin, die Hände gegen die Brust gedrückt, ging Aimee zu Bett. Unbeweglich starrte sie dem grauenden Tag entgegen – einem neuen Tag.

Fünftes Kapitel

Es war spät, als Fritz Cecchi erwachte, und infolge der Ermattung kam er nur nach und nach zum Bewußtsein, als er undeutlich sah, wie Adolf mitten im Zimmer seinen Körper mit einem nassen Handtuch abrieb.

»Wachst du auch noch einmal auf«, sagte Adolf höhnisch.

»Ja«, erwiderte Fritz nur und fuhr fort, den Bruder zu betrachten.

»Du solltest jetzt auch aufstehen«, sagte Adolf in demselben Ton.

»Ja«, sagte Fritz; aber er fuhr fort, ohne sich zu rühren, den starken und unberührten Körper des Bruders anzustarren, dessen Muskeln in lebender Kraft spielten: er empfand eine dumpfe Wut, den erbitterten und kläglichen Zorn eines Überwundenen.

Während er so dalag, den Bruder anstarrte und plötzlich die nackten Arme emporhob und fühlte, wie kraftlos sie waren, und wie er dann mit einem Ruck mit den Füßen gegen das Fußende des Bettes stieß und die Schlaffheit auch der Beinmuskeln empfand – da wurde er plötzlich von einer bleichen und wilden Erbitterung gepackt gegen sich selbst, gegen seinen Körper, gegen sein Geschlecht und gegen sie: die Diebin, die Räuberin, die Verderberin ... sie!

Sein Zorn war ein gedankenloser. Er wußte nur das eine: Er hätte sie, wie ein Wahnsinniger, totschlagen können. Totschlagen mit geballten Fäusten. Stück für Stück totschlagen. Sie totschlagen, während sie schrie und lachte. Totschlagen, so daß sie nicht mehr jappte. Mit seinen Hacken und Füßen sie tottreten.

Abermals hob er seine Arme empor und preßte seine Hände zusammen, und er fühlte wieder das Versagen der kraftlosen Muskeln, während er in Wut seine Zähne zusammenriß.

Adolf ging hinaus und warf die Türe zu.

Da sprang Fritz auf und begann nackt, seinen Körper zu untersuchen. Er versuchte einige Übungen und kam damit nicht zustande. Er machte Parterre-Gymnastik, und er konnte es nicht. Die müden Glieder zitterten nur widerspenstig.

Wieder versuchte er es. Er schlug sich selbst. Abermals versuchte er es. Er kniff sich mit seinen Nägeln.

Alles vergebens.

Er konnte nichts.

Er lief mit der Stirn gegen die Wand und versuchte abermals.

Es war vergebens.

Und schlaff setzte er sich vor den großen Spiegel und betrachtete Muskel für Muskel seinen trägen und erschlafften Körper.

So war es also Wahrheit: sie raubten einem alles: Gesundheit, Kraft, Muskelstärke. So war es also Wahrheit: alles wurde einem zerstört: Arbeit, Lebensstellung, Name.

Ja, so war es.

Und es würde ihm gehen wie den andern, und es würde bald mit ihm vorbei sein.

Es würde ihm wie »the Stars« gehen, die zwei Dirnen von Stadt zu Stadt schleppten und sie prügelten – bis sie schließlich ins Irrenhaus gesperrt wurden.

Es würde ihm gehen wie dem Jongleur Charles – der mit der Sängerin Adelina ein Verhältnis hatte–, seine Glieder wurden schlaff wie die eines Trinkers. Dann hängte er sich schließlich auf.

Oder Hubert, der mit der Frau eines Stallknechts durchgegangen war und nun auf Jahrmärkten ritt, oder dem Jongleur Paul, der sich in die »Anita mit den Messern« vergafft hatte und nun Ausrufer in einem Zelt war.

Ja, sie machten ihre Körper zu Heu.

Wieder erhob er sich.

Aber er *wollte* nicht unterliegen.

Und er begann wieder zu arbeiten, seine Muskeln zu peinigen, seine Kraft anzuspannen, jede Fiber in seinem Körper aufzustacheln.

Es ging.

Und plötzlich zog er sich an. Er riß die Kleider auf den Leib, knöpfte sie kaum zu und ging.

Er wollte proben – im Zirkus proben – am Trapez.

Adolf, Aimee und Luise waren bereits bei der Arbeit und hingen in ihren grauen Blusen an den Trapezen.

Fritz zog sich um und begann am Boden zu arbeiten. Er ging auf den Händen, balancierte auf der rechten und auf der linken Hand, so daß sein ganzer Körper zitterte.

Die andern sahen von ihren Schaukeln aus stumm zu.

Dann schwang er sich ins Netz hinauf, plötzlich und eifrig, und kletterte in die Schaukel gegenüber Aimee hinauf. Er schleuderte sich an den Armen hinaus, so daß der schlanke Körper gestreckt wurde, und begann.

Aimee blieb sitzen. Mit schlaflosen, schweren Augen starrte sie unverwandt diesen Menschen an, den sie liebte, diesen *Mann,* den sie liebte und der von einer Liebesnacht bei einer andern herkam:

Jahr für Jahr hatten sie Körper an Körper zusammen gelebt.

Ihre Augen maßen ihn – seinen Nacken, der sie getragen hatte, seine Arme, die sie aufgefangen hatten, seine Lenden, die sie umschlungen hatte...

Und all die Gewohnheit des Handwerks, all die Kenntnis der Arbeit erhöhte ihre Qual.

Stumm, von fürchterlichen Leiden überwältigt – einem physischen Leiden, das so nur von ihr gefühlt werden konnte–, starrte sie auf Fritz hin, der dort drüben arbeitete.

Aber Fritz erweckte sie:

»Warum fängst du nicht an«, rief er hart.

»Ja.«

Sie fuhr zusammen, und mechanisch richtete sie sich in der Schaukel auf. Einen Moment nur trafen sich ihre Augen. Aber plötzlich sah Fritz ihr weißes Gesicht, die aufgerissenen Augen, den steifen, unbeweglichen Körper, und er begriff alles.

Und in demselben Augenblick empfand er auch einen unüberwindlichen, unbändigen Ekel vor diesem Körper eines Weibes, einen Abscheu, einen Widerwillen gegen die Berührung desselben – eines andern Weibes als dessen, das er liebte.

Einen unbezwinglichen, ihn durcheisenden Widerwillen – gleichsam einen Haß.

»Fangt an!« schrie Adolf.

»Fangt doch an!« rief Luise.

Aber noch zögerten sie.

Dann flogen sie aufeinander zu und trafen sich. Bleich maßen sie einander, und wieder flogen sie. Er fing sie auf, aber sie fiel. Sie begannen wieder, aber er stürzte.

Wieder fingen sie von frischem an – Aug in Auge; mit jedem Augenblick schienen sie bleicher zu werden und beide fielen, Fritz zuerst.

Luise und Adolf lachten laut auf ihren Schaukeln. Adolf rief:

»Na, du hast heut' deinen glücklichen Tag!«

Luise schrie:

»Ihn hat einer mit dem bösen Blick angesehen«, und wieder lachten sie dort oben in den Schaukeln.

Sie setzten beide die Übung fort, und sie mißlang wieder: Aimee ließ los, Fritz schimpfte laut unten aus dem ausgespannten Netz.

Und plötzlich schalten sie alle durcheinander, erregt und erbittert, mit lauten, hohen Stimmen, nur Aimee blieb mit ihren aufgerissenen Augen sitzen, bleich trotz aller Anstrengung ihrer Arbeit.

Wieder schwang sich Fritz empor, und abermals begannen sie. Beide schrien, und beide flogen ab.

Sie flogen einander entgegen, und gleichsam zu gleicher Zeit erwachte bei ihnen beiden dieselbe Wut. Sie fingen einander unter Geschrei, sie umschlangen sich in Wildheit.

Das war keine Arbeit mehr. Das war Kampf. Sie begegneten sich nicht mehr, sie griffen nicht, sie umarmten nicht. Sie rangen nur und packten sich wie Tiere.

Glühend schienen die beiden Körper mitten in der Luft ihre Stärke zu erproben – in verzweifeltem Kampf.

Sie hörten nicht auf. Sie gaben keine Kommandoworte mehr. Sinnlos, in brutalem, unwiderstehlichem Haß tummelten sie sich, gleichsam selbst erschreckt, in einem furchtbaren Faustkampf durch die Luft.

Dann plötzlich stürzte Aimee mit einem Schrei – sie lag einen Augenblick wie leblos im Netz.

Fritz schwang sich in seine Schaukel empor und betrachtete mit zusammengebissenen Zähnen, bleich wie eine Maske, die Überwundene.

Er stellte sich im Trapez auf und sagte:

»Sie kann nicht mehr arbeiten. Wir müssen tauschen – sie nimmt die obere Schaukel, und Luise arbeitet hier.«

Er sprach hart, wie jemand, der zu befehlen hat. Niemand antwortete, aber langsam begann Luise von der Kuppel zu Aimees Schaukel hinabzugleiten.

Aimee sagte kein Wort. Wie ein zusammengebrochenes Tier hatte sie sich nur halb im Netz emporgerichtet.

Dann kletterte sie langsam zu dem oberen Seil in der Kuppel hinauf.

Und sie arbeiteten wieder von neuem.

Aber Fritzens Kräfte waren zu Ende. Selbst die Erbitterung griff ihn an. Seine Arme trugen ihn nicht mehr: Er fiel, und Luise stürzte.

»Was fehlt dir denn«, rief Adolf, »du bist wohl krank?«

»Nimm du die Kuppel – das wirst du wohl noch können – das geht ja nicht.«

Fritz antwortete nicht, er saß gebeugten Hauptes da, als hätte er einen Schlag bekommen.

Dann sagte er – er murmelte es durch die zusammengepreßten Zähne –:

»Ja, wir können ja tauschen – für heute.«

Er stieg vom Netz herab und ging hinaus. Die Knöchel seiner zusammengeballten Hände waren weiß. Ihm war es, als flüsterten die Stallknechte seinen Namen, und er schlich an ihnen voll Scham vorbei, wie ein Hund.

In der Garderobe warf er sich auf die Matratze. Er fühlte seinen Körper nicht mehr. Aber seine Augen brannten.

Er konnte sich nicht ruhig verhalten. Er begann sich wieder zu üben. Wie man einen schmerzenden Zahn peinigt und mit dem Druck des Fingers ein Geschwür zum Schmerzen bringt, fuhr er fort, seine schlaffen Glieder auf die Probe zu stellen.

Er versuchte, wie im Fieber, ob er dies könnte und ob er das könnte.

Er konnte nichts; wieder warf er sich hin, und abermals versuchte er. Und selbst dies Ringen mit den Versuchen ermattete ihn – vergebens – noch einmal!

So verging der Tag. Er wich nicht aus dem Zirkus. Er irrte um die Manege herum, wie das böse Gewissen um das Verbrechen.

Abends arbeitete er mit Luise oben in der Kuppel.

Er kämpfte wie ein Wahnsinniger mit seinen Gliedern, die ihm nicht gehorchen wollten. Er strengte die zitternden Muskeln wie in Verzweiflung an.

Es ging – einmal, noch einmal, noch einmal.

Er flog zurück, er flog hin, er ruhte wieder.

Er sah nichts – nicht die Kuppel, nicht die Logen, nicht Adolf. Nur das Trapez – das, das er erreichen sollte, und Luise, die vor ihm schaukelte.

Dann flog er ab, griff mit einem Schrei – es war, als wenn das Sausen des Blutes sein angsterfülltes Hirn sprengen wollte – nach Luisens Bein hinaus und fiel – hinab in das heftig auf- und abwogende Netz.

Es war in dem ungeheuren Raum still – still, als glaubte man ihn tot.

Da hob Fritz den Oberkörper halb empor. Er wußte nicht, wo er war. Nun besann er sich, und mit furchtbarer Anstrengung sah er wieder die Manege, das Netz und die schwarze Verbrämung der Menschen, die Logen und – *sie*.

Und überwältigt von Verzweiflung, mehr über die Demütigung als über den Schmerz des Falles, hob er auf einmal die geballten Fäuste empor und sank wieder zusammen.

Die drei andern hatten ihre Vorführungen unterbrochen und riefen verwirrt einander zu. Wie ein Blitz war Adolf unten an dem herabhängenden Seil.

Er und zwei Stallmeister hoben Fritz aus dem Netz heraus, und sie stützten ihn, so daß es aussah, als wenn er selbst ging.

Dann erst glitt Aimee langsam an dem Seil herab. Sie ging, als wäre sie blind – sie sah nichts.

Zwei Artisten standen am Eingang.

»Er kann dem Netz dankbar sein«, sagte der eine.

»Ja«, erwiderte der andere, »er wäre schon kalt geworden.«

Aimee fuhr plötzlich zusammen – sie hatte die Worte gehört. Und als sähe sie es zum ersten Mal, maß sie mit einem einzigen langen Blick Netz und Seile und Schaukeln – die hohen, furchtbar hohen Schaukeln.

Der eine Artist folgte ihrem Blick.

»Auch schändlich hoch!« sagte er.

Aimee nickte nur – ganz langsam.

Es war wieder still, und die Vorstellung nahm ihren Verlauf. Fritz war in der Garderobe von der Matratze aufgestanden und saß vor seinem Spiegel. Geschehen war ihm nichts; es war nur die Betäubung vom Fall.

Adolf zog sich an. Lange schwiegen sie still. Dann sagte Adolf: »Das siehst du wohl ein, so geht es nicht weiter?«

Fritz antwortete nicht. Bleich blieb er sitzen und wandte den Blick von seinem eigenen Gesicht im Spiegel ab.

Adolf war fertig, und sie hörten Luise an der Garderobentür klopfen.

»Wirst du noch einmal fertig?« fragte Adolf. »Sie warten.«

Fritz nahm die tickende Uhr von seinem Spiegel herab und ging hinaus, wo die beiden Schwestern stumm warteten. Sie gingen still nach Hause. – Fritz an der Seite Luisens.

Die Demütigung brannte in seiner Seele, als hätte er eine Wunde in seiner Brust.

Sechstes Kapitel

Fritz und Adolf waren längst zu Bett, und Adolf schlief träge, mit offenem Munde, wie Akrobaten zu schlafen pflegen, deren Körper in schwerer Ruhe regungslos daliegt.

Aber Fritz konnte nicht einschlafen; er lag ausgestreckt auf dem Rücken, schlaflos in dumpfer Verzweiflung. So war es denn also geschehen.

So war es denn schon jetzt geschehen. Er konnte nicht mehr arbeiten.

Er umkreiste nur den einen Gedanken: er konnte also nicht mehr arbeiten. Und ganz langsam und ganz matt machte er sich klar, wie das gekommen war – Tag für Tag und Nacht für Nacht. Ruhig und ganz matt sah er das alles vor sich: die blaue Stube und das hohe Bett und sich und sie. Den gelben Saal mit dem Ruheplatz hinter dem Schirm und die Porträts und sich und sie; die Treppe, auf der die Lampe ausging, und sich und sie...

Und den Garten, in dem er immer wieder umgekehrt war.

Und nun war alles vorbei. Nun erntete er die Früchte.

Er wußte es.

Seine Gedanken wanderten in derselben trägen Weise weiter.

Aber wie er zugrunde gerichtet war, konnte er auch sie zugrunde richten. Ja, das konnte er.

Er konnte eine Nacht dort hingehen und sich die Türe aufschließen. Und wenn er dann dort war – bei ihr, mit ihr, – und wieder machten seine Gedanken halt, und er sah das blaue Gemach und sich und sie–, dann konnte er, dann wollte er klingeln, das ganze Haus zusammenklingeln, bis ihr Mann und die Diener und die Mädchen, alles zusammenlief und sie sahen – *sie*.

Ja, das konnte er!

Ja, das wollte er.

Und plötzlich sagte er, wie er das vor sich sah, noch einmal: »Ja – das will ich – jetzt!«

Alle Ruhe verließ ihn: Ja, warum sollte er es nicht tun? Jetzt, wo der Plan noch frisch, sein Zorn noch neu und seine Gedanken stark waren? Ja, er wollte es jetzt tun.

Und schnell, ohne Licht anzuzünden, begann er seine Kleider zusammenzusuchen, sie anzuziehen – ohne Geräusch, um nicht Adolf zu wecken–, indem er es ständig vor sich sah: sich selbst und sie in der blauen Stube, mitten in der blauen Stube sich und sie. Dort sollte es geschehen.

Er stieß in der Eile an einen Stuhl, und plötzlich blieb er still auf dem Bett sitzen, voller Angst, daß Adolf erwachen könnte. Er durfte nicht aufwachen.

Dann zog er sich lautlos mit zurückgehaltenem Atem weiter an.

Er wollte jetzt fort – er mußte fort!

Er trat zu hart auf und mußte wieder innehalten.

Adolf drehte sich im Bett herum und murmelte:

»Was Teufel gibt's denn?«

Und dann sagte er:

»Wo willst du hin?«

Fritz antwortete nicht. Halb angekleidet, warf er sich unter die Bettdecke, um sich zu verbergen – und er zitterte plötzlich, wie ein ertappter Dieb.

Und bald darauf, als er wieder Adolfs ruhige Atemzüge vernahm, begann er abermals sich weiter anzukleiden, indem er aber im Bett liegen blieb: in fortwährender zitternder Angst, als stehle er seine eignen Kleider – und indem ihm bewußt war, warum er eigentlich dorthin wollte!

Nun war er wieder auf. Er tastete sich vorwärts mit einem Lächeln über jedes Anstoßen, das er vermied, indem er an der Wand entlangging – ohne zu atmen, listig, wie ein Trinker, der sich ungesehen zu seiner Flasche schleicht.

Und es gelang ihm, die Tür zu öffnen und wieder zuzumachen und hinaus und hinunter zu kommen, indem er noch immer schleichend dahinwanderte...

Und ihm war bewußt, daß er schamlos sei, wie ein Hund.

Und er sagte: Morgen kann ich also auch nicht arbeiten.

Und er wußte: Na – also ganz ins Verderben hinein!

Und er lief – lief nur immer schneller, an den Häusern entlang, in ihrem Schatten...

Zu Hause hatte ihn niemand gehört – außer Aimee.

Sie folgte ihm – glitt die Treppe hinab, zum Hause hinaus, hinüber auf die andere Seite der Gasse...

Wie zwei Schatten, die einander jagten, verfolgten sie sich durch die stillen Straßen.

So erreichte Fritz das Palais und das kleine Gitter: Nun war er drinnen, nun erstarb sein Schritt ... Aimee stand in einer Türöffnung verborgen, den Fenstern des Palais gegenüber.

Sie sah ein Licht sich an den Fenstern des ersten Stocks entlang bewegen. Sie sah zwei Schatten hinter den Spitzenvorhängen dahingleiten:

Das waren sie!

Das Licht kam zurück, sie sah die Schatten wieder – dann wurde es ausgelöscht ... Nur ein bläulicher Schein leuchtete still hinter dem letzten Fenster:

Dort waren sie – dort hinter den Scheiben, das waren sie.

Mit zurückgehaltenem Atem, in der Qual der Eifersucht starrte Aimee nach diesen Scheiben hin: Alle, alle diese Bilder kamen und marterten sie zu gleicher Zeit.

All die Bilder, welche die letzte Qual der Verlassenen sind – und die vor ihr, dem Akrobatenmädchen, auftauchten, obschon sie noch keusch war –, es war, als würden sie von lebenden Händen auf diese Scheibe gezeichnet, hinter der er war, hinter der sie sich befanden.

Und ihr ganzes Leben, das in Aufopferung verlebt war; ihr ganzes Dasein, das milde Hingebung gewesen war; alles, was sie gedacht hatte, jeder ihrer zärtlichen Gedanken, jeder gemeinschaftliche Plan – alles sank vor diesen Bildern gleichsam in den Boden – diesen Bildern der beiden Körper.

Ihr ganzes Leben, Stück für Stück, Erinnerung für Erinnerung, Gedanke für Gedanke zerbrach, wurde verschlungen, vernichtet und schwand in dem einzigen: dem Sehnen, dem Sehnen der Verlassenen...

Es blieb nichts übrig: nicht ihre Hingebung, nicht ihre Zärtlichkeit, nicht ihre Opferwilligkeit – nichts ... Es wurde in ihrem Unglück herabgewürdigt, es wurde in ihrer Verlassenheit verdorben, es fiel in seine Ursprünglichkeit zurück:

Der Trieb – der allmächtige, alles vernichtende Trieb.

Stunden vergingen.

Es war, als könnte Aimee nicht mehr leiden. Wie im Schlaf starrte sie matt nach dem hellblauen Schein hin.

Dann öffnete sich die Gittertüre und fiel wieder ins Schloß.

Das war er!

Und Aimee sah ihn qualvoll, grau in dem grauenden Tag, langsam an sich vorbeigehen.

Siebentes Kapitel

»Aimee«, sagte Luise in einem Ton, als wollte sie sie aufwecken, »schläfst du?«

Aimee erhob nur den Arm – merkwürdig langsam – und band ihre langen Haare auf.

»Man sollte es fast meinen«, sagte Luise.

Und Aimee saß wieder vor ihrem Spiegel, in dem sie ihr eigenes Bild sah – ohne sich zu rühren –, als wenn zwei Schlafende mit offenen Augen einander anstarrten.

Langsam zog sie ihre Bluse an und stand auf und ging hinaus – mit demselben seltsamen Blick, als folgte sie einer unsichtbaren Erscheinung, und mit dem Gang eines Automaten, als wäre die Seele in ihrem toten Körper in Schlummer gesunken.

Luise folgte ihr, und sie gingen beide hinaus in den dunklen Raum, in dem Fritz bereits auf der Schaukel wartete.

Es war, als hätte Aimee niemals so sicher gearbeitet wie heute: wie in mechanischem Tempo machte sie ihre Griffe, ließ los und flog.

Sie arbeitete wieder mit Fritz, und es war, als wirkte ihre Ruhe auf ihn zurück: wie die toten Räder und Teile einer Maschine trafen sie sich, trennten sie sich und trafen sich wieder. Und wieder ruhten sie in den gegenüberhängenden Schaukeln.

Es war, als sähe Aimee in dem ganzen weiten Raum nur das, beständig nur das: seinen Körper.

Diesen spielenden Körper, die bewegte Brust, den atmenden Mund, die Adern, die heiß klopften – das alles konnte still und kalt werden.

Still und ganz kalt.

Diese springenden Muskeln, die Hände, die sie ergriffen, der Nacken, in dem das Leben saß – alles würde still und kalt werden.

Die Arme unbeweglich und die Muskeln wie Stein und die Stirn kalt und der Hals tot und die Brust hoch und still.

Und die Hand dort, die fiel dann so schwer herab, wenn sie aufgehoben wurde.

Arme und Beine und Hände – tot.

Sie arbeiteten wieder. Sie flogen und trafen sich.

Jede Berührung stachelte sie an: Wie warm er auch anzufühlen war, würde er doch kalt werden, wie sehr auch alles an ihm bebte, würde er doch so still werden.

Sie dachte nicht mehr daran, warum. Sie dachte nicht mehr an sich. Sie sah nur das Todesbild, sie sah das, was sie sah.

Ihn – kalt und still.

Und gleich einem Geistesgestörten, der seiner geheimen Manie folgt, wurde sie schlau und falsch. Wie ein Morphiumsüchtiger, der seine Lust befriedigen will, wurde sie überaus erfindungsreich.

Sie bekam die Zähigkeit des Monomanen, der stets nur an eines denkt.

Sie suchte Fritz, den sie lange scheu vermieden hatte.

Als die Probe zu Ende war, fing sie an, allein zu arbeiten. Sie übertrug all die Übungen der unteren Schaukel auf die Kuppel. Sie rief zu Fritz hinunter, und sie hielt ihn in der Manege zurück, indem sie ihn ausfragte und ihn um seinen Rat bat – einschmeichelnd, wie ein Lehrling seinen Meister.

Sie wagte alles dort oben in der Kuppel. Sie spielte mit dem Tode. Dreist lockte sie ihn.

Sie beobachtete seine Unsicherheit, als wollte sie sie messen. Sie suchte Hilfe in seiner Kraftlosigkeit, die er verbergen wollte. Sie versuchte das Gewagteste, und sie rief:

»Wir werden schon zeigen, was wir können! Wir werden uns nicht überflügeln lassen!«

Sie reizte ihn. Er erteilte ihr Ratschläge. Er kletterte an den schwebenden Seilen zu ihr in die Trapeze hinauf.

Sie floh gleichsam vor ihm zwischen den rasselnden Schaukeln. Sie schwang sich von Trapez zu Trapez über die gähnende Tiefe.

Und wie von unwiderstehlicher Macht getrieben, begann er, es ihr nachzumachen, während sie ihn mit ihren Rufen anfeuerte. Sie hatte gleichsam die Kraft des Fiebers in ihrem heftig angespannten Körper, er wandte seine letzte Kraft an, wie im letzten Lebenskampf.

Sie schrie:

»Ça va – ça va!«

Er schwang sich vor und griff:

»Ça va – ça va!«

Die Artisten, die aus- und eingingen, blieben in der Manege stehen und sahen zu.

Er wurde noch eifriger. Er wagte alles, was sie wagte. Von Schaukel zu Schaukel flog sie – wild, mit fliegendem Haar vor ihm, als zeigte sie ihm den Weg.

Sie trafen sich und griffen sich. Ihr Körper war kalt, als umfingen ein paar Marmorarme seinen heißen und zitternden Leib.

Dann hörte sie auf, aber er setzte die Übung fort. Sie saß zusammengekrochen in ihrer Schaukel und stachelte ihn durch gedämpfte, gleichsam knurrende Zurufe an – sie saß im Dunkeln und betrachtete ihn.

Fritz stöhnte und ergriff im Herniedersausen das schwingende Seil: es sah aus, als stürzte er herab – hinaus in das große Dunkel.

Aimee blieb auf ihrer Schaukel sitzen: Sie hörte, wie er dumpf ins Netz fiel. Dann ertönte sein Schritt in der weichen Erde der Manege – Tritte, die schnell erstarben.

Es war ganz dunkel. Nur von der Kuppel her kam gedämpftes Licht. Der ganze ungeheure Raum lag im Schweigen da.

Noch immer saß Aimee zusammengekrochen auf dem Trapez zwischen Netz und Seil. Dann erhob sie sich. Die Haspen der Schaukeln und Schnüre rasselten leise.

Sie wurden emporgehoben und geprüft.

Wie ein Schatten machte sich Aimee im Dunkeln zu schaffen – eifrig, wie in einer Werkstatt.

Die Messingknöpfe der Schaukeln leuchteten, als wären es Katzenaugen.

Sonst war es ganz dunkel.

Leise schlugen die Seile der Schaukeln aneinander.

Sonst war es ganz still.

Lange machte sich Aimee in der Kuppel zu schaffen.

Dann ertönte eine laute Stimme unten aus dem Dunkel der Manege.

Es war Fritz. Er rief:

»Aimee! Aimee!«

»Ja, ich komme!« lautete die Antwort.

Aimee erfaßte das rechte Seil. Langsam glitt sie herab, als schwebte sie einen Augenblick schweigend über ihm, der unten wartete.

»Ich komme«, sagte sie wieder und war bei ihm.

Achtes Kapitel

»Die vier Teufel« sollten Benefiz haben.

Es war am Abend vorher – nach der Vorstellung. Das Publikum ging vom Zirkus nach Hause. Adolf klopfte an Aimees und Luisens Tür, und sie gingen alle vier den Gang entlang.

Keiner von ihnen sprach ein Wort, und still setzten sie sich an ihren gewöhnlichen Tisch im Restaurant. Die Seidel wurden gebracht, und sie tranken schweigend. Es war, als führte Aimee selbst die kleinste Bewegung – schon die Art, wie sie das Glas anfaßte – mit Überlegung aus und so langsam, als wenn sie alles, selbst das Geringste, abmessen wollte.

In dem Restaurant ging es lärmend zu. Bib und Bob feierten ihren Geburtstag, und ein Kreis von Artisten setzte sich rings um ihren Tisch.

Einer machte Taschenspielerkunststücke, und der Clown Trip ahmte einen gewissen Rigolo nach, indem er sein Hintergestell hin- und herdrehte.

Die »Teufel« blieben allein für sich in ihrem Winkel sitzen.

Still verschwanden die Ballettdamen, die wartend an den Wänden gesessen hatten – sie wurden von eiligen Herren abgeholt. An einem Seitentisch spielten die Agenten Karten.

Die Clowns fuhren fort, Lärm zu machen. Einer von ihnen spielte auf der Okarina, und ein halbes Dutzend Cri-cris antworteten. Der Clown Tom überreichte als Geburtstagsgeschenk dem Kollegen Bob einen Kohltopf, der mit Schnupftabak gefüllt war, und alle begannen zu schnupfen und zu niesen, wie im Chor zu schnupfen und zu niesen, während die Cri-cris schrien. Oben auf dem Tisch ahmte der Clown Trip noch immer den Rigolo nach mit seinen Drehungen und Windungen.

Die »Teufel« saßen noch immer still.

Der »Plakatmann« kam mit dem Kleistertopf und der Tasche herein und schlug an den beiden Tafeln die Programme für morgen an. Der Name »Les quatres diables« stand dreimal darauf.

Adolf stand auf und ging hin und betrachtete das Programm. Er bat einen der Agenten, es ihm zu übersetzen, und der Agent stand vom Spieltisch auf und übersetzte langsam aus der fremden Sprache – während Adolf zuhörte –:

»Indem wir ein hochgeehrtes Publikum und alle unsere Gönner versichern, daß wir zu dieser unserer Vorstellung alles aufbieten werden, zeichnen wir ehrerbietigst

Les quatres diables.«

Adolf nickte, indem er Wort für Wort den fremden Text verfolgte. Dann kehrte er zum Tisch zurück und starrte nach dem Plakat mit seinen merkwürdigen Buchstaben hin, maß es mit zufriedenem Blick und sagte:

»Schöne Buchstaben.«

Und Luise und Fritz standen auch auf und gingen hin und besahen es – einer nach dem andern.

Die Cri-cris kreischten, als sollten alle Trommelfelle gesprengt werden. Der Clown Tom musizierte, indem er kleine pfeifende Instrumente in seinen aufgerissenen Nasenlöchern anbrachte.

Auch Aimee hatte sich erhoben. Sie stand still hinter Fritz und Luise, während der Agent fortfuhr, dieselben Worte zu übersetzen:

»Zeichnen wir ehrerbietigst

Les quatres diables.«

Luise lachte, da sie sich mit der fremden Sprache fast die Zunge zerbrach; und sie begannen sich über die Buchstaben und Laute lustig zu machen, die der Agent ihnen vorsagte, diese merkwürdigen Laute, indem sie beide denselben Satz nachspotteten: »zeichnen wir ehrerbietigst«–

Es klang so komisch, daß die andern hinzukamen; und sie begannen alle – die Clowns und die Gymnastiker und die Damen – zu lachen und zu rufen und nachzuspotten, laut, jeder in seiner Sprache, wobei alles im Lachen ertrank – dieselben Worte in einem großen, lauten, spottlustigen Chor:

»Zeichnen wir ehrerbietigst

Les quatres diables.«

Die Cri-cris schreien. Hoch oben auf zwei Tischen wendet sich Trip in seinen Rigolo-Drehungen.

Da lachte auch Aimee, laut und lange – als letzte von allen, während ganz allmählich der Lärm nachließ.

Die Teufel kehrten zu ihrem Platz zurück.

Adolf holte Geld vor und legte es neben ihre Seidel. Dann standen die drei auf, aber Fritz blieb sitzen. Er wollte noch nicht nach Hause.

»Gute Nacht«, sagten Adolf und Luise.

»Gute Nacht«, erwiderte Fritz nur und rührte sich nicht.

Aimee blieb stehen; einen Augenblick betrachtete sie ihn, maß ihn, als litte sie noch einmal bei dem Gedanken an diese letzte Nacht.

»À demain, Aimee«, sagte er.

Langsam wandte sie den Blick von ihm ab: »Gute Nacht! «

Sie ging in den großen Gang hinaus. Hier war es dunkel. Die Laterne des Plakatmannes stand am Boden – das gelbe Papier des Plakats leuchtete ihr in dem Lichtschein entgegen. Die beiden andern warteten bereits vor der Türe. Sie folgte ihnen allein.

Zwischen den hohen Häusern war es tot und still.

Aimee betrachtete die großen Steinmassen mit den Fenstern darin, ihren Augen, den fremden Augen.

Der Himmel war hoch und klar. Aimee blickte nach den Sternen empor, von denen man sagte, daß sie Welten seien, andere Welten.

Und dann sah sie wieder nach den Häusern und Türen und Fenstern und Laternen und den Pflastersteinen hinüber – als wäre jedes Ding ein merkwürdiges Wunder–, das sie zum ersten, einzigen Mal sähe.

»Aimee«, rief Luise.

»Ja, ich komme.«

Wieder starrte sie nach den langen Häuserreihen hin, die dunkel und verschlossen dalagen – Steinhaus an Steinhaus–, zwischen denen ihre Schritte erstarben...

Hinter ihr schrien die schmetternden Cri-cris, und sie hörte die Clowns lachen.

»Aimee«, rief Luise wieder.

»Ja.«

Aimee holte sie ein. Die beiden standen Arm in Arm unter dem Schein einer Laterne und warteten auf sie. Luise warf den Nacken zurück und blies den Atem leicht in die Luft hinaus:

»Mein Gott«, sagte sie, »kommst du denn nicht mit?«

Und wie sie auf Adolfs Arm gelehnt im Licht der Laterne dastand, blickte sie die tote und unbekannte Straße hinunter, aus der sie soeben herkamen und deren Halbdunkel sich hinter ihr schloß.

»So eine Gasse finde ich gemütlich!« sagte sie.

Und sie begannen wieder lachend die drei hochkomischen Worte nachzusprechen: zeichnen wir ehrerbietigst, und sagte dann, indem sie noch ein letztes Mal den Blick die tote Gasse entlang schweifen ließ:

»Ja, wie die wohl heißen mag?«

»Ach«, meinte Adolf, »man passiert so viele Gäßchen.«

Und sie gingen weiter – in die nächsten Häuserreihen hinein.

Fritz war sitzen geblieben. Die andern, die am Clownstisch, luden ihn zu einem Glase ein. Er schüttelte aber nur den Kopf. Und einer der Clowns rief:

»Ach, er hat etwas Besseres vor – gute Nacht.« – Und alle lachten.

Die andern erhoben ihre Gläser und fuhren fort zu lachen: Bib und Bob hatten sich eine Angel hergerichtet und angelten alle Hüte der Artisten von den Kleiderhaltern herunter.

Fritz stand auf und ging zur Restaurationstür hinüber, die nach der Straße offenstand, und setzte sich an einen Tisch draußen auf dem Vorplatz unter ein paar Lorbeerbäume.

Eine unendliche Langeweile, ein namenloser Ekel hatte ihn überkommen.

Er sah die flüsternden Paare, die auf- und abgingen und sich aneinander drückten. Im Dunkeln schnäbelten sie sich und lachten verliebt. Die Frauen drehten sich wollüstig, und die Männer scharwenzelten und brüsteten sich voreinander, wie die Tiere des Feldes, die sich paaren wollen...

Plötzlich lachte Fritz kurz und scharf auf.

Er dachte an den Clown Tim, den sie den Herrn mit den Hunden nannten – ja, Tim hatte recht.

Und Fritz sah diesen Tim vor sich mit seinem stillen, unbeweglichen, traurigen Gesicht, das dem einer Bildsäule glich, mit dem feinen, roten, geschweiften und schwermütigen Munde – dem Munde eines Weibes.

Fritz sah ihn daheim in seinem Logis, in der großen Stube, in der er ein ganzes Haus für seine Hunde aufgebaut hatte – ein zweistöckiges Haus, in dem alle Hunde wohnten, übereinander...

Dort lagen die Tiere, jedes in seinem Raum für sich, still, den Kopf durch die Öffnung hinausgestreckt, und starrten nur immer mit Augen vor sich hin, die ebenso traurig waren wie die Tims.

Und Tim saß mitten unter ihnen.

Was für eine stille Gesellschaft das war.

Alle diese Hunde waren kastriert – und Tim meinte, diese Tiere wären menschlicher als die Menschen.

Ja, Tim hatte recht: Die Menschen waren Tiere. Und die Augenblicke des Lebens, in denen wir lebten, waren tierisch.

Tiere waren sie – Tiere, die sich befriedigen wollten.

Toren waren sie; Toren waren wir alle.

Wir hegten und pflegten uns, wir arbeiteten – mit tausendfältiger Mühe. Wir gaben Tage, Jahre, unsere Jugend, unsere Kraft, die Frische unseres Hirns hin – und eines Tages hat das Tier sich in uns erhoben, das Tier, das wir nun einmal sind.

Fritz lachte. Und er belastete unwillkürlich diesen seinen Körper, den er ein ganzes Leben lang gepflegt und in einem Vierteljahr zugrunde gerichtet hatte.

Ein Artist kam durch die Türe heraus. Er wartete einen Augenblick, dann kam auch seine Frau heraus, und sie watschelten längs des Trottoirs davon.

Fritz sah ihnen nach und fuhr fort zu lachen.

Und dann die, die sich verheirateten. Verloren diese nicht ihre Körper? Die sich für Lebenszeit paarten, die ihr tägliches Brot aßen und der Fortpflanzung dienten.

Wie dicke Drohnen schwollen sie auf und legten sich einen Bauch zu bei ihrem regelmäßigen Leben! Und sie zogen Kinder auf zur Fortsetzung dieses Lebens.

Toren – Toren!

Fritz blieb stehen und starrte nach den auf und ab wandernden Paaren hin. Sie wurden immer zärtlicher und suchten den Schatten auf.

Drinnen lärmten die Clowns. Die Cri-cris schrien. Es klang über alle Köpfe hinaus, in alle Gesichter hinein, zu all diesen Paaren – wie ein Triumphgesang der Dummheit.

Fritz stand auf.

Er schleuderte ein Geldstück auf den Tisch.

Dann ging er.

Drinnen in der Restauration stieg der Lärm. Sie brüllten, sie schrien und lachten. Fritz begann zu singen. Und alle fielen pfeifend, schreiend und kakelnd ein: mit Clownsgrimassen, mit Gebärden aus der Manege, mit verdrehtem Munde sangen sie:

Amour, amour,
oh, bel oiseau,
chante, chante,
chante toujours.

Draußen auf dem Vorplatz blieb man stehen. Die Paare sahen durch die Fenster hinein und lehnten sich aneinander und lachten.

Dann summten sie zu zwei und zwei die Melodie der Clowns. Bis weit hinaus in die Dunkelheit hörte man sie summen:

> Amour, amour,
> oh, bel oiseau,
> chante, chante,
> chante . toujours.

Fritz war auf den Platz hinausgekommen. Drinnen sah er die verrückten Clowns, draußen die Liebespaare die Köpfe leicht im Takt bewegen.

Und plötzlich begann der Akrobat zu lachen: an eine Laterne gelehnt, lachte und lachte er – wild, wahnsinnig, ohne sich beherrschen zu können.

Da kam ein Vertreter der Ordnung auf ihn zu und starrte diesen Herrn im Zylinderhut an, der die öffentliche Ruhe störte.

Aber der Herr fuhr nur fort zu lachen, so daß er sich schüttelte, indem er zu singen versuchte:

> Amour, amour,
> oh, bel oiseau,
> chante, chante,
> chante toujours.

Da fing auch der Wächter der Ordnung zu lachen an – ganz urplötzlich, ohne zu wissen, warum.

Aber drinnen fuhren sie fort:

> Amour, amour,
> oh, bel oiseau,
> chante, chante,
> chante toujours.

Fritz drehte sich um.
Er ging – dorthin!

Neuntes Kapitel

Noch einmal erdröhnte der Beifall, und Luise erschien wieder.

Dann begannen die Stallmeister, das große Netz zusammenzuziehen. Es klang, wie wenn das Großsegel gehißt wird, während die Musik schwieg.

»Herr Fritz und Mlle. Aimee werden den großen Sprung ohne Netz ausführen.«

Ein paar Stallknechte harkten mit großem Eifer den Sand der Manege glatt. Dann war alles fertig. Wie eine salutierende Garde warteten die Stallmeister, als der »Liebeswalzer« wieder ertönte.

Fritz und Aimee kamen Hand in Hand hinein. Grüßend verneigten sie sich mitten unter den zugeworfenen Blumen. Dann schwangen sie sich hinauf an den langen wartenden Seilen.

Die Augen Tausender folgten ihnen.

Nun waren sie oben. Eine Sekunde ruhten sie sich aus, Seite an Seite.

Wie ein Schauder durchfuhr es die Menge, als Fritz losließ und dahinflog – ein Schauder, der wie über einen einzigen Körper hinzitterte.

Aber niemals hatten sie sicherer gearbeitet. In der atemlosen Stille griffen ihre Hände fest um die rasselnden Schaukeln.

Fritz flog hin und zurück.

Aimees Augen hingen an ihm – groß und mattglänzend, wie ein paar Lampen, die bald erlöschen werden.

Der Walzer schwoll an, und das Spiel der Schaukeln wurde heftiger.

Wie aus atembeklemmter Brust kam der angsterfüllte Beifall.

Nun löste Aimee ihr Haar auf, als wollte sie sich in einen dunklen Mantel einhüllen; aufgerichtet wartete sie in der Schaukel vor Fritz. Die großen Sprünge begannen.

Sie flogen, sie sausten dahin. Wie der Schrei der Vögel tönten ihre Kommandoworte über der Musik hin, und es war, als wenn die Gedanken aller sich verwirrten.

»Aimee, du courage!«

Er flog wieder.

»Enfin du courage!«

Er griff wieder zu.

Aimee sah nur ihn – seinen Körper; es war ihr, als leuchtete er.

Der Beifall ertönte wieder dröhnend! Der Walzer schwoll an, er jubelte förmlich.

Fritz wartete auf sie.

Aimee wußte nichts weiter, als daß sie plötzlich ihre Hand emporhob und, sich weit von der schwebenden Schaukel hinaufschwingend, die Haspe löste, an der sie hing.

Und Fritz flog daher.

Sie sah nichts mehr, und es ertönte kein Schrei.

Nur ein Geräusch, als fiele ein Sandsack auf den Boden der Manege, als sein Körper niederfiel.

Ein Tausendstel eines Augenblicks wartete Aimee auf ihrer Schaukel: Sie wußte erst jetzt, daß der Tod eine Wollust ist – dann ließ sie los, schrie auf und stürzte hinab.

Als wenn alle Fesseln gesprengt würden, waren Hunderte voll Entsetzen geflüchtet. Männer setzten über die Barrieren und liefen davon, Frauen strömten in den Eingängen zusammen und flüchteten.

Niemand wartete, alles floh. Der Schrei der Frauen klang, als würden sie mit Messern gestochen.

Drei Ärzte liefen herbei und knieten bei den Leichen nieder.–

Dann war es still geworden. Als wenn sie sich verbergen wollten, schlichen die Artisten in ihre Garderoben, ohne sich auszuziehen. Bei jedem Laut fuhr man zusammen.

Ein flüsternder Stallknecht kam zu den wartenden Ärzten hin, und sie hoben die Leichen auf und legten sie in dasselbe Segeltuch.

Stumm trugen sie sie hinaus – durch den Gang und den Stall, wo die Pferde in ihren Ständen unruhig wurden. Die Artisten folgten, ein seltsamer Trauerzug – in den mannigfaltigen Kostümen der Pantomime.

Der große Rüstwagen wartete.

Adolf stieg hinauf und legte sie dort in das Dunkel – beide, zuerst Aimee und dann den Bruder, nebeneinander hin. Ihre Hände waren so dumpf auf den Boden des Rüstwagens niedergefallen.

Dann fiel die Tür zu.

Man vernahm wieder einen Schrei, und eine Frau stürzte vor und klammerte sich an den Wagen.

Das war Luise; sie trugen sie langsam fort.

Ein Kellner des Restaurants lief den langen, öden Gang entlang – voll Angst wie in Gespensterfurcht mitten in all der Helligkeit.

Er schrie nach einem Arzt.

Eine Dame läge in der Restauration in Krämpfen.

Einer von den drei Ärzten eilte herbei, und es wurde nach einem Wagen gerufen.

Er fuhr vor – mit prangendem Wappen auf den Türen, und eine Dame wurde, vom Arzt gestützt, hinausgeführt.–

Ihre Equipage mußte einen Augenblick halten. Der Rüstwagen versperrte die Gasse.

Dann kam die Equipage vor und fuhr weiter.

Auf der Straße war viel Licht und Gedränge.

Zwei junge Leute waren unter einer Laterne stehengeblieben. Mit frohen, forschenden Blicken schauten sie über den großen Platz hin.

Zwei andere kamen hinzu und erzählten von dem »Ereignis«.

Es wurde etwas geflucht, und man erklärte mit vielen Handbewegungen. Dann zogen die beiden Neuigkeitsbringer weiter.

Die beiden andern Herrn blieben stehen.

Der eine von ihnen schlug mit dem Stock auf die Pflastersteine.

»Na«, sagte er, »mon dieu – pauvres diables! «

Und gleich darauf begannen sie wieder, die Augen auf die wimmelnde Menge gerichtet, zu summen:

> Amour, amour,
> oh, bel oiseau,
> chante, chante,
> chante toujours.

Die Stöcke mit den Silberknöpfen leuchteten. Die jungen Männer schlenderten in ihren langen Mänteln weiter:

> Amour, amour,
> oh, bel oiseau,
> chante, chante,
> chante toujours.

Das graue Haus

Roman

»Die Erde erkaltet einmal – so gut wie der Mensch.« Tel! me the talee, that to me were so dear, long long ago, long long ago.

Erster Teil

Seine Exzellenz richtete sich in dem Föhrenholzbette empor und zündete sein Licht an. Dann stand er auf. Er übergoß sich mit Wasser während er sich im Spiegel betrachtete: der Körper war knorrig und stark wie ein alter Balken; an der weißen Wand zeichnete er sich ab wie der Schatten eines Riesen.

Seine Exzellenz kleidete sich an und ging hinein. Er ging mit dem Licht in der Hand durch die vielen Zimmer. Bronzen, Piedestale und Ehrengeschenke standen in Laken gehüllt. Sie ragten so seltsam aus dem Dunkel hervor, als ginge die Exzellenz unter lauter Gespenstern durch die Räume.

An der letzten Tür blieb er einen Augenblick stehen und lauschte. Drinnen wurde gesprochen. Es war Ihre Gnaden, die im Schlaf sprach. Im Schlaf glaubte Ihre Gnaden sich immer auf alten Bällen und tanzte mit Durchlauchten, die tot waren.

Seine Exzellenz blieb stehen, während seine erhobene Hand wie mit geballter Kralle die Portiere umfaßte: es war eine Schwäche von ihm, den Reden Ihrer Gnaden zu lauschen, wenn sie schlief.

Plötzlich stellte er das Licht fort und öffnete die Tür. Im Dunkeln ging er auf das Bett Ihrer Gnaden zu.

Ihre Gnaden sprach weiter – und noch lauter, während Seine Exzellenz lauschte:

»Weimar, Weimar,« wiederholte Ihre Gnaden.

Seine Exzellenz stand noch immer da wie eine Säule.

»Ja, Hoheit,« sagte Ihre Gnaden.

Seine Exzellenz wandte sich und schloß die Tür und ging weiter.

Seine Hände zitterten, während er die eiskalte Lampe umfaßte und anzündete, ehe er sich an seinen Tisch setzte. Er zog Schubladen aus und ein, und er nahm die großen, blauen Bogen hervor, bog einen Rand und fing an zu schreiben.

Er schrieb, den Kopf vorgebeugt und mit zusammengekniffenen Augen, als wolle er die Sehkraft erzwingen, während die linke Hand auf dem Papier lag, blauweiß und schwer, wie aus Blei; und er schrieb und schrieb ohne Pause, mit heftiger oder erbitterter Feder, Seite auf Seite, Blatt auf Blatt und schleuderte die Bogen dann zur Seite.

Kein Laut war zu hören, nur das Sieden der Öllampe.

In dem matten Licht sahen die Örsteds und Mynsters und Hvides so seltsam halbverwischt aus, wie sie rund herum in der Stube an den Wänden hingen, auf den blassen Lithographien, in ihren goldenen Rahmen, ordengeschmückt, im Ornat, offiziell – verstorben und still.

Die Exzellenz hatte sich im Stuhl zurückgelehnt.

»Ach ja, ach ja.

Ach ja, ach ja,« klang es durchs Zimmer.

Und wieder schrieb er.

Der Tag begann durchzudringen, und sein kaltes Licht mischte sich mit dem der spärlichen Lampe. Der mächtige Schädel Seiner Exzellenz ragte immer noch über seinen Tisch empor.

Der Diener kam herein, beugte seine mürben Knie vor dem Kachelofen und brachte die großen Scheite zum Brennen. Das Feuer beleuchtete die bräunliche Perücke – sie hatte so merkwürdig hochstehende Ränder – und das Gesicht, dessen Mund inmitten der hundert Runzeln an ein zusammengeklapptes Messer erinnerte.

Die Exzellenz hörte ihn nicht. Der Diener brachte den Tee zusammen mit der Morgenzeitung, und plötzlich drehte die Exzellenz sich um.

»Laß sie das zusammenheften,« sagte er und reichte dem Diener die blauen Blätter.

Der Diener Georg ging, während die Exzellenz den kochend-heißen Tee in einem Zuge schluckte – Kälte oder Wärme schien der uralte Leib nicht mehr zu spüren.

Draußen in der Küche nähte Sophie. Sie saß bei der Lampe und heftete mit einem langen schwarzen Faden die beschriebenen Blätter zusammen, mit einer Hand, die wie lauter rote Knochen aussah.

»Schreibt er?« fragte sie.

Der Diener nickte.

»Ja so.«

Die Bornholmer Uhr neben dem Küchentisch tickte langsam und schwerfällig. Es war, als hole sie jede zögernde Sekunde mühsam und stöhnend aus einem unendlichen Brunnen herauf. Die Bornholmer war die einzige Uhr im Hause, die ging. Die andern waren stehen geblieben.

Georg brachte die zusammengehefteten Blätter zurück, und die Exzellenz zog Schubladen aus und Schubladen ein. Sie waren alle voll von Heften derselben Art. Die Morgenzeitung ließ er liegen. Er las keine Zeitungen mehr:

»Passiert etwas?« sagte er.

»Was passiert?« sagte Seine Exzellenz, »sie bauen ein paar Häuser mehr, in denen sie gegen sich selber sündigen können.«

»Nimm sie fort,« sagte er.

Der Diener nahm sie fort, um sie für Ihre Gnaden zu verwahren. Ihre Gnaden ließ sich täglich von ihrer Gesellschaftsdame die Rubrik: Leerstehende Wohnungen vorlesen.

Punkt neun Uhr klingelte es, und die eiserne Glocke klang so seltsam weit ins Haus hinein; es war der Enkel.

»Exzellenz zu Hause?« sagte er.

»Ja,« antwortete Georg, und er hängte die Sachen des jungen Mannes auf denselben Haken wie gestern.

»Du hast geschrieben,« sagte der junge Mann und neigte den Kopf.

Der Alte drehte sich um.

»Ja,« und die Stimme klang heftig.

»Wie gewöhnlich. Man schreibt und verschwendet Tinte, wenn man nicht mehr leben kann. Mit Schwarz auf Weiß kann man sich die Menschen zurechtstutzen, wie man will. Da machen sie nicht mehr Dummheiten, als man ihnen erlaubt.«

»Hast du gefochten?« fragte er plötzlich.

»Ja.«

Mit einem Blick, der eine eigentümliche und plötzliche Kraft annahm, sagte Seine Exzellenz: »Du bist ein Spätgeborener. Du mußt dich in acht nehmen.«

Während er fortfuhr, das Gesicht des Enkels zu betrachten, worin die Lippen in all der Blässe wie Blut so rot waren, sagte er mit derselben Stimme wie vorher:

»Ich weiß auch nicht, wie wir die Rasse in die Familie bekommen haben.«

Der Enkel, der den sehr schlanken Körper sehr gerade hielt, hob die dunkeln Augenlider ein wenig.

»Hast du an der Komödie geschrieben, Großpapa?« fragte er.

»Ja. Lies es vor.«

Der Enkel setzte sich in den großen Stuhl am Fenster und fing an zu lesen – sehr laut, damit Seine Exzellenz ihn hören konnte.

»Was, sagst du, steht da?« rief Seine Exzellenz.

Der Enkel las lauter und bemühte sich, die unleserliche Schrift zu ergänzen, wo Buchstaben vergessen und Sätze ausgefallen waren.

»Was steht da?«

Der Enkel las weiter.

»Nein,« rief Seine Exzellenz, »laß mich selbst.«

Er ergriff die Bogen. Und zornig und zum Licht vorgebeugt, versuchte er selbst, alle die Sätze zu lesen, die er schon vergessen hatte.

»Nein,« sagte er plötzlich, »ich kann nicht. Die Augen sind schuld. Die Augen wollen nicht.«

Er legte das Manuskript aus der Hand.

»Die Augen wollen nicht mehr.

Leg es fort.«

Der junge Mann nahm die blauen Bogen und legte sie in eine Schublade neben die andern.

Die Exzellenz folgte seinen Händen mit den Augen.

»Es sind viele,« sagte er.

»Ja, Großpapa.«

Die Exzellenz hatte die Augen geschlossen. Die Zeit war vorbei, wo Seine Exzellenz zu den Verlegern fuhr. Jahrelang war er von Tür zu Tür gefahren, hatte Manuskripte verschickt und hatte sie wiederbekommen. Nun hatte er es aufgegeben.

»Das Papier ist zu teuer geworden, mein Junge,« sagte er.

Seine Dichtungen wurden nicht mehr gedruckt. Es mußten denn schon ein paar Grabverse sein, auf ein Enkelkind oder einen Freund, der einmal berühmt gewesen und nun vergessen war. Das Regierungsblatt druckte zuweilen solch ein Gedicht hinten in der Zeitung ab, mit sehr kleinen Buchstaben.

»Du solltest deine Erinnerungen schreiben, Großpapa,« sagte der Enkel – seine Stimme war, wenn er nicht auf sie achtete, fast beängstigend weich, und er schloß die Schublade.

Seine Exzellenz lachte.

»Erinnerungen,« sagte er, »Erinnerungen – wir haben Gewäsch genug. Erinnerungen – hm, es gibt niemanden, der seine Erinnerungen geschrieben hat. Über die andern lügen sie, und von sich selber reden sie nicht ... Sie schreiben von dem Quark, den sie erlebt haben, und was sie gelebt haben, nehmen sie mit sich ins Grab.«

Seine Exzellenz lachte wieder, und seine Stimme bekam einen seltsamen, rohen Klang:

»Und sie tun recht daran, mein Bester,« sagte er; »schriebe ein einziger Mensch sich selber nieder und gäbe sich selbst nach seinem Tode zum Druck, sie würden ihn noch im Grabe zu Zuchthaus verurteilen – denn es gibt doch Gerechtigkeit im Himmel und auf Erden ... –

Nein, es lohnt sich nicht, eine Auskunft zu geben.«

Seine Exzellenz schwieg eine Weile. Dann sagte er: »Laßt mich die Zeit totschlagen, so gut ich kann. Das letzte Stück Weges ist das schwerste, und Denken ist dumm. Ein Loch in der Erde ist so viele Gedanken nicht wert.« Der Enkel saß eine Weile da.

»Du hast doch uns,« sagte er.

»Ja,« sagte die Exzellenz, »ihr müßt ja Brot und Kleider haben.«

Der Mund des jungen Menschen zitterte fast unmerklich. Doch der Alte fuhr fort:

»Hast – hast?« sagte er. »Die Menschen, Fritz, haben einander nicht. Sie brauchen einander und sind allein. Wenn man alt geworden ist, weiß man das und mag nicht mehr die vielen Worte reden, die keiner hört. Wer hört? Das Gras redet, ohne es selbst zu hören. –

Die Tiere, mein Junge, werden ohne Worte fertig, und es glückt ihnen doch, ihre Bestimmung zu erfüllen.«

Der Enkel saß zusammengesunken da mit merklich gesenkten Schultern.

»Gerade sitzen,« sagte der Alte.

»Ja;« der junge Mann fuhr so hastig in die Höhe, daß er sich den Kopf am Wappenschild der Stuhllehne stieß.

»Nein,« fuhr die Exzellenz in dem Gedankengange fort, »der Fortpflanzung soll gedient werden. Mögen sie zeugen und sterben. Das haben sie jahrtausendelang getan. Dabei sollen sie bleiben und sich nichts weismachen. Sie erfinden und verfallen auf allerhand und bauen Städte und schaffen sich einen berühmten Namen ... Der Natur ist das ganz egal. Die Erde erkaltet einmal so gut wie der Mensch.

Oder was haben sie davon?« sagte er und sah plötzlich zu den vielen Bildern an den Wänden auf: »Da hängen sie mit ihren Ketten, in ihren Mänteln, als die Schauspieler, die sie waren, und« – die Exzellenz machte eine Bewegung mit den Füßen, als reinige er seine Sohlen – »was sie wollten, wurde zum Entgegengesetzten, und ihre Taten find so tot wie sie selbst.«

»Was ist das Ganze?« fuhr er fort, »es macht nicht satt ... Hm, ich erinnere mich an einen Tag mit Thorwaldsen ... er war wohl der größte, auch als Komödiant, denn das hängt damit zusammen ... er ging einher, als sei er selber im Festgewand und wolle Weihrauch anzünden vor dem eigenen Marmor. Aber dann kam ein Tag, wo er wach war, sonst schlief er viel, Fritz, ruhte auf seinem weltberühmten Namen. Aber an dem Tag war er wach – es war in seiner Werkstatt:

da machte er eine kleine Handbewegung nach all den weißen Figuren und all dem Ton hin, und dann sagte er:

›Ja, das ist ja recht schön.‹

So ist alles, wenn man es kennt.«

Die Exzellenz lachte kurz, als genösse er die eigene Erinnerung:

»Und Ohlenschläger starb, über seinen eigenen Sokrates brüllend, den keiner lesen mochte, und Heiberg sah nach den Sternen – wenn es einer glaubt. Mögen die Sterne gehen, wie sie wollen. Ich weiß nichts davon, daß wir je eine Botschaft von ihnen bekommen hätten.«

Er fuhr sich über die Augen, und in anderm Ton sagte er:

»Doch alte Leute sollten kein starkes Hirn haben, denn dann wissen sie zuviel ... Sie sollten stumpf werden. Die es nicht werden, haben Zeit zu sehen, und das sollte den Menschen erspart bleiben. – – Man sollte nie sehen, weder sich noch andere ... Es gibt ein dummes Wort, daß, wer Jehova sieht,« – und die Exzellenz lachte bei diesem Wort – »stirbt. Aber ich sage dir, sähe ein einziger Mensch einem andern ganz bis auf den Grund der Seele, er würde sterben. Und wäre es denkbar – doch das ist es nicht, denn sich selber belügt man allzu verstockt – daß man sich selber auf den Grund seiner Seele sähe, mein Junge, man würde es als eine geringe, aber notwendige Strafe betrachten, ohne einen Laut sein Haupt selbst auf den Block zu legen. – – Na,« – und auf einmal brach Seine Exzellenz ab – »ich schwatze ... Aber« (plötzlich sah er den Enkel an, und weniger als eine Sekunde lang war in seinem Auge fast etwas wie in dem Blick des Schützen, wenn er zusieht, ob ein Pfeilschuß getroffen hat) »es macht wohl nichts, denn du hörst nicht zu. Eine andere Weisheit braust vor deinen Ohren.«

Der junge Mensch stand auf.

»Adieu, Großpapa,« sagte er nur.

»Hast du sonst nichts auf dem Herzen?«

Seine Exzellenz erhob sich, ging an seine Schatulle und schloß sie auf. Er schob einen Briefbeschwerer zur Seite und nahm ein paar Banknoten, die er nicht zählte.

»Die Jugend muß Geld haben,« sagte er.

»Adieu.«

»Adieu, Großpapa.«

Der junge Mann ging.

Georg wartete auf dem Flur, nahm den Überzieher herunter und half ihm hinein.

»Adieu,« sagte der junge Mann und neigte den Kopf.

Georg hängte den »Zettel« draußen an die Tür. Auf einem Stück Pappe stand mit halbverlöschten Buchstaben das Wort: Konsultation.

Dann öffnete er den Briefkasten und nahm die Post heraus. Die Briefe legte er auf die Konsole. Doch als er es getan hatte, nahm er sie plötzlich wieder in die Hand und las die Aufschrift auf dem einen Kuvert, während er eine Grimasse schnitt – ehe er die Briefe wieder hinlegte, diesmal aber weiter ins Dunkel hinein.

»Ist Ihre Gnaden wach?« fragte die Exzellenz, als Georg eintrat.

»Ihre Gnaden haben geklingelt.«

»Und mein Sohn?«

»Herr Fritz Hvide ist ausgegangen.«

»Hm. Bringen Sie mir das Journal.« Georg brachte das schwere Buch und schlug es auf.

»Der wievielte ist heute?«

»Der achtundzwanzigste, Exzellenz.«

»Der Fasching geht zu Ende,« sagte die Exzellenz.

Seine Exzellenz schrieb das Datum vor eine große Rubrik unter die andern Rubriken, die leer waren.

»Danke,« sagte er, »du kannst gehen.«

Georg ging. Draußen im Flur setzte er sich auf den Stuhl dicht bei der Tür. Seine Haltung war sehr aufrecht. Er wartete darauf, den Patienten Seiner Exzellenz zu öffnen. Allmählich fiel ihm der Kopf auf den hohen Kragen der Livree, und die Schultern sanken ein. Es war, als säße am Paneel ein bekleidetes, lebloses Stativ.

»Ach ja, ach ja,« klang es durch die Tür Seiner Exzellenz heraus.

Georg rührte sich nicht.

Es klingelte. Es war ein Diener, alt wie Georg, sehr groß, in einem sehr langen Rock. Oben saß ein Kopf, der gewissermaßen nicht richtig fest saß. Er sollte einen Brief abliefern. Er trat zur Exzellenz hinein, der den Brief las. Es war eine Einladung zum Diner von der Baronin Brahe.

»Bestellen Sie der Baronin meinen Dank,« sagte er. »Aber ich laß mich nicht mehr zur Tierschau präsentieren ... Wie geht es ihr?«

»Danke, gut, Exzellenz.«

»Und Ihm selbst?«

Der Diener stand steif an der Tür. Nur Kopf und Schultern bewegten sich. Die übrige Statur erinnerte an ein Gebäude, das man gestützt hat.

»Danke, Exzellenz ... wenn nur das Zittern nicht wäre ... aber ich nehme das ›Stärkende‹, Exzellenz.«

»Ja, stärk' Er sich,« sagte Seine Exzellenz und drehte ihm plötzlich das Gesicht zu, mit einem Ausdruck, als sehe er einen alten Hund an.

Der alte Mensch stand einen Augenblick stumm da, und dann sprach er ihn aus – seinen ewigen oder einzigen Gedanken –:

»Und mit dem Servieren geht es so schlecht.«

»So sollte Er's lassen,« sagte die Exzellenz.

»Es dankt Ihm keiner dafür, wenn Er ihm Soße über die Kleider schüttet. Adieu.«

Seine Exzellenz drehte sich um, und die Tür glitt zu.

»Was hat er gesagt?« flüsterte Georg draußen auf dem Flur.

»Es gibt wohl nichts, was helfen könnte,« sagte der andere.

Georg nickte. Doch plötzlich zeigte er mit ganz verändertem Gesichtsausdruck nach der Tür hin und flüsterte:

»Mit ihm steht's auch dreckig genug.«

Es war, als spiegele sich der Ausdruck im Gesicht Georgs plötzlich in dem des Fremden:

»Wirklich?« sagte er, und seine Stimme bekam förmlich Klang.

»Unserer Baronesse geht's auch gottsjämmerlich,« flüsterte er.

»Also Emmely ist krank?« sagte Georg.

»Ja, Gichtfieber, wie sie es nennen.«

»Ja,« nickte Georg.

»Und das ist nun wohl aufs Herz geschlagen,« flüsterte der Brahesche Diener.

Und indem er nach der Tür Seiner Exzellenz hinzeigte, sagte er.

»Aber ihn ruft man ja nicht.«

Das Neugierige in Georgs Gesicht wich plötzlich einer gewissen Strammheit.

»Nein,« sagte er, »noch nicht.«

Doch plötzlich richteten sie sich beide auf, da ein Schlüssel sich in der Flurtür drehte. Es war der Vater. Er zog den Überzieher aus und fragte:

»Ist jemand krank beim Baron?«

»Ja, das heißt, die Baronin, sie wollte gern Seine Exzellenz zu Tisch bei sich sehen.«

Der Alte hatte es glücklich zurecht gestottert.

»So, so,« es war fast wie Blässe über des Vaters Gesicht gegangen: »Guten Morgen.«

Der Vater ging zu Seiner Exzellenz hinein.

»Bist du es?« sagte die Exzellenz, und ein plötzlicher Lichtschein kam in seine Augen beim Anblick des Sohnes, der ihm mit einem seltsam zärtlichen Lächeln, dem Lächeln eines Weibes fast, zulächelte.

»Wie geht es dir, Papa?«

»Danke. Alte Leute, Junge, dürfen nicht klagen, wenn sie nur einigermaßen Luft kriegen können.«

»Es ist rauh draußen,« sagte der Vater, immer noch über Seine Exzellenz gebeugt.

»Das ist unser Klima, lieber Junge, wir müssen es ertragen.«

Der Vater wandte sich dem Fenster zu.

»Ist Stella auf?« fragte die Exzellenz.

»Sicherlich,« sagte der Vater und vermied absichtlich ein Ja.

Wie im Verlauf einer Sekunde verdüsterte sich das Gesicht Seiner Exzellenz.

»Es geht ihr nicht gut diesmal,« sagte er nach einer Stille.

Des Vaters Gesicht war verändert wie das Seiner Exzellenz, und er antwortete nicht sofort.

»Und sie ist doch so froh, daß sie hier bei euch ist,« sagte er und sprach so eigentümlich gedämpft und tonlos, wie immer, wenn er von seiner Frau sprach.

Die Exzellenz antwortete nicht, und beide schwingen wieder.

»Harriette ist gestern abend gekommen,« sagte der Vater und stand immer noch am Fenster.

»Ja,« sagte Seine Exzellenz, »ich habe ihr sagen lassen, daß sie zu Tisch kommen soll.«

»Dann trinke ich jetzt Tee,« sagte der Vater.

»Ja.«

Die Tür fiel zu.

Georg saß wie vorher, als es wieder klingelte.

Eine winzige Art Zwergin stand vor der Tür und sah unter dem Schatten eines wunderlich geformten Tirolerhutes empor:

»Guten Morgen, Herr Jensen. Ich bin es nur,« sagte sie.

»Guten Morgen, Jungfer Villadsen,« sagte Georg.

»Schönen Dank,« sagte Jungfer Villadsen, deren Finger unaufhörlich über eine Masse ausgeblichenen Flor hinfuhren, der ihre Vorderseite bedeckte; der Rücken war verwachsen.

»Schönen Dank.«

»Kommen Sie nur herein,« sagte Georg.

Der Diener öffnete die Tür Seiner Exzellenz, ganz wenig nur, wie man für ein kleines Vieh öffnet, das unten durch die Tür schlüpft, und die Exzellenz wandte den Kopf:

»Sind Sie es?« sagte er.

»Setzen Sie sich.«

Und Jungfer Villadsen setzte sich, neben die Tür, ganz knapp auf die Stuhlkante, damit ihre Füße bis auf die Erde reichten.

»Es geht also wieder schlecht.«

»Ja, Exzellenz.«

»Ist's das alte?« fragte Exzellenz, der den Stuhl ganz herumgedreht hatte und sie nicht aus den Augen ließ, während er sich plötzlich in seinem Stuhl aufrichtete.

»Ja.«

Jungfer Villadsen sah zu ihm auf, und es begann in ihrer Brust hinter dem Flor zu arbeiten:

»Immer der Schnitt, Exzellenz,« halb meckerte sie, »es ist immer der Schnitt, der die schrecklichen Schmerzen macht ...«

»Ja,« sagte die Exzellenz, den auf einmal eine grimmige Aufgeräumtheit befallen zu haben schien, »den Freuden, Jungfer, folgen die Nachwehen.«

Jungfer Villadsen fing an zu weinen, ihre Lippen warfen sich auf; – wie sie dasaß mit dem vorgestreckten Gesicht und dem aufgeworfenen Mund sah sie aus wie eine Kröte.

»Ja, man büßt dafür,« meckerte sie, »man wird gequält dafür; man büßt dafür, wenn man ins Unglück gekommen ist ...«

»Kein Mensch kommt ins Unglück, Jungfer,« sagte Seine Exzellenz, »ihr Vergnügen wollen sie alle.«

Jungfer Villadsen weinte weiter, ein wunderliches kurzes Glucksen erschütterte den verwachsenen Leib.

»Ja, das ist freilich wahr ... das ist freilich wahr,« sagte sie.

Und zum tausendsten Male begann sie dieselbe Geschichte und dieselbe Klage, die er kannte; er hatte sie vom ersten Tage an gehört, als sie im Hospital erschien und er, der es längst aufgegeben hatte, seine Kunst als Geburtshelfer auszuüben, jene Kunst, die ihn vor allem berühmt gemacht hatte, in einem plötzlichen Anfall seltsamer und unmotivierter Lustigkeit beschlossen hatte, daß er selbst, er, der Meister, ein letztes Mal den Erlöser spielen wollte – den Erlöser dieses elenden Geschöpfes, über das trotz alledem in einer Nacht im Tiergarten ein Mannsbild hergefallen war, so daß es einen Menschen hatte zur Welt bringen können.

»Ja, Villadsen,« sagte Seine Exzellenz, »das weiß ich.«

Jungfer Villadsen, die noch immer schluchzte, sagte:

»Ja ... Exzellenz wissen es ... Exzellenz wissen es ... Aber« (es kam wie ein Strom von Tränen) »man war ja doch ein Mensch.«

Ein plötzliches Lächeln ging über sein Gesicht, und mit einer Kraft, die dem einen Wort so viel Klang verlieh, als schleudere er einen Stein durch das hohe Gemach, rief er:

»Ja.«

»Der eingerichtet ist wie die andern,« sagte Jungfer Villadsen unter unaufhörlichem Schluchzen.

Einen Augenblick war es still, bis die Exzellenz von neuem den Blick auf die Kröte wandte.

»Und wo ist er?« fragte er.

»Er« war der Sohn der Jungfer.

»Ja, nun ist er ja seiner Frau fortgelaufen.«

»So.«

»Und seine Liebsten sucht er sich unter den Schlechtesten,« sagte Jungfer Villadsen.

»Wovon lebt er?« fragte die Exzellenz.

Jungfer Villadsen antwortete nicht, sondern schluchzte nur lauter, während die Exzellenz in plötzlichem Verstehen in Lachen ausbrach und in dem gleichen Tonfall wie vorher beim Ja sagte:

»Das ist auch ein Talent, Beste, und für den Besitzer ersprießlicher als die meisten andern.«

Die Jungfer, die ihn wohl nicht verstand, senkte den Kopf, so daß der Tirolerhut ihr Gesicht verbarg.

»Es ist eine Schande, es ist eine Schande,« schluchzte sie und duckte sich vornüber.

Die Exzellenz lachte noch immer.

»Ein Appetit ist's,« sagte er, »und ein Appetit kann so stark sein, daß auch er zum Erwerbszweig wird.«

Sein Lachen stockte, und indem er wieder mit dem Fuß ausschlug wie zu einem Tritt, setzte er hinzu:

»Und was konnte er denn auch anderes erben, Jungfer, als den Appetit?«

»Nein, Exzellenz, nein, Exzellenz,« murmelte die Villadsen, und sie zitterte und bebte am ganzen Leibe.

Er hatte seinen Stuhl wieder herumgedreht:

»Sie soll dasselbe brauchen wie gewöhnlich,« sagte er und schob zwei Zehnerscheine an den Rand des Schreibtisches. Jungfer Villadsen erhob sich und nahm sie. Sie nahm sie mit der äußersten Spitze ihrer Finger, und in einer Sekunde waren sie in ihrer Handfläche verschwunden.

Seine Exzellenz hob den Kopf.

»Und wo ist Sie selbst?« sagte er.

»Ja, man ist ja bei den Schwestern,« erwiderte die Jungfer, die bei jedem Satz gleichsam in die Erde sank.

»Ist es immer das gleiche bei den Schwestern?« fragte die Exzellenz, der die Villadsen ein paarmal bei den Schwestern aufgesucht hatte, wo sie ewig in einem Winkel saß, vor einer Wiege, als hätte einer sie dahingeschmissen.

Die Jungfer fing wieder ganz leise zu schnauben an:

»Ja, Exzellenz,« sagte sie, und ihr Schnauben wurde wieder zum Weinen, »es ist das gleiche.«

»Aber das ist wohl der Segen des Himmels.«

Und die Exzellenz sah ein letztes Mal auf den Krüppel, aus dessen Fleisch er ein Menschenkind herausgeschnitten hatte.

»Und des Menschen Wille,« sagte er.

Seine Stimme hatte sich plötzlich verändert, und mit einem Ruck reichte er die Hand hin und faßte die feuchtkalten Finger der Jungfer. – Seine Exzellenz reichte nur selten die Hand.

»Na, adieu, kleine Villadsen,« sagte er.

»Und vielen Dank, Exzellenz,« sagte sie und wollte ihm die Hand küssen. Doch er riß die Hand an sich, während er plötzlich bleich wurde.

»Adieu.«

Jungfer Villadsen war draußen und die Treppe hinunter, im Portal, wo der einbeinige Pförtner mit der Kriegsmedaille auf seiner Brust wartete. Er öffnete die Tür und versperrte dabei etwa drei Viertel mit dem Stelzfuß, dem Andenken an seine Aufopferung fürs Vaterland.

»Und vielen Dank,« sagte die Villadsen und drückte dem Vaterlandsverteidiger eine kleine Münze in die Hand, die er nicht verloren hatte.

»Guten Morgen,« sagte der Pförtner und stand stramm auf seinem Stelzfuß...

Die Tür fiel ins Schloß.

Seine Exzellenz hatte nach Georg geklingelt.

»Den Wagen,« sagte er.

»Ja, Exzellenz.«

Der Vater trat ein. »Fährst du aus?« fragte er.

Aber die Exzellenz hörte es wohl nicht; denn plötzlich sagte er, noch im Stuhl sitzend:

»Was habe ich gesagt: es müßte hier in der Welt mehr Bestien geben, die ihre eigenen Jungen fressen.«

Der Vater lachte und sagte:

»Die Aussprüche Euer Exzellenz sind verbrecherisch.«

»Vielleicht, mein Junge,« und die Exzellenz stand auf, »die Wahrheit ist immer verbrecherisch, weil sie die Wahrheit ist«...

Georg brachte den Rock, die Exzellenz aber sprach weiter – er sprach immer so viel, wenn er sich umkleidete, und niemand wußte, von welchem Zusammenhang aus.

»Beachte aber wohl, daß die menschliche Gerechtigkeit einäugig ist. Hätte sie zwei Augen zum Sehen, wir hätten nicht Zuchthäuser genug.«

Er fand in den Rockärmel hinein.

»Oder wir hätten gar keine.«

»Aber das Unglück ist, und das Unglück bleibt,« und er erregte sich immer mehr, »daß die Menschen, die nur eitle Narren sind, tun wollen, als herrschte Zucht unter den Tieren, die sie sind. Aber es herrscht keine Zucht, und es herrscht keine Ordnung auf ihren Paarungsplätzen ... Baut entweder mehr Zuchthäuser, oder reißt die ein, die vorhanden sind, das hätte wenigstens Sinn.«

Er hielt plötzlich inne.

»Schläft Ihre Gnaden?« sagte er.

»Ihre Gnaden sind wach, Exzellenz.«

»Gut.«

Seine Exzellenz wandte sich um und öffnete die Tür. Behutsam ging er durch die drei Gemächer in das Schlafzimmer Ihrer Gnaden, wo es dunkel war, so daß in dem Zwielicht nur das Bett mit seinem Samtbaldachin über den vier Säulen sich abhob.

»Wer ist da?« rief Ihre Gnaden.

»Ich,« sagte die Exzellenz, und mit gesenktem Kopf stand er in sonderbarer Haltung da – zärtlich oder furchtsam – vor dem Bett Ihrer Gnaden.

»Wie hast du geschlafen?« fragte er.

»Du hast lange rumort,« antwortete Ihre Gnaden, ohne ihren Blick von dem Baldachin zu entfernen.

»Wie gewöhnlich,« sagte er und küßte die Hand, die Ihre Gnaden aus den vielen Decken herausgeschält hatte.

»Und nun fahre ich,« sagte er.

Ihre Gnaden wandte sich plötzlich um, so daß er ihre grauen Augen durch das Dunkel sah: »Was fährst du und holst dir die Gicht auf all den Treppen?«

Seine Exzellenz stand noch immer in derselben Stellung da, während Ihre Gnaden einen Moment zögerte, ehe sie sagte:

»Es wartet doch niemand auf dich.«

Vielleicht hörte er es nicht. Er neigte plötzlich in Hast den Kopf – fast scheu war die Bewegung – so weit nach vorn, daß seine Lippen die Stirn Ihrer Gnaden berührten.

»Adieu.«

»Adieu,« sagte Ihre Gnaden, die sich nicht gerührt hatte.

Und während die Exzellenz ging, blieb sie unbeweglich liegen, mit geschlossenen Augen, mitten in dem mächtigen Bett, wo im Dunkeln nur die Ringe an ihren Fingern schimmerten.

Der Vater öffnete vor Seiner Exzellenz die Tür nach dem Flur.

Der Blick des Vaters fiel auf die angekommenen Briefe, die auf der Konsole lagen, und mit einer plötzlichen Bewegung schob er sie schnell noch weiter auf die Konsole zurück.

Die Exzellenz hatte es gesehn.

»Ist Post da?« sagte er und bewegte eine Sekunde lang den Kopf.

Seine Exzellenz las die Post nie, bevor er nach Hause kam.

»Bleib drinnen,« sagte er und schlug die Tür vor dem Sohn zu. Georg folgte ihm, mit der Wagendecke überm Arm.

»Woher waren die Briefe?« sagte die Exzellenz plötzlich und drehte sich auf der Treppe um.

»Ich weiß nicht, Exzellenz.«

»Er weiß nichts.«

Im Portal hielt der Wagen, dessen Bock Kutscher Johann ausfüllte.

»Wie steht es mit den Pferden?« fragte die Exzellenz, wie ein Mann, der etwas sagt, um einen andern Gedanken von sich abzuwehren.

»Scheußlich,« erwiderte Johann trocken.

Mit den Pferden Seiner Exzellenz ging es immer scheußlich. Die Kutscher Seiner Exzellenz schnitten sie oft in die Kniesehnen, so daß sie vor dem Wagen hinkten, worauf sie Seine Exzellenz von der Untauglichkeit der Tiere überzeugten und sie mit angemessenem Vorteil verkauften, um dann neue einzukaufen, gleichfalls mit Vorteil.

»Aber was fehlt dem Gaul?« fragte die Exzellenz vom Wagentritt herunter.

»Der macht's nicht lange mehr,« war alles, was Johann antwortete, der sich der Exzellenz gegenüber nicht näher auf das Wohlbefinden der Vierfüßer einließ.

Seine Exzellenz war schon im Wagen, als eine glattrasierte Mannsperson sich im Portal zur Wagentür vordrängte, die Georg eben schließen wollte.

Er möchte gern Seine Exzellenz sprechen.

Die Exzellenz wollte die Wagentür zuschlagen, aber der Mann setzte von ungefähr den Ellbogen dazwischen:

»Ich hätte Seiner Exzellenz nur ein Wort zu sagen.«

»Was?«

Und die Exzellenz ließ die Wagentür fahren.

»Exzellenz wissen ja wohl, daß ich jene Angelegenheit mit Herrn Exzellenzens Sohn hatte.«

»Ja, ja.«

»Und nun wäre es ... Exzellenz wissen, daß Ihr Herr Sohn« ... Der Mensch hatte eine sehr höfliche Stimme – etwas eigentümlich Glattes haftete ihm an, das an einen hundertmal aufgebügelten Seidenhut erinnert – doch er hielt nach wie vor den Ellbogen zwischen die Tür.

»Was will Er?« rief die Exzellenz, und er schleuderte dem Mann, der die Tür losließ, ein paar Geldstücke hin.

»Fahr zu,« rief Seine Exzellenz.

Und der Wagen fuhr an dem Einbeinigen vorbei, der die Exzellenz und die Mannsperson nicht aus den Augen gelassen hatte, auf die Straße hinaus.

Exzellenz saß sehr aufrecht in seinem Wagen, während die Leute auf der Straße ihn lange und ehrerbietig grüßten.

Georg war hinaufgegangen. Im Halbdunkel des Entrees las er noch einmal die Aufschrift auf den angekommenen Briefen und schob sie wiederum langsam tief zurück auf die Konsole, ins Dunkle.

Ihre Gnaden klingelte, daß es durch das ganze Haus gellte.

Der Vater öffnete die Tür zu den Wohngemächern, wo das Stubenmädchen Arkadia, eine junge Dame in steifem Kattun und weißen Strümpfen, alle Fenster aufgerissen hatte und, in jeder Hand einen Teppichklopfer, auf die Sammetportieren losprügelte, daß der Staub sich in schmutzigen Wolken um das gestickte Wappen der Hvides ballte.

»Ihre Gnaden klingelt,« sagte der Vater, und schloß die Tür wieder, des Auges wegen. Jungfer Arkadia hatte die Angewohnheit, zu lüften, als lüfte sie ein Jahrhundert aus.

»Ja, Herr Hvide,« sagte Arkadia und prügelte weiter.

Bald machte sie sich mit den Türvorhängen zu schaffen, bald war sie an den Fenstern.

In den alten Weinkeller der Exzellenz war im vorigen Jahr ein Schiffsproviantierungsgeschäft eingezogen, mit einem Kontoristen und zwei Kommis, die sich während der Morgenstunden abwechselnd im Kellereingang aufhielten.

»Und wohnen die Leut
auch im Keller bloß,
ihre Gemütlichkeit,
die ist groß...«

Jungfer Arkadia prügelte auf das Hvidesche Wappen los, während sie sang.

Ihre Gnaden klingelte immer noch.

»Guten Morgen,« tönte es vom Kellereingang herauf, von einem der drei Geschäftsleute. Arkadia war wieder an den Fenstern.

»Guten Morgen.«

»Viel zu tun?« fragte der Geschäftsmann.

Jungfer Arkadia schlug mit den beiden Teppichklopfern nach dem schwarzen Kommis in der Kelleröffnung.

»Man hat wohl mehr zu tun als Sie – glücklicherweise,« sagte sie.

Und weg war sie und klopfte wieder drauf los.

Plötzlich ertönte ein:

»Kaffee, Kaffee,« klingend durch das ganze Haus.

Es war die Mutter, die aus dem Bett heraus war und, im Nachtkleid, die Entreetür oben in der ersten Etage aufriß und ihr »Kaffee, Kaffee« hinunterrief:

Drinnen in seinem Zimmer, das neben dem der Mutter lag, hämmerte der Vater an die Tür:

»Stella, Stella,« rief er, »bedenk doch, wir sind nicht zu Hause.

Was sagen denn die fremden Menschen, die sonst noch hier wohnen?«

»Lieber Fritz, laß sie sagen.«

Die Mutter war wieder im Bett und schlug mit den Händen auf ihre Bettdecke:

»Wer kennt die Leute?« sagte sie.

Jungfer Arkadia hatte den Klopfer fahren lassen, sowie sie das »Kaffee« hörte, und lief, durch das Entree und das Eßzimmer und den Flur hinaus in die Küche.

»Die gnädige Frau haben gerufen,« sagte sie.

»Ja,« antwortete Sophie, die niemals ihr Tempo änderte, goß den Kaffee auf und sagte:

»Ihre Gnaden haben geklingelt.«

»Das Fräulein ist drinnen,« (›das Fräulein‹ war die Gesellschaftsdame) sagte Arkadia, und lief mit dem Kaffee.

»Da kann sie laufen,« sagte Sophie.

»Gott sei Dank,« rief die Mutter und machte sich über das Kaffeetablett her, das Arkadia auf die Bettdecke stellte.

»Hat Ihre Gnaden geklingelt?«

Das war in den Morgenstunden während des Besuchs bei den Schwiegereltern ihr ewiger Schrecken.

»Ja,« war Arkadias Antwort.

»Hängen Sie die Uhr auf,« sagte die Mutter, die aufgerichtet im Bett saß und die Schultern bei jedem Schluck, den sie aus der Tasse nahm, auf- und niederschob, während Arkadia die Uhr am Fußende des Bettes aufhängte.

»Halb elf,« sagte die Mutter entsetzt und gleich darauf:

»Liebe Arkadia, wie Sie geträllert haben auf der Treppe. Daß Sie so früh des Morgens singen können.«

Darüber wunderte sich die Mutter jeden Morgen.

»Und was sind das eigentlich für Lieder, die Sie singen? Ich kann die Melodien nicht behalten ... wie geht es doch?«

Sie versuchte selbst einen Vers, aber sie konnte ihn nicht.

»Will ein Weibchen ehelichen
einen Mann mit unbekanntem Lebenslauf,
unbekannten Fehlern, Schlichen,
und gern wüßte, was sie macht für einen Kauf –«

Arkadia verbesserte und sang, während sie mitten vor dem Bett stand.

»Ja, ja,« sagte die Mutter und sang mit – vor lauter Eifer zog sie die Beine ganz unter sich hinauf:

»Will ein Weibchen ehelichen
einen Mann mit unbekanntem Lebenslauf,
unbekannten Fehlern, Schlichen,
und gern wüßte, was sie macht für einen Kauf,
ob er flink ist, willig, treu, beständig,
ob er überall von rechter Form,
ob er nie der Tugend war abwendig,
wird ihn gerne untersuchen Line Worm.«

Sie sangen beide. Arkadia verbesserte, und die Mutter lachte, bis sie plötzlich auf die Uhr sah.

»Zehn Minuten vor elf,« sagte sie und jagte Arkadia hinaus.

Drinnen klopfte der Vater an seine Tür:

»Stella,« sagte er, »was für Lieder läßt du denn das Mädchen singen?«

»Lieber Fritz, das weiß ich wirklich nicht,« und lachend sagte sie:

»Sind es nicht die, die sie auf der Straße verkaufen?«

Einen Augenblick lag sie da. Dann sagte sie:

»Von wem sind Briefe gekommen?«

»Von Hans,« antwortete der Vater von drinnen.

»An deinen Vater?«

»Ja.«

Mutters Gesicht hatte sich plötzlich verändert, die weiße Hand strich das Haar aus der Stirn, und sie lag still da, ohne sich zu rühren.

Drinnen tönten die Schritte des Vaters.

»Fritz, was für ein Tag ist heut?«

»Freitag.«

»Nein, welches Datum.«

»Der achtundzwanzigste.«

Die Mutter rührte sich nicht.

Drinnen tönten die Schritte.

Unten hatte die Gesellschaftsdame angefangen, Ihre Gnaden anzukleiden. Das war ein wenig beschwerlich, weil Ihre Gnaden Gicht hatte.

»Achten Sie auf die Temperatur?« sagte Ihre Gnaden.

Ja, die Gesellschaftsdame achtete darauf.

Die Thermometer brachte man in den Wohnräumen einen Zoll über dem Teppich an, um Seiner Exzellenz täglich die Fußkälte zu demonstrieren.

»Wir haben sie ja aus dem Keller,« sagte Ihre Gnaden; »ich habe ja genug gebeten meinetwegen, liebes Kind, aber Hvide wollte den Laden haben, und ich mußte meinen Weinkeller hergeben.«

Die Gesellschaftsdame wußte es.

»Wieviel sind es?« fragte Ihre Gnaden.

»Dreizehn Grad.«

»Hm. Lassen Sie es so hängen, damit Hvide es sehen kann.«

Ihre Gnaden schob die Lippen vor, deren schöne Wölbung einst Herrn Lamartine begeistert hatte.

»Aber Hvide spürt es ja nicht,« sagte sie.

Von drinnen aus den Gemächern tönte ein Papageienschrei herüber.

Das war Poppe, der bei der steigenden Temperatur aufwachte und sein: »Fortuna fortis« durch alle Zimmer schrie.

»Decken Sie das Tier doch zu,« sagte Ihre Gnaden.

»Fortuna fortis,« schrie der Papagei, bis die Gesellschaftsdame das Bauer zugedeckt hatte und wieder zurückgekehrt war.

»Danke,« sagte Ihre Gnaden, und sie fügte hinzu:

»Das mit dem Vogel ist auch Hvides Idee.«

Sie waren in der Toilette bis zu den Haaren gekommen. Das Vorderhaar Ihrer Gnaden sollte gekräuselt und hoch aufgebauscht werden.

Ihre Gnaden, die, was den übrigen Körper betraf, mit den Jahren einigermaßen wasserscheu geworden war, ließ sich Gesicht und Hände sehr sorgfältig mit Cremes und Essenzen pflegen.

Im Speisezimmer saß Georg und ordnete Silberzeug. In dem großen, Halbdunkeln Zimmer hörte man keinen Laut außer dem leisen Klang des Silbers, wenn er Löffel neben Löffel legte – und Wappen gegen Wappen.

Sonst war alles still.

In der Küche schlich Sophie zwischen vielen Schüsseln umher, wie eine Kuhmagd, die bei der Arbeit ist.

Das Wasser in den Hähnen gurgelte mit einem Laut, der müdem Röcheln glich.

Hinten auf dem Rohrstuhl, bei der Bornholmer Uhr, saß Jungfer Arkadia und lächelte vergnügt den eigenen, weißen und vielversprechenden Unterbeinen zu. –

Der Wagen fuhr weiter, auf Kongens Nytorv zu, durch die Stadt. Die Trottoire waren schon voller Menschen, die im Morast, der alle Füße beschmutzte, in der Morgenkälte aneinander vorbeiliefen.

Die Exzellenz kannte niemanden. Er grüßte mit dem gleichen Nicken alle, die ihn kannten.

Zuweilen, wenn die Mutter mit ihm durch die Stadt fuhr, fragte sie, wenn jemand grüßte:

»Wer war das, Großpapa?«

»Kenne sie nicht,« antwortete er.

Aber es kam auch vor, daß Seine Exzellenz plötzlich ein Gesicht wiedererkannte und sagte, das sei der und der.

»Nein,« sagte die Mutter und lachte, »das muß doch der Sohn sein.«

»Hm. Na ja, jetzt sind's wohl die Söhne, die herumlaufen.

Und wieder saß er und sah über die Menschengesichter der Straße hin, die bleifarbigen Hände im Schoß gefaltet.

...Der Wagen rollte die Raadhussträde hinunter bis vor das Brahesche Palais. Der Pförtner, ein alter Weißbart in rotgestreifter Weste und blauen Hosen, riß das Tor auf und öffnete die Wagentür, noch ehe der erste Diener dazukam, der förmlich erschrak, als er die Exzellenz sah; er lief wieder die Treppe hinan, lief voraus, so schnell die zitternden Beine ihn trugen, hinauf ins erste Stockwerk, – so daß der Pförtner der Exzellenz aus dem Wagen helfen mußte.

»Ja,« sagte der Pförtner, »es geht wohl schlecht, Exzellenz ... Es ist wohl schlimmer geworden in der Nacht.

Es geht wohl schlecht, Exzellenz.«

Exzellenz, der nur das Wort schlecht hörte und glaubte, der Weißbart spreche von seinem Gichtknoten, sagte:

»So schmier Er sich ein mit dem Zeug, das ich Ihm gegeben habe;« und er ging durch die Glastür hinein.

Der Diener war davongerannt, durch zwei Zimmer, ins Wohnzimmer hinein, wo zwei junge Baronessen am Mitteltisch saßen.

»Der Konferenzrat ist da,« sagte er ganz außer Atem und nannte in seiner Aufregung Exzellenz bei dem alten Titel, den er so viele Jahre geführt hatte.

Die beiden Baronessen erschraken ebenso wie er, und sie riefen beide:

»Mutter, Mutter, Onkel Hvide ist da.«

Die Lehnsbaronin, die im Schlafrock war, kam in der Tür zum kleinen Speisezimmer zum Vorschein.

»Gott,« sagte sie, »und wir haben ihn nicht gerufen« – sie schlug die fleischigen Hände zusammen.

»Ich habe es ja gesagt.

Jetzt können wir's ja nicht sagen, wo wir jetzt den Professor gerufen haben.«

Sie hörten schon die stampfenden Tritte Seiner Exzellenz in dem vordersten Zimmer.

»Laßt mich,« sagte die Mutter und ging den beiden Töchtern voraus, um ihn zu empfangen.

»Aber lieber Onkel Hvide,« und die Baronessen umarmten ihn, »bist du's. Komm, ich sitze eben beim ersten Frühstück.«

»Danke,« sagte Seine Exzellenz, »ich will nichts haben.« Er küßte beide Töchter – Seine Exzellenz küßte alle jüngeren Frauen, die ihm in den Weg kamen, mit einer seltsamen leeren Gier.

»Ich esse nicht um diese Tageszeit.«

»Aber du kannst doch bei mir sitzen,« sagte sie und führte ihn in das Speisezimmer, wo auch die Töchter vor zwei leeren Tellern Platz nahmen.

Sie sprachen schnell, bald die eine und bald die andere, von Wind und Wetter, während keine wußte, was sie selbst sagte oder ob die Exzellenz zuhörte.

»Meinen Dank für die Einladung,« sagte er plötzlich, mitten in das Schwatzen hinein.

»Ja, wir dachten, vielleicht würdest du doch kommen. Wir wollten gern ein paar von den Alten bei uns sehen,« rief die Baronin, die fortwährend aß.

»Die Alten sind tot,« sagte Seine Exzellenz, und plötzlich fragte er:

»Wo ist Emmely?«

Die Baronin, die die ganze Zeit auf die Frage nach Emmely gewartet – denn die kranke Tochter war der Liebling der Exzellenz in der Familie – und bloß in ihrer Verwirrung weitergegessen hatte, sagte:

»Ja, Emmely ...«

»Ist ausgeritten,« fiel eine der Töchter ein.

»Mit Preben,« sagte die andere.

»Ich habe gesagt, sie darf nicht reiten,« sagte Seine Exzellenz.

»Und vor allem nicht mit Preben.«

Die Baronin, die noch verwirrter wurde, sagte:

»Ja, das hast du,« und plötzlich fing sie an, vom Hofe zu reden und von der Erbprinzessin, der sie gestern einen Besuch gemacht habe.

»Sie hält sich tapfer, Onkel Hvide.«

»Hm,« sagte Seine Exzellenz, »man braucht nicht von dreizehn Königen abzustammen, um einen Schürzenjäger zu heiraten und dem Pförtner das Haushaltungsbuch zu führen.«

Die Baronin griff das Thema Prinz Ferdinand auf und sagte:

»Ja, aber diese Liebe wurde trotzdem zum Lebensinhalt für sie.«

Ein Zucken ging über das Gesicht der Exzellenz.

»Lebensinhalt« – und er lachte – »ja, das ist Lebensinhalt, einen Mühlstein auf dem Rücken zu schleppen.«

Die Baronin wurde purpurrot in ihrem runden Gesicht – sie hatte an Seiner Exzellenz eigene Ehe gedacht, noch ehe sie ausgesprochen hatte – und keiner fand etwas zu sagen, als plötzlich Lärm ertönte, im Flur hinter dem Speisezimmer, von Türen, die auf- und zugeschlagen wurden, während man die Kammerjungfer rufen hörte.

Die Frau des Hauses erhob sich halb – die Röte ging in Blässe über – und mit einem Ruck setzte sie sich wieder.

»Ida, sieh, was los ist.«

Und die älteste Tochter lief.

»Was läuft sie?« sagte Seine Exzellenz, der tat, als habe er nichts gehört.

»Sie besorgt den Tee,« sagte die Baronin und sah in demselben Moment den Teekessel unmittelbar vor sich auf dem Kohlenbecken stehen.

Draußen liefen sie immer noch hin und her – Schritte hin und Schritte zurück.

»Was ist nur los?« flüsterte die Baronin und stand auf, mit dem Teekessel, der auf einmal in ihrer Hand zu zittern begann.

»Nein, bleib,« flüsterte sie der zweiten Tochter zu, die auch aufstehen wollte.

»Was ist das für Fleisch?« fragte Seine Exzellenz und stach mit einer Gabel, die er vom Teller der Baronin genommen hatte, hinüber in eine Schüssel, die mit rotem Ochsenfleisch gefüllt war.

»Das ist Ochsenfleisch, Onkel Hvide,« sagte die Tochter.

Seine Exzellenz, der an einem sonderbaren und beständigen Hunger litt und sich darum zu allen Zeiten über alle möglichen Speisen gleichsam herstürzte, die er nicht mehr verdauen konnte, hatte schon ein Stück verschluckt und nahm noch eins, mit derselben Hast – als die Tür aufgerissen wurde und Baronesse Ida hereingelaufen kam und rief: »Mutter,« atemlos, ohne zu denken, nicht an Seine Exzellenz und nicht an irgend etwas:

»Mutter.«

»Was ist?«

Die Baronin war aufgestanden und hatte kaum ein paar Schritte getan, als Baron Preben, Emmelys Verlobter, eintrat, ganz weiß im Gesicht, weiß bis tief unter den Bart – er ließ die Türen offenstehen und rief:

»Komm, komm, Emmely...«

Und hielt inne beim Anblick Seiner Exzellenz.

»Du entschuldigst, Onkel Hvide,« sagte die Baronin, während ihr der Schweiß auf die Stirn getreten war; und sie ging mit Ida aus dem Zimmer, während die Tür ins Schloß fiel.

Eine Minute vielleicht war es still, nachdem Seine Exzellenz sich erhoben hatte.

Im Nu hatte er das alles verstanden: daß Emmely krank war, gefährlich krank; daß ein anderer gerufen, ein anderer zu Emmely gerufen war; daß man die Einladung zu Tisch hatte überbringen lassen, da sie wußten, daß er sie abschlägig beantworten würde – eine Einladung zu Tisch, damit er nichts erriete...

Seine Exzellenz stand noch immer, während der Stuhl, auf den er sich stützte, unter dem Griff seiner Hand zitterte, als sei selbst das leblose Holz lebendig geworden vor seinem Zorn.

Dann sagte er, und seine Stimme klang ruhig:

»Seid ihr nach Hause gekommen?«

Baron Preben, der wie angewurzelt mitten im Zimmer stand – man hatte den Eindruck, daß er fallen würde, wenn man ihn mit dem Ellbogen anstieße –, sagte:

»Wer?« und sah die Exzellenz an mit Augen, die nichts sahen.

»Ihr,« sagte Seine Exzellenz, der immer noch auf den Stuhl gestützt dastand:

»Ihr wart doch ausgeritten.«

»Ja,« antwortete Preben, der nicht wußte, was er selber sagte.

Wiederum wurde es still, während die Uhr tickte, so seltsam sprunghaft, wie alte französische Uhren es tun.

»Dann grüße von mir,« sagte Seine Exzellenz, und es war, als schleudere er etwas weg, als er seinen Stuhl losließ.

Baronesse Ingeborg war aufgestanden.

»Gehst du,« sagte sie.

»ES ist Zeit,« erwiderte Seine Exzellenz, und allein ging er – denn Baronesse Ingeborg wagte ihm nicht zu folgen – durch die Zimmer hinaus.

Preben schlich sich hinein, wo die Mutter am Bett bei Emmely saß, die weiß war, wie das Weiße weiß ist, während ihre Brust hochging.

»Es tut so weh, ach, es tut so weh.«

»Ja, ja, kleine Emmely.«

»Es tut so weh.«

»Ja, ja, richt' dich ein bißchen auf, hörst du, richt' dich ein bißchen auf…«

Die Kranke versuchte es, während Preben mit beiden Händen die Kante des Fußendes umfaßte. Aber Emmelys Kopf blieb auf dem Kissen liegen, machtlos, als sei er vom Körper getrennt.

»Nein, ich kann nicht…

Nein, nein, es tut so weh.«

»So, so, nun kommt der Doktor.«

Die Baronin sprach fast einlullend wie zu einem zarten kleinen Kinde:

»Nun kommt der Doktor.«

Die Kranke schlummerte ein, die Brust ging auf und nieder.

Ida stand in der Ecke und weinte leise.

»Schläft sie?« flüsterte Preben.

»Ja.«

Ida hob den Kopf, hinten aus der Ecke sah sie auf das Gesicht der Schwester, und auf einmal begann sie, lautet zu weinen, und sie ergriff den Arm der Mutter:

»Mutter,« flüsterte sie, und die Tränen hatten plötzlich aufgehört, aus ihren Augen zu rinnen, während sie unausgesetzt die Schwester auf dem Kissen anstarrte.

»Wollen wir nicht Onkel Hvide fragen?«

Die Augen von Mutter und Tochter trafen sich eine Sekunde lang.

»Nein, nein,« sagte die Baronin so laut, daß sie die Schlummernde weckte.

»Wo ist Preben?« flüsterte Emmely.

»Hier.«

»Danke.«

Und sie schloß die Augen wieder.

…Die Exzellenz war hinabgegangen. Er stützte sich nicht. Fast aufrecht stand er in seinem Wagen, als er fortfuhr. Die Haustür fiel zu.

Der Pförtner, der mit dem Kutscher Johann geschwatzt hatte, kehrte zu seinem Keller zurück, wo er sich ans Fenster setzte, während seine Frau aus ihrer Küche hereinkam.

»Es war der Alte,« sagte er.

»Die Exzellenz?«

»Ja,« sagte der Pförtner, der die Hände gefaltet hatte.

Die Frau fiel fast auf den Stuhl hinten am Ofen nieder.

»Ach, Herr Gott, ach, Herr Gott,« sagte sie und fing an, in ihrem groben Gesicht mit den Händen herumzuwischen.

Ihr Mann hatte noch immer die Hände um seine spitzen Knie gefaltet.

»Ja,« sagte er und nickte, »er kann es sehen, ob es der Tod ist.«

»Sag nicht so was, Jakob,« sagte die Frau, die anfing zu meinen, als sei Baronesse Emmely bereits tot.

Und sie saßen beide still da, jeder auf seinem Stuhl, in dem großen, stillen Hause ...

Seine Exzellenz saß steil aufrecht in seinem Wagen, der rechte Arm ruhte in dem Armhalter, dessen wappengesticktes Band zitterte – so bebte er noch –, während jede Ader in dem weißen Gesicht sich straffte.

Er dachte an die Brahes, an diese Brahes; und alle die heimlichen Geschichten des Geschlechts, die sein ärztliches Wissen durch hundert Jahre bewahrte, wie sein Vater sie ihm vererbt hatte, der berühmt war und der Erste wie er selbst – sie loderten auf vor seinem weitsehenden Auge, in einem fürchterlichen Hunger, sich mit Rache zu sättigen.

Er stöhnte laut, wie er dasaß, unter dem Zwange des eigenen Zornes.

»Gewiß, ich kenne sie ...

Ob ich sie kenne.«

Aber plötzlich ballte er die Hände, und sein Blick schien einen Augenblick leer zu werden und das ganze Auge fast weiß: mit einer gewaltigen Willensanspannung schob er dem eigenen Gedanken etwas wie einen eisernen Riegel vor – und hatte ihn begraben.

Er wußte nichts mehr davon.

Er zog an der Wagenschnur, und Kutscher Johann hielt.

»Zu Frau Urne,« rief Seine Exzellenz, und der Wagen fuhr zurück durch die Stadt, über den Markt, die Bredgade hinab. Er rollte durch das Portal in das Schacksche Haus und hielt im Hofe, vor dem Gartenhaus.

Seine Exzellenz stieg aus. Die Tür hatte keine Klingel, sondern nur einen Türhammer, der sozusagen nicht mehr wollte.

Ein Mädchen machte auf.

»Ist jemand zu Haus?« fragte die Exzellenz.

»Ja, Exzellenz, die gnädige Frau kommt sofort.«

Er ging hinein in die zwei Zimmer, wo die Möbel aus der Zeit Christians VIII. so merkwürdig steif dastanden zwischen den Korbspalieren mit dem vielen Efeu. Vor den Fenstern sah man den Garten. Der Schnee gab dem Raum ein eigentümliches Licht, wie vom Schein eines aufgehängten Lakens.

Seine Exzellenz nahm Platz, über dem Sofa hingen mit Flor verhüllte Bilder und Säbel.

Er hörte Frau Urne nicht kommen, bevor sie dastand. Sie war groß und hager und ganz in Schwarz.

»Daß du heute an mich gedacht hast,« sagte sie und nahm seine beiden Hände.

»Mein Kind,« sagte die Exzellenz, »ich habe nicht mehr an so viel zu denken.«

»Du denkst an alle,« sagte sie und behielt seine Hände, während sie sich setzte.

»Oder an keinen,« sagte Seine Exzellenz.

Es war eine kleine Weile still. Frau Urne hatte wohl nicht gehört, was er gesagt hatte. Sie hatte die Augen erhoben und betrachtete das Bild ihres im Kriege gefallenen Mannes über dem Sofa.

»Es wird alles wieder aufgerissen an einem Tage wie diesem; und es ist, als müßte man es noch einmal erleben.«

»Ja,« sagte Seine Exzellenz, »er gab sein Leben hin.«

»Ja,« sagte sie, und plötzlich sprangen die Tränen aus ihren Augen hervor, während ein Schluchzen sie schüttelte.

»Und ich kann mich nicht einmal begnügen mit dem Gedanken an seine Tat ... Und die Erinnerungen, die man pflegt und mit Flor behängt – – das sind nicht die Erinnerungen, nach denen man sich sehnt.«

Seine Exzellenz legte seine Hand über die Lehne des Stuhls, auf dem Frau Urne saß.

»Je größer er war, mein Kind, desto mehr hat er dir wohl auch geben können ...

Und desto wilder ist das Entbehren.«

Bei dem Worte wilder trafen sich einen Moment ihre Augen, und ein Blutstrom schoß in das Gesicht der Witwe.

»Onkel Hvide,« sagte sie, »du siehst alles.

Aber ich schäme mich. Ich schäme mich vor meinen Kindern.«

»Schämst dich?« und seine Stimme war härter, »warum? glaubst du nicht, alle die andern, die allein sind, ›sehnen‹ sich ebenso?«

Frau Urne hatte ihren Kopf an den Stuhlrücken gelehnt und sah in die Luft hinaus.

»Warum lügen sie denn alle?«

»Sie lügen,« sagte er, »wie du lügst.«

Er schwieg eine Weile.

»Warum sie lügen?« sagte er. »Weil wir aufgezogen werden zu dem Glauben, daß wir etwas anderes sind, als wir sind. Und wenn wir uns dann selber entdecken, so glauben wir, die andern sind besser, und wir sind die schlimmsten

Aber wir sind uns gleich und haben denselben Körper.«

Frau Urnes Hände fielen in ihrem Schoß zusammen.

»Aber,« sagte sie, »daß wir so spät alt werden.«

Ein Lächeln glitt über das Gesicht Seiner Exzellenz.

»Ja,« sagte er, »spät oder nie.«

Sie saßen einen Augenblick schweigend. Dann fragte er: »Wie geht es deinen Söhnen?«

Frau Urne griff sich an den Kopf, wie um ihre Gedanken zu sammeln:

»Ja, du weißt doch, daß Christian nicht Offizier werden will.«

»So, ist das nun aufgegeben?«

»Ja, er will nicht...«

»Hm, was will er denn?«

Frau Urne sagte:

»Er möchte Ingenieur werden.«

»Soso,« sagte Seine Exzellenz:

»Was soll ein Mechaniker hierzulande? Hier laufen wir die Landstraßen, die da sind.«

Frau Urne sagte und sah ihn nicht an:

»Er sagt, die Welt sei groß.«

Es wurde still. Die Uhr drinnen im vordersten Zimmer tickte mit einem wunderlichen Laut, als sei jede Minute etwas Berstendes.

»Und ich meine ...daß ...daß es so schwer ist ...daß es ist, als ob, als ob wir alle das verrieten, das, wofür er starb ...«

»Was denn?« fragte er.

»Da« Land,« sagte sie (sie wollte sagen das Vaterland, aber es wurde nur »das Land« daraus).

»Das Vaterland?« sagte Seine Exzellenz.

»Das wird verraten Tag für Tag und lebt von den Resten. Jeder sorgt für das Seine, und das Vaterland kann nehmen, was übrig bleibt.

Er,« und er hob die Hand auf zu dem Bilde des verstorbenen Generalstabsoffiziers, »starb auch nicht fürs Vaterland, sondern für seinen Glauben, den er verloren hatte ...«

Frau Urne hatte vielleicht nicht verstanden, oder ihre Gedanken waren bei den Söhnen geblieben, denn sie sagte:

»Aber wenn sie beide reisen, Wilhelm und Christian, dann ist gar kein Junger vom Geschlecht mehr im Lande.«

Hvide sah vor sich hin, und seine Stimme senkte sich:

»Ich denk« manchmal, Kind, daß wir alten Geschlechter vielleicht genug gesündigt haben ...«

Er stand auf.

»Laß nun die andern weiter sündigen.«

»Aber was nennst du Sünde, Onkel Hvide?«

Seine Exzellenz nahm die Hand fort, mit der er sich auf den Tisch gestützt hatte.

»Die Lüge ist die Sünde, und wir haben nicht die Schultern dazu gehabt, um sie zu durchbrechen.«

Frau Urne schauerte zusammen, als ob Kälte sie schüttelte.

»Onkel Hvide,« sagte sie und bewegte den Kopf einmal hin und her, als sei an ihrem Halse etwas, das ihr weh tat.

»Alle Altäre werden so leer...«

Seine Exzellenz stand noch vor ihr, und er hob seine Hand.

»ES gibt keine Altäre, mein Kind, denn es gibt keine Götter. Wir sind –«
Er schwieg einen Moment, und sein Gesichtsausdruck wechselte:

»Die, die wir sind. Und wie geht es mit Wilhelm?« fragte er.

»Er« – und Frau Urne nahm sich wieder zusammen – »er wird so leicht erregt, weißt du...«

»Ja,« sagte die Exzellenz, »ich weiß es. Das gehört zu seinem Alter.
Aber,« sagte er, »laß ihn seine Freiheit haben und schließ ihm die Tür nicht zu.
Adieu, mein Kind.«

»Adieu, Onkel Hvide – und vielen Dank, daß du gekommen bist.«

Sie begleitete ihn hinaus, und der Wagen setzte sich in Bewegung.

»Zu Konferenzrat Glud,« rief die Exzellenz, und der Wagen rollte noch einmal durch die Straßen, bis er vor dem Hause des Konferenzrats hielt, wo ein verwachsenes Männchen seinen Kopf zu einer kleinen Seitentür herausstreckte, bevor das Tor langsam aufgeschlossen wurde und der Wagen einfahren konnte.

Das Männchen stand an der Wagentür, aber Seine Exzellenz sah ihn nicht und sprach nicht mit ihm. Er war aus dem Wagen gestiegen und rüttelte an dem Schloß der Flurtür – an all den uralten Türen des Konferenzrats waren sonderbar neue Schlösser.

»Man kommt nicht hinein vor all den Einrichtungen,« rief Seine Exzellenz, und er ging die Treppe hinauf.

Er schellte, und ein Augenpaar erschien am Guckloch der Tür, ehe aufgeschlossen wurde.

»Ja, ich bin es,« sagte Seine Exzellenz und ging hinein.

»Immer gleich stattlich,« sagte er und sah auf die Hausdame, Fräulein Erichsen, die seit zwanzig Jahren dem Hause des Konferenzrats vorstand und hochbusig und taillenschlank geblieben war wie ein Mensch, der sich nicht aufopfert, sich vielmehr behauptet und sich pflegt und wartet.

»Wie steht es?«

»Die Hofjägermeisterin ist in der Stadt,« sagte Fräulein Erichsen.

»Deswegen komme ich,« sagte Seine Exzellenz und stieß mit seinem Stock selbst die Zimmertür auf.

»Ich mache es wie die Raben.«

Fräulein Erichsen sagte – aber man wußte nicht, ob sie verstanden hatte oder nicht –:

»Ja, dem Konferenzrat geht es schlecht.«

»Lassen Sie mich ihn sehn,« sagte Seine Exzellenz.

Fräulein Erichsen ging, und er blieb mitten in dem Zimmer stehen, das die verschlossenen Fensterläden halbdunkel machten, so daß die Umrisse der Möbel halbwegs verschwanden und von den Gemälden nur die breiten Rahmen zu sehen waren, die wie goldene Streifen auf den Rokokowänden lagen, deren Verzierungen wie die goldenen Adern eines großen Leibes hier und da aufblinkten.

Seine Exzellenz schritt mitten durch die Räume, wo es überall leer war, unter den Kronleuchtern hin, die, in Drillich eingebunden, schwer hiederhingen wie gefüllte Säcke.

Vor der hintersten Tür, die angelehnt war, blieb er stehen.

»Was will er hier,« erklang eine Stimme, die vor Zorn zischte in ihrer Lähmung, »was will er hier? Ich will ihn nicht sehen. Ich habe es Ihnen gesagt.«

»Herr Konferenzrat dürfen sich nicht aufregen,« sagte Fräulein Erichsen still, wie jemand, der die Macht hat.

»Bitte, Exzellenz,« sagte sie, und sie ging.

Seine Exzellenz blieb vor dem Konferenzrat stehen, der in seinen Stuhl hinter der herabgelassenen Gardine zurückkroch, als wolle er seinen Kopf voller Schwären verbergen.

»Du willst mich nicht sehen,« sagte Hvide.

»Es hat dich keiner geholt,« lallte der Konferenzrat mit seiner dicken Zunge.

»Ich hörte, es sei schlimmer geworden,« sagte Seine Exzellenz, der sich der herabgezogenen Gardine näherte.

»Laß die Gardine in Ruh,« sagte der Konferenzrat und hob die linke, mißgestaltete Hand.

»Ich muß sehen,« sagte die Exzellenz und rollte die Gardine auf, daß plötzlich das ganze Licht hereinfiel über den aufgeschwollenen Kopf des Konferenzrats, in dem, mitten in der Eiterung, das linke Auge herausstand, oder förmlich heraushing aus seiner Höhle, wie bei den mißgestalteten Tieren, die die Prähistorie unseres Erdballs kennt.

»Es geht dir nicht gut,« sagte Seine Exzellenz, der mitten im Licht stand.

Der Konferenzrat hob das rechte und gesunde Auge zu ihm auf, mit dem Blick eines Tieres, das die Stricke sich um seine Glieder winden fühlt.

»Mir geht es so wie immer,« sagte er mit ganz dicker Zunge.

Seine Exzellenz knüpfte die Gardinenschnüre in einen festen Knoten.

»Ja so,« sagte er.

Er nahm den Puls des Gelähmten und sah auf seine Uhr, ohne das Gesicht zu bewegen. Er sagte auch nichts, während er die Uhr wieder in die Tasche steckte und mit seinem eiskalten Daumen mit hartem Griff das Gesicht des Konferenzrats zu betasten begann, rings um das heraushängende, blinde Auge herum.

Der Konferenzrat rührte sich nicht, von den Fingern der Exzellenz wie von einem Nagel gezwungen.

»Tut es weh?« fragte Seine Exzellenz.

Der Konferenzrat, der vor Schmerz in seine gelähmte Zunge gebissen hatte – seine Zähne hatte er – antwortete nicht.

Seine Exzellenz ließ los.

»Und die Beine?« fragte er.

Der Konferenzrat, der fünfzehn Jahre jünger war als die Exzellenz und in der ruhmvollen Zeit des Familienarztes aufgewachsen war, wandte das gesunde Auge nicht vom Tisch fort, ehe nicht die Exzellenz sich bückte, als wolle er die Beine anfassen.

»Sie sind wie gewöhnlich,« lallte er.

»Kannst du noch zu deinem Geldschrank kommen?« sagte die Exzellenz und lachte, indem er auf den Krückstock wies, der an den Fensterrahmen gelehnt stand.

»Du machst also noch Geschäfte?«

Der Konferenzrat hob sein Auge zu ihm auf.

»Die, die nicht abgewickelt sind,« sagte er, »unter anderm deine.«

Ein plötzliches Jucken lief, ohne daß er selbst es wußte, über das Gesicht Seiner Exzellenz, ehe er, als habe er nichts gehört, sagte:

»Du solltest dich schonen.«

Und er fügte hinzu, während er fortwährend mit der einen Krücke gegen den Fensterrahmen schlug:

»Es ist Zeit.

Das kann ich dir sagen.«

Es war einen Augenblick ganz still, während Seine Exzellenz den Blick von dem Kranken weg in das Zimmer schweifen ließ, über den mächtigen Schreibtisch hin, wo nichts zu finden war außer dem ererbten Lederbeutel mit Kupfer und dem goldenen Schreibzeug, einer Erinnerung an das bekannte Wohltätigkeitswerk, das den Weg des Konferenzrats gekennzeichnet hatte – hin zu den Stühlen, die wie eine Wache längs der Wände standen, und den zwei Paneeltüren, die dicht beieinander waren.

»Ich tue, was ich will,« sagte der Konferenzrat, und seine Sprache war unter einer übermäßigen Anstrengung beinahe deutlich geworden.

Es klopfte an die eine Paneeltür – erst schwach, dann lauter.

»Kratzt er immer noch hier?« rief Seine Exzellenz, die es plötzlich hörte.

»Herein.«

Und die Tür ging auf, während eine Mannsperson bestürzt hereinkam. Er war lang und trug schwarze, verschliffene Kleider. Man dachte unwillkürlich, daß er nichts weiter an Körper besäße als seine bleichen Hände.

Dem Konferenzrat war es fast gelungen, sich zu erheben.

»Gehen Sie, gehen Sie – was wollen Sie ...?«

Und die Tür schloß sich wieder.

Die Exzellenz lachte und hatte den Griff der einen Krücke umfaßt.

»Also du wucherst noch? Also deine Säcke sind noch nicht gefüllt genug?«

Seine Exzellenz stieß mit der Krücke gegen den Tisch des Bankiers.

»Aber du nimmst dein Gold aus deinem eigenen Sarge, das will ich dir sagen.«

Der Konferenzrat war zum Stehen gekommen, auf seine Krücke und seinen rechten, gesunden Arm gestützt.

»Das geht dich nichts an,« sagte er, und fast seine ganze Stimme hatte er wieder.

Die Exzellenz betrachtete einen Moment das entstellte Gesicht, das springen zu wollen schien unter dem zuströmenden Blut.

»Nein,« sagte er und wandte sich ab.

»Und du,« rief der Kranke, der sich gewaltsam auf den Tisch stützte, »du bleibst von hier fort. Ich brauche Ole Hvide auch nicht mehr.«

Der Konferenzrat hatte den Vornamen betont, der einst im Klange des Namens Seiner Exzellenz gewesen war wie der Schnörkel unter einem Namenszug, und Seine Exzellenz wandte sich ab wie unter einem Stoß. Aber als er sprach, klang die Stimme ruhig.

»Wahrscheinlich hast du recht,« sagte er und preßte die Krücke, die er noch in der Hand hielt.

Und als fragte er nach dem Befinden eines Freundes, sagte er:

»Die Hofjägermeisterin ist doch hier?«

Das Auge des Konferenzrats wurde rot in dem Weißen, eine Sekunde lang hob er seine Krücke mit dem gesunden Arm, und der Arm zitterte ihm.

»Hüte dich,« sagte er, und er rief die Worte in einem Atemzuge hinaus, »daß nicht die, die dich beerben sollen, Tränen vergießen.«

Die Exzellenz hatte den Krückstock umfaßt, wie um sich zu wappnen gegen einen Schlag. Einen Moment erstarrte sein Gesicht. Dann war die Krücke geräuschvoll zu Boden gefallen, und er war gegangen.

Seine Exzellenz sah Fräulein Erichsen in dem mittelsten Zimmer von ihrem Stuhl aufstehen, und er sagte, als sie auf ihn zukam:

»Es geht ihm besser.«

Die Runzeln, die Fräulein Erichsens Gesicht bedeckten, wie die Gittermaske den Fechter schützt, zitterten einen Augenblick.

Dann sagte sie:

»Gott sei Dank.«

Und mit einem Lächeln, so unmerklich, daß es eben zu erraten war, sagte sie:

»Das finde ich ja auch, Exzellenz.«

»Grüßen Sie die Hofjägermeisterin, Erichsen,« sagte er nur.

Und er ging.

Fräulein Erichsen kehrte in die Zimmer zurück. Auf einmal lachte sie, kurz und hastig, mit einem Lachen, das nichts zu tun hatte mit ihrer Sprechstimme und das eine Sekunde lang die Runzeln ihres Gesichts zu verzerrten Falten verbog, die sie unwillkürlich mit den vom Golde schweren Fingern wieder glättete, bevor sie zum Konferenzrat hineinging.

Der Konferenzrat saß in seinem Stuhl, die Krücke in der Hand.

»Er soll nie mehr herein,« sagte er, und die Zunge schlug bei jedem Wort aus dem Munde.

»Es geschieht ja, wie Herr Konferenzrat wünschen,« sagte sie; und als sie ihm die Krücke aus der Hand nahm, fühlte sie, wie er noch bebte.

Sie betrachtete ihn von der Seite, wie er im Licht dasaß – und sie hatte genau denselben Blick in den Augen, wie Exzellenz ihn hatte, als er seine Uhr betrachtete, während er den Puls des Konferenzrats fühlte.

»Ziehen Sie die Gardine hinunter,« sagte der Konferenzrat, der das Licht empfand – oder ihren Blick – wie ein an den Händen gefesselter Mann einen Mückenschwarm.

»Erst die Decke, Herr Konferenzrat,« sagte sie und bückte sich, um das Plaid fester um seine Knie zu legen.

Dann richtete sie sich auf und löste den Knoten der Exzellenz. Sie behielt, während die Gardine herunterrollte, die weiße Schlinge in der Hand – um keinen Lärm zu machen.

Sie ging zurück an den Tisch und sagte:

»Es ist Freitag, Herr Konferenzrat.«

»Ja.«

Er zog die Schlüssel hervor, zog eine Schublade auf und öffnete einen eisernen Kasten darin. In dem Kasten lag Geldrolle an Geldrolle, in weißes Papier gewickelt. Da war nur Gold.

Der Konferenzrat nahm eine Rolle und wollte das Papier öffnen. Aber er konnte es nicht aufbekommen, und Fräulein Erichsen mußte ihm helfen, so daß die Goldstücke in seine flache Rechte flossen. Mit der gelähmten Linken machte er einen Versuch, als wolle er sie zählen, aber er vermochte es nicht. Da ließ er sie auf den Tisch fallen – sie fielen langsam, vielleicht weil seine Hand feucht war, Geldstück auf Geldstück.

»Es geht ja immer mehr drauf in der Woche, wenn die Hofjägermeisterin in der Stadt ist,« sagte Fräulein Erichsen, die die fallenden Goldmünzen verfolgte.

Sie hatte ihre auffallend weiße Hand auf den Tisch gelegt, sehr dicht neben die des Konferenzrats, um das Geld aufzunehmen. Der Konferenzrat richtete den Blick vom Golde fort, auf die Weiße der Hand.

»Ja,« sagte er und drückte plötzlich das Gold in die Hand des Fräuleins, die er ergriff.

»Jetzt sollten Herr Konferenzrat ruhen,« sagte Fräulein Erichsen und machte ihre Hand frei.

»Nein, lassen Sie Hansen hereinkommen.«

»Jetzt, Herr Konferenzrat?«

»Ja, es eilt.«

Fräulein Erichsen ging durch das Zimmer und öffnete die Paneeltür:

»Hansen,« rief sie und schloß die Tür wieder.

Sie blieb mitten im Zimmer stehen.

»Herr Konferenzrat sollten vorsichtig sein,« sagte sie – und man wußte nicht recht, ob sie seine Gesundheit meinte oder das Geschäft, das seiner wartete – und ging auf die große Tür zu.

»Das weiß ich.«

Fräulein Erichsen ging.

Hansen schlich sich zur Paneeltür herein. Er trug einen Haufen Papiere in der Hand.

Der Konferenzrat wandte ihm sein Auge zu.

»Ist es in Ordnung?« fragte er, und seine Stimme wurde auf einmal wieder deutlich, wie vorhin, als Seine Exzellenz; da war.

»Ja.«

»Alles?«

»Ja.«

Der Konferenzrat griff nach den Dokumenten.

»Lassen Sie mich sehen,« sagte er.

Sein sehendes Auge wurde größer, während seine gesunde Hand in den Papieren blätterte, die mit Gerichtssiegeln und Stempeln bedeckt waren.

»Ja, die Hypothekenbriefe sind hier,« sagte er.

Er behielt die Dokumente einen Augenblick in der Hand.

»Dann kann der Betrag abgeschickt werden,« sagte er.

Herr Hansen, der die ganze Zeit zwei Ellen vom Tisch entfernt stand, sagte:

»Herr Hans Hvide kommt selbst um zwei Uhr.«

Der Konferenzrat ließ seine Papiere los.

»Ist er hier?« sagte er, und seine Stimme wurde auf einmal wieder undeutlich.

»Er ist heute morgen gekommen.«

Herr Hansen fand, heute sei der Konferenzrat ganz elend, auch die rechte Hand zitterte ja dem Konferenzrat.

»Ich will ihn nicht sehen,« sagte der Konferenzrat.

»Bezahlen Sie das Geld aus, und lassen Sie ihn quittieren.«

»Sehr wohl, Herr Konferenzrat.«

»Aber dies da will ich kuwertiert haben,« sagte der Konferenzrat.

»Jetzt?«

»Ja,« sagte der Konferenzrat.

Herr Hansen ging und kehrte mit einer großen schwarzen Mappe zurück, die er vor den Konferenzrat hinlegte. Auf dem Einband stand, auf einem Etikett, der Name Hvide in schwarzer, steiler Schrift.

»Wo ist das Kuwert?«

»Hier, Herr Konferenzrat.«

»Legen Sie die hinein,« und der Konferenzrat zeigte auf die Papiere.

Herr Hansen tat es, während das Auge seines Herrn seinen Händen folgte.

»Holen Sie nun den Kandelaber.«

Herr Hansen holte den Kandelaber von der Konsole und zündete das eine Licht an. Er brachte auch Lack und das Petschaft.

»Gut.«

Der Konferenzrat hielt den roten Lack in das Licht, wo er hoch aufflammte, und ließ ihn auf das blaue Kuwert niederfallen. Ein paar rote Tropfen fielen auf den Tisch (ja, er zittert auch mit der rechten, dachte Herr Hansen), bevor ihm das Versiegeln gelang.

»Öffnen Sie die Mappe.«

Herr Hansen tat es.

Der Konferenzrat legte das Kuwert zu oberst auf die vielen Papiere in der Mappe. Seine Hand blieb einen Augenblick schwer auf dem großen Haufen liegen.

»Räumen Sie jetzt fort,« sagte er.

Herr Hansen räumte fort, alles, bis der Konferenzrat wieder vor seinem leeren Tisch saß.

»Rufen Sie das Fräulein herein,« sagte er.

»Ja, Herr Konferenzrat.«

Herr Hansen ging durch die große Tür, und Fräulein Erichsen kam herein.

»Die Kissen, Herr Konferenzrat?« fragte sie.

»Ja.«

Fräulein Erichsen legte sie behutsam dem Konferenzrat in den Rücken und unter den Kopf. Während sie es tat, sagte er:

»Die Sachen wären in Ordnung.«

»Sitzen Herr Konferenzrat nun gut?«

»Aber die Schillinge werden ihm nicht helfen,« fuhr der Konferenzrat fort, »dazu ist mehr nötig.

Das Loch ist zu tief. Es ist nicht genug. Dazu ist mehr nötig.«

Plötzlich versuchte der Konferenzrat zu lachen, mit einem Lachen, das wie der Schrei eines seltsamen Vogels klang.

»Um das Loch zuzustopfen,« sagte er, »muß Ole Hvide seinen steifen Rücken beugen.«

»Herr Konferenzrat behalten ja immer recht,« sagte Fräulein Erichsen und ging mit ihren behutsamen Schritten durch das Zimmer.

Der Konferenzrat war allein in seiner Stube.

Sein großer, unförmiger Kopf glich dem mißgestalteten Steinhaupt einer Sphinx.

Die Mutter war angekleidet. Sie hatte ihr Fenster der kalten, schneidenden Luft geöffnet.

Der Vater hatte es von seinem Zimmer aus gehört.

»Stella, deine Brust,« rief er.

»Fritz, man muß Luft haben.«

Und sie blieb stehen und sah hinaus in den schneeschweren Tag.

»Jetzt haben sie Englisch.«

Sie dachte an das »Weiße Haus« daheim und an die Kinder, deren Stundenplan und Tageslauf sie in Gedanken von Stunde zu Stunde verfolgte.

»Und das Kleinste kann nichts,« dachte sie, und sie lächelte. Sie hörte den Vater seine Tür öffnen und schließen und gehen.

Die Mutter sah zu den Wolken auf.

Wie schwer die Wolken heute waren, Hagelwolken, fast wie die Gewitterwolken, wenn sie zu Hause über ihrem Garten zusammenzogen.

Die Mutter erschauerte in dem kalten Luftzug, während sie drinnen im Zimmer des Vaters Arkadia mit ihren Gerätschaften rumoren und krachend die Fenster aufstoßen hörte.

Plötzlich sah die Mutter in den Hof hinaus und hinüber zu den Kellerfenstern im Flügel: Bald tauchte das eine, bald das andere Männergesicht am Kellerfenster auf.

Drei waren es.

Ein schwarzes und zwei blonde.

Und alle verdrehten sie die Augen und guckten nach oben.

Nun war es der Blonde.

»Ach so, es gilt nicht mir,« sagte die Mutter plötzlich ganz laut. Sie hatte Arkadia gesehen, die sich, nicht vier Ellen von ihr entfernt, weit aus dem Fenster des Vaters hinauslehnte.

Sie ging ein wenig vom Fenster zurück, während sie, in munterem Staunen, auf die Mannsfiguren hinuntersah, die alle abwechselnd zu einem und demselben weiblichen Wesen emporguckten.

Plötzlich hörte sie den Wagen Seiner Exzellenz im Portal und sah ihn in den Hof einrollen.

»Nein, Kinderchen,« sagte sie, »der Gaul hinkt wieder.«

Und sie lachte.

Johann war von seinem Bock heruntergestiegen. Der Einbeinige stand daneben und betrachtete die Pferde.

»Der macht's nicht lange mehr,« sagte er.

»Kann wohl sein,« sagte Johann und sah den Medaillenmann scharf an.

»Guten Morgen, Johann,« rief die Mutter von hoch oben aus ihrem Fenster.

Es klopfte an die Tür. Es war der Vater.

»Nun komme ich,« sagte die Mutter und ging hinaus.

Zusammen gingen sie die Treppe hinunter und hinein zu Seiner Exzellenz. Mitten in der Tür lachte die Mutter.

»Nein,« sagte sie, »ich werde niemals den menschlichen Appetit begreifen.«

Sie hatte auf einmal in Gedanken wieder den blonden Kopf am Kellerfenster auftauchen sehn.

Der Vater antwortete nicht, sein Gesicht blieb unbeweglich, und über Mutters Züge fiel plötzlich ein müder Schatten.

Seine Exzellenz öffnete seine Tür.

»Georg, die Briefe,« rief er.

»Guten Morgen, Kind,« sagte Seine Exzellenz, als er die Mutter sah, und seine Stimme bekam einen andern Klang.

»Guten Morgen, Grandpapa,« antwortete sie und bückte sich, während Seine Exzellenz sie mit den kalten Lippen auf die Stirn küßte.

Alle drei gingen sie in das vorderste Wohnzimmer, wo Ihre Gnaden in einer Moireemantille am mittleren Tisch saß.

Seine Exzellenz sah nach ihr hin – mit demselben fast ängstlichen Blick wie am Morgen. –

»Brahes lassen grüßen,« sagte er und bückte sich, um seine Lippen an ihr Haar zu führen.

Ihre Gnaden senkte schroff den Kopf.

»Guten Morgen,« sagte sie, während die Mutter ihr flüchtig die Hand küßte.

»Wieviel Grad haben wir hier?« fragte sie sehr laut.

Und die Gesellschaftsdame ging zu dem aufgehängten Thermometer, um die Temperatur abzulesen.

... Georg hatte auf dem Tisch Seiner Exzellenz die Briefe zurechtgelegt.

Zweiter Teil

Seine Exzellenz hatte sich an den Tisch vor die Briefe gesetzt. Der dritte, den er nahm, fiel ihm wieder aus der Hand.

Dann stand er auf, drehte die Schlüssel in beiden Türen um und setzte sich wieder. Das Gehen wurde ihm etwas schwer, aber es war ja auch schon spät am Tage für Seine Exzellenz.

Er nahm wieder den dritten Brief, und mit einem Messer schnitt er das Kuwert auf. Seine Hände zitterten nicht mehr, und die Brille hatte er abgerissen, so daß er mit seinen bloßen Augen las:

Thorsholm, den 26. Februar.

Lieber Papa.

»Ich danke für die letzten Schreiben, die in meine Hände gelangt sind und die, wie gewöhnlich, kurz waren. Ich habe Dich oft gebeten, Papa, wenn Du nicht selbst schreiben kannst, was verständlich ist, dann meinem Sohne Fritz zu diktieren, der, wenn sein Herr Kammerdiener seine bedeutungsvolle Arbeit beendet hat, sicherlich Zeit übrig hat. Was die Dinge angeht, die er dabei ganz sicher erfahren würde, so hat sein Vater nichts zu verbergen, wofern Du nicht wünschen solltest, daß er der Prachtband mit Goldverschluß bleibt, der er durch Deine Fürsorge geworden ist, ich weiß nicht in welcher Absicht. Die beigelegten Beträge sind eingetroffen, reichten aber, wie Du verstehen wirst, nicht aus für die angegebenen und in Frage kommenden Ausgaben, ohne daß ich nicht selbst und mit Hilfe des Anwalts nach andern Auswegen suchen müßte. Aber daran bin ich ja gewöhnt, und ich werde um der armen Mama und um der Meinen willen den Kampf auch nicht aufgeben, so schwer er auch ist.«

Die vorgeschobene Unterlippe Seiner Exzellenz zitterte – zum zweiten Male –, aber er las weiter:

»Du schreibst: Von Deinen Erklärungen will ich verschont bleiben. Wenn ich auch sehr wohl Deinen Wunsch kenne, verschont zu bleiben, zum wenigsten von allem, was mich betrifft, so muß ich doch diesmal Dir mit ein paar Erklärungen zur Last fallen, die ich Dich bitten muß zu lesen, da die Lage sich kaum mehr halten und nicht länger verheimlichen lassen wird, nicht einmal vor Mama, trotz meinen Anstrengungen. Ich habe, wie Du weißt, mir niemals eingebildet oder geglaubt, daß ich irgendwelche Begabung oder irgendwelches Talent für die Landwirtschaft hätte. Aber nachdem ich während einer Operation, die Dir mißlang, ohnmächtig geworden war und Du erklärt hattest, daß Dein Sohn nicht Arzt werden dürfe, wenn er kein Blut sehen könne, ging ich den Weg, den Du wohl für den angemessensten hieltest, natürlich auch deshalb, weil er in den ersten Jahren, während Bruder Fritz und Frau Stella sich im Auslande aufhielten, damit Fritz die Übersetzung Deiner Schriften fördern konnte, weniger kostete. Jedenfalls wußtest Du ja besser als alle, was es heißen will, einen großen Namen zusammen mit einer Tätigkeit zu erben, und es stand bei Dir zu entscheiden, was für mich das vorteilhafteste war, selbst wenn ich meiner Liebe zur ärztlichen Wissenschaft entsagen und in einer schwierigen Zeit Landmann werden mußte, aber wenigstens eine Stellung einnahm, wo ich Deinem Ansehen nicht hinderlich war. Es ist leider überflüssig, von den Gütern zu reden, deren Ankauf Du ja trotz allen meinen Bitten fortwährend hast durch Glud bewerkstelligen lassen, der auch Annebygaard kaufte, kurz bevor er Etatsrat wurde. Doch in Dein Verhältnis zu Konferenzrat Glud werde ich mich nicht mischen, obwohl dieses Verhältnis, wie Du vielleicht zugeben wirst, von Anfang bis zu Ende über mich hergegangen ist, indem ich vier Jahre, nachdem ich Annebygaard bekommen hatte, Thorsholm übernehmen mußte, dessen Hauptgebäude zu restaurieren genau so viel erforderte, wie die ganze Kaufsumme betrug, bevor Mama da wohnen und zum wenigsten im Sommer für ihre Person ein wenig Ruhe haben konnte. Wenn Du mich dagegen eine Pacht hättest übernehmen lassen – aber eine Pacht war natürlich weniger passend für einen Jägermeister –, so hätten doch die Mittel, die Du mir bewilligen zu können meintest, ausreichen können und wären mit einem Male gegeben worden, wodurch ich freier dagestanden hätte und wodurch vor allem die arme Mama nicht einer täglichen Sorge und Angst um mich und die Meinen preisgegeben wäre. Doch Dein bekanntes weites Herz hat ja immer viele gefunden, denen Du gibst und gibst.«

Die Hand Seiner Exzellenz erbebte wie mit einem Ruck, und die Adern an seinen Schläfen waren geschwollen wie geknüpfte Stricke, aber er las weiter.

Es war jemand an der Tür.

»Wer ist da?« rief er.

»Seine Exzellenz liest die Post,« sagte Georg auf dem Flur zu dem Vater, der die Klinke losließ.

»Ihre Gnaden klingelt,« sagte der Vater, und Georg ging.

Ihre Gnaden hatte schon zweimal auf die silberne Glocke auf ihrem Tisch geschlagen, während die Gesellschaftsdame mit ihrer gefügigen Stimme fortfuhr, aus der aufgeschlagenen Zeitung »Wohnungen« vorzulesen, ohne innezuhalten:

»Herrschaftliche Wohnung, elf Zimmer, aller Komfort. Fredericiagade 16, zweites Haus von der Bredgade aus. Näheres beim Portier.«

»Wo war das?« fragte Ihre Gnaden.

Die Gesellschaftsdame gab Antwort.

»Ja, wenn es einem gelänge, eine Beletage zu bekommen,« sagte Ihre Gnaden, »aber Hvide sagt ja, er kann die Treppen nicht vertragen.«

»Weiter.«

Die Gesellschaftsdame las wieder:

»Herrschaftliche Wohnung, zehn Zimmer, Anrichtezimmer, Badezimmer usw., Beletage. Bredgade 60. Näheres beim Portier.

»Da hat Legationsrat Duus gewohnt,« sagte Ihre Gnaden, und sie setzte hinzu – die Legationsrätin war dort gestorben, und Ihre Gnaden reflektierte nicht auf Wohnungen, in denen ihres Wissens Todesfälle vorgekommen waren –: »sonst wäre es da schön.«

Georg war eingetreten.

»Legen Sie mir die Decke um,« sagte sie, und als Georg sich gebückt hatte, um ihr die Decke über die Knie zu legen, sagte sie, während die Gesellschaftsdame weiterlas:

»Wo ist Seine Exzellenz?«

Georg, der mit den gekrümmten Fingern über die Decke strich, sagte:

»Seine Exzellenz liest die Post;« und indem er den Kopf hob und Ihre Gnaden ansah, setzte er hinzu, und dabei warf er plötzlich die Lippen auf, daß seine beiden einzigen Zähne sichtbar wurden – sie glichen den Nagezähnen einer Ratte –:

»Es war ein Brief vom Herrn Jägermeister dabei.«

Georg verbarg mit der Lippe wieder seine beiden Zähne und richtete sich auf.

»Er kann gehen,« sagte Ihre Gnaden, die an ihrem Geldbeutel herumfingerte und auf einmal mit dem Taschentuch ihre Schläfen trocknete, die feucht geworden waren.

Die Gesellschaftsdame hatte aufgehört zu lesen.

»Warum lesen Sie nicht mehr?« fragte Ihre Gnaden und hörte nicht, was das Fräulein antwortete.

Plötzlich sagte sie:

»Holen Sie Sophie;« und hielt mit einem Griff ihrer Hand die Mantille zusammen, während sie ohne Stütze durch die Räume in das Schlafgemach ging.

Sie hatte ihre Schatulle geöffnet und saß, die Hände im Schoß, vor einem kleinen Holzschrein, der auf der Klappe stand, als Sophie in das Schlafgemach trat, wo die Gardinen herabgelassen waren und halbe Dunkelheit herrschte.

»Der Jägermeister hat geschrieben,« sagte sie mit heiserer Stimme.

»Ja,« antwortete Sophie, deren schwarze Haubenbänder unterm Kinn wie ein paar dunklere Schatten im Dunkel abstanden.

Ihre Gnaden legte die Hände übereinander:

»Ich muß wissen, was er schreibt,« sagte sie.

Es war ein paar Augenblicke still im Dunkeln.

»Ihre Gnaden müßten warten,« sagte dann Sophie.

»Ja,« antwortete Ihre Gnaden und rührte sich nicht. Und sie fragte nach dem Mittagessen, und hinten aus dem Dunkel heraus nannte ihr Sophie Gericht auf Gericht.

»Das kann wegfallen,« sagte Ihre Gnaden und unterbrach die Dienerin, die eben ein Zwischengericht nannte.

Sophie wollte antworten, doch sie sagte:

»Er merkt es nicht. Er weiß nie, was er selbst ißt.«

Sophie nannte das Dessert.

»Dann verlangst du Geld,« sagte Ihre Gnaden.

»Ich habe gestern Geld bekommen.«

»Das hat er vergessen,« sagte Ihre Gnaden.

»Ich habe es von Georg bekommen,« sagte Sophie, die immer noch im Dunkeln stand.

»So hol es dir von Exzellenz selbst, wenn Georg meldet,« sagte Ihre Gnaden im Befehlston.

Sophie blieb noch stehen, obwohl nicht mehr gesprochen wurde.

Die Gedanken Ihrer Gnaden waren anderswo, oder sie waren ganz dorthin gewandert, wo sie die ganze Zeit gewesen waren, während ihr Gesicht fast wie verzerrt war von Schmerz oder von Ekel, wobei ihre dünnen Lippen ihre Fülle wiederzubekommen schienen.

»Aber ich,« sagte sie, »ich werde gequält, und ich muß zahlen,« und sie schlug mit der Hand zweimal auf die Schatulle.

Sophie antwortete nicht, sondern sah auf das Gesicht ihrer Herrin wie jemand, der längst alles verstanden hat.

»Aber kein Mensch kennt Hvide,« sagte Ihre Gnaden, deren Lippen wieder schmal geworden waren wie immer; und sie machte mit der Hand ein Zeichen, daß die Dienerin gehen könne.

Als die Tür geschlossen war, nahm Ihre Gnaden einen Schlüssel hervor und öffnete den Schrein, der vor ihr stand. Mit der Hand zählte sie ihre Banknoten, ohne sie aufzunehmen, indem sie sie gegen den Boden des Schreins hielt.

Die Mantille hatte sich gelöst. Sie fiel nieder von ihrem Rücken, nieder über den Stuhl und zu Boden, so schwer, als sei sie von Eisen.

Es klopfte an die Tür – und noch einmal.

»Wer ist da?« rief Ihre Gnaden, die den Schrein geschlossen hatte und Kraft genug besaß, selbst die Mantille von der Erde aufzunehmen und umzulegen.

»Das Frühstück ist fertig, Eure Gnaden,« sagte die Gesellschaftsdame in der geöffneten Tür.

»Ich komme.«

Ihre Gnaden ließ sich von dem Fräulein stützen, während sie die Zimmer durchschritt.

Während Georg am Mitteltisch das Frühstück anrichtete, riß Seine Exzellenz die Tür zu seinem Zimmer auf.

Ihre Gnaden und die Gesellschaftsdame hatten ihre Augen zu gleicher Zeit erhoben und schlugen sie wieder zu Boden.

»Ich soll grüßen,« sagte er, und seine Stimme war ganz ruhig.

»Von wem?« fragte Ihre Gnaden, während die Gesellschaftsdame, die die Schultern in ihrem Lehnstuhl zusammendrückte, den Blick nicht von der Gabel wandte, die in der Hand Ihrer Gnaden zitterte.

»Von Hans.«

Es war einige Augenblicke still. Seine Exzellenz stand am Fenster.

»Was schreibt er?« fragte Ihre Gnaden, die sich fortwährend zum Essen zwang.

»Wie gewöhnlich.«

Es war, als würden die Pupillen Ihrer Gnaden größer, während sie fortwährend die Exzellenz betrachtete, dessen Gesicht sie von der Seite sah.

»Und die Kinder?« sagte sie.

»Es geht ihnen gut.«

Die Exzellenz war fünf Schritt gegangen.

»Gesegnete Mahlzeit, Hvide,« sagte Ihre Gnaden und reichte ihre beiden Hände, deren Linie an den Handgelenken noch immer schön war, ihrem Manne hin.

Er ergriff sie, und hastig neigte er sich nieder und küßte sie auf die Stirn, mit genau derselben Bewegung, mit der er zu essen pflegte.

Ihre Gnaden fuhr fort zu lächeln.

»Er kann abnehmen,« sagte sie zu der Gesellschaftsdame.

»Du ißt nicht genug,« sagte Seine Exzellenz.

»Dazu sind andere da, Hvide,« sagte Ihre Gnaden mit etwas veränderter Stimme.

Georg verbeugte sich vor Ihrer Gnaden mit einer Karte auf einem Tablett.

»Harriette ist da,« sagte sie.

»So.«

»Lassen Sie die Marschallin eintreten.«

Georg öffnete die Tür, und Frau Harriette trat ein, in Samt und Pelzwerk gehüllt.

»Morgen, Tante,« sie küßte Ihre Gnaden auf die Stirn.

»Ja, da habt ihr mich.«

Mit strahlendem Gesicht ging sie auf die Exzellenz zu:

»Guten Tag, Onkel Hvide.«

»Guten Tag, Kind,« sagte er und berührte flüchtig die Wange der Marschallin mit seinen Lippen, als habe er sie gestern gesehn und als existiere zwanzigjährige Abwesenheit nicht für ihn.

»Wie ich mich darauf gefreut hatte, dich zu sehen,« sagte die Marschallin und fühlte sich plötzlich verwirrt, oder als sei es irgendwo in ihrem Herzen leer geworden.

»Wir haben uns auch darauf gefreut, dich zu sehen,« sagte Ihre Gnaden und bot mit der Hand Frau Harriette einen Stuhl.

»Und du bist ganz dieselbe.«

»Dieselbe ...«

Es war, als ob das Wort »Dieselbe« den Ausdruck in die Augen der Marschallin zurückrief, aus denen er ein paar Sekunden lang wie verschwunden gewesen war.

»Ach ja,« sagte sie, »es könnte so aussehen, wenn man im Überzeug steckt.«

Und die Marschallin begann, in konversierendem Tonfall, von ihrer Reise zu sprechen und von Wien, und plötzlich sagte sie:

»An dich habe ich Grüße, Onkel Hvide,« und sie nannte ein paar große Kollegen in Österreichs Hauptstadt.

Die Exzellenz sagte:

»Morden die immer noch?«

»Ja.«

Lachend sagte er:

»Das ist auch meine einzige Beschäftigung geworden,« und vielleicht halb in einem andern Gedankengange – denn der Ausdruck in seinem Gesicht war verändert – setzte er hinzu:

»Wir morden, und wir werden gemordet.«

»Was sagst du?« fragte Ihre Gnaden, deren Augen, sobald sie nicht sprach, wie suchend rings im Zimmer umherliefen.

»Wir sprechen von Wien,« sagte Seine Exzellenz, sich erhebend.

»Und du schreibst immer noch, Onkel Hvide,« sagte Frau Harriette, und während fast derselbe Glanz in ihre Augen trat wie vorhin, als sie zur Tür hereingekommen war, setzte sie hinzu:

»Wie rührend das war, daß du an mich gedacht hast mit allen deinen Büchern.«

Ihre Gnaden lächelte plötzlich und unterbrach dann ihr eigenes Lächeln.

»Ja,« sagte sie, »Hvide denkt an all seine Freunde.«

Und als ein paar Augenblicke verstrichen, ohne daß jemand redete, begann Ihre Gnaden vom Bischof Martensen zu sprechen, während Georg auf dem Tablett zwei Visitenkarten überbrachte, die beim Pförtner abgeliefert worden waren, und die Marschallin sagte:

»Tante, kann ich ein wenig frühstücken bei dir?«

Auf einen Blick Ihrer Gnaden sagte Georg, sich verbeugend:

»Herr und Frau Hvide gehen soeben zu Tisch.«

»Dann lauf ich hinein zu ihnen,« sagte die Marschallin und küßte wiederum die Tante auf die Stirn, bevor sie ging.

Das Gesellschaftsfräulein hatte sich in dem kleinen Wohnzimmer an ihre Arbeit gesetzt, dicht hinter die geöffnete Tür. Sie nähte viele winzige Flicken, die im ganzen Hause zusammengesammelt waren, aneinander zu großen Decken, Flicken an Flicken.

Ihre Gnaden hatte ihre Mantille am Halse gelockert, und sie fragte Seine Exzellenz:

»Wirst du Hans antworten?«

Aber er hörte es nicht.

Ihre Gnaden fragte nicht mehr.

Seine Exzellenz war hineingegangen. Unbeweglich, mit Augen, die wohl kaum etwas sahen, starrte er vor seinem Tisch vor sich hin, auf die Familienbilder oder auf die leere Wand...

»Nein, Harriette, Harriette« – und die Mutter sprang auf, als die Marschallin ins Speisezimmer kam – »bist du es?«

Sie küßte die Marschallin zweimal.

»Fritz, wir müssen ihr gleich ins Gesicht sehen,« sagte sie und führte Frau Harriette zum Fenster hin.

»Ja, du bist noch ganz die alte,« sagte die Mutter und küßte sie wieder.

»Und du auch,« sagte die Marschallin und lächelte.

»Ja,« sagte die Mutter, »ist es nicht seltsam, daß es Menschen gibt, die sich nie verändern können?«

»Und du bist auch derselbe, Fritz,« sagte die Marschallin. Sie war zwei Schritte auf ihn zugegangen, und vielleicht war es nur das veränderte Licht, das sie ein wenig blasser erscheinen ließ, während sie dem Vater die Hand reichte.

»Willst du was zu essen haben?« sagte die Mutter, »ah, du, wir haben heute Empfang und Diner.«

Sie klingelte.

Die Marschallin wußte von dem Diner; sie wollte selbst teilnehmen.

»Aber was ist das für ein Diner?« fragte sie.

»Ich weiß nicht,« sagte die Mutter, während sie sich zu Tisch setzten; »es ist ein Galadiner für den Grafen Eck, der abreist ... Wo will er doch gleich hin?« fragte sie den Vater.

»Nach Anhalt,« sagte der Vater, »im Auftrag der Krone.«

Ein junger Mann kam herein und reichte die Koteletten herum. Er war groß und sehr schlank, in der Hvideschen Livree, die ihm so stramm saß, daß man glaubte, man müsse seine Rippen sehn können.

»Was ist das für ein schöner Armenier?« sagte die Marschallin, als er hinausging.

»Das ist der Diener meines Neffen,« sagte der Vater.

»Ah.« Die Marschallin legte die Hände in den Schoß, »wie herrlich ist es doch, daß man nach Hause gekommen ist.«

»Und herrlich, daß man dich zu sehen kriegt,« sagte die Mutter und umfaßte ihren Teller mit beiden Armen.

Sie schwieg einen Augenblick, dann sagte sie:

»Als du fortgingst, waren wir jung;« und ein plötzlicher Schatten fiel über ihr Gesicht in dem Moment, als sie schwieg.

»Ja,« sagte die Marschallin, »da waren wir jung.« Sie lächelte einen Augenblick. »Wie war es wunderschön zu Hause.«

Wieder schwieg sie. Und dann sagte sie mit groß geöffneten Augen:

»Wißt ihr, was ich nie vergessen kann? Wie der Rasen grün war zu Hause. Diese schönen, schönen Rasenflächen,« sagte sie.

»Und der Hopfengarten,« sagte die Mutter und öffnete kaum ihre Lippen dabei.

Und sie begannen, von allen denen daheim zu sprechen, vom Pastor und seiner langbeinigen Tochter; vom Gutsverwalter und den rothaarigen Mädels, die immer gleiche, aus einem Stück genähte Kleider trugen, und von der Allee, die zum Gut hinaufführte und wo sie immer auf Stelzen gingen.

»Herr Gott,« sagte die Marschallin, »der alte Anders, der Lakai, der ist also tot.«

»Aber er zitterte doch auch schon am ganzen Körper, wenn er unsre Stelzen halten sollte.« Frau Harriette lachte.

»Ja, da saßen sie, der Anders und der Jens.«

»Jeder vor seinem Hause gleich bei der Einfahrt,« sagte die Mutter.

»Und keiner konnte sie von da wegbringen,« setzte sie hinzu.

Die Marschallin und die Mutter lachten beide, und die Marschallin hob ihre Arme.

»Nein, denn sie starben ja nie, und ihnen den Abschied zu geben, das wagte keiner.

Aber Herrgott,« sagte sie, und ihr Gesicht änderte seinen Ausdruck, »wie sie doch geweint haben bei Papas Begräbnis.«

Alle drei schwiegen sie einen Moment, bis die Mutter anfing zu lachen:

»Aber Harriette, weißt du noch, wie Jens in Storskoven dein weißseidenes Kleid in die Kremsertür einklemmte?«

»Ach ja, das Weißseidene,« rief Frau Harriette.

»Und Mama hatte nicht haben wollen, daß ich es anzog.«

»O Gott, wie das zerfetzt wurde,« sagte die Mutter.

»Ja.«

»Du sprangst ja vom Wagen herunter, gerade als Jens die Tür zuschlug ... und bardauz! war das Kleid in zwei Fetzen ...«

Die Marschallin lachte und lachte.

Die Mutter mußte sich ins Zimmer stellen, um zu zeigen, wie die beiden Fetzen nachgeschleppt hatten.

»Es war gräßlich,« sagte Frau Harriette, und indem sie plötzlich auf den Tischaufsatz zeigte, fragte sie:

»Was sind das für Blumen?«

»Die sind sicher aus Aalbygaard,« sagte der Vater.

»Sie sind schön.«

»Aber sie müssen weggenommen werden,« sagte die Mutter, »ehe sie fallen.«

Der weiße Schnee der Blumen fiel schon auf das Tischtuch.

»Aber,« sagte die Marschallin, die mit den Gedanken an die Blumen fertig war und zum Gut zurückkehrte:

»Jens war doch am gelungensten zu Pferde.«

»Ja, wie er saß, mit gespreizten Beinen und die Augen steif geradeaus.« Die Mutter lachte, und Frau Harriette lachte mit.

»Aber du,« sagte sie, »das war ja auch, weil er den Keller unter sich hatte. Himmlischer Vater, was da draufging von Papas gutem Portwein.«

Die Marschallin und die Mutter fuhren fort, von den alten Tagen zu sprechen, und es war, als strahlten die Jugenderinnerungen aus ihren Gesichtern.

»Jens war stolz, wenn er auf dem Braunen hinter dem Stammherrn herhumpelte.«

Der Vater sagte:

»Berry war ein prächtiges Tier,« und sein Gesicht nahm plötzlich einen Ausdruck an, als säße er noch auf dem schönen Halbbluthengst.

»Nein, aber Stella, weißt du noch,« sagte die Marschallin, »wie böse Papa wurde, als du damals alle Pferde in den Ständen im Stall durcheinandergestellt hattest?«

»Es war doch noch schlimmer, als sie im Roggenfeld waren,« sagte die Mutter, die ihren Stuhl halb ins Zimmer hineingeschoben hatte.

»Ja, als du sie losmachtest und sie alle sechzehn über die Koppel setzten, in den Roggen hinein und sprangen und fraßen und wieherten und dahinflogen – und Stella stand mitten in all dem Roggen und schrie und schwenkte ihren roten Schal wie toll, als Papa mit dem Stammherrn gerannt kam.«

Die Marschallin war ganz erschöpft von der Erinnerung.

»Aber wie entzückend du aussahst,« sagte sie zur Mutter, und indem ihre Augen wieder die Blumen in dem Aufsatz streiften, sagte sie:

»Ja, sie fallen ab.«

Das Gesicht des Vaters war unbeweglich geworden, als ob nach und nach aller Ausdruck darin schwände.

»Und als du Rosenbraut warst,« fuhr Frau Harriette fort, »es war gerade in dem Jahr,« – die Marschallin sah zum Vater hinüber – »wo du von Bonn nach Hause kamst, Fritz, ... als alle Knechte und Mägde in französischen Trachten waren; 0, wie sie aussahen, als sie durch die Ehrenpforte heraufkamen. Das Stubenmädchen Margrethe voran, in grünem Leibchen mit roten Bändern ...

Aber du wurdest Rosenbraut,« – die Marschallin begann zu lachen –: »Nein, wie war der Stammherr verliebt. Weißt du noch, Fritz, er betrank sich am Abend vor lauter Verliebtheit.«

Frau Harriette lachte noch und änderte dann plötzlich den Ton:

»Wie ich dich noch vor mir sehe, Stella, in dem Augenblick, wo du gekrönt wurdest, mitten auf dem grünen Rasen.«

»Unter der Blutbuche,« sagte die Mutter.

Sie hob das lächelnde Gesicht zum Vater auf und hatte plötzlich den Kopf wieder gesenkt.

Der Vater saß aufrecht da. Sein Gesicht war dem Licht des Fensters zugewandt, wie ein leerer Spiegel.

Die Marschallin sprach weiter.

Mutters Gesicht war weiß geworden. Mit leicht zusammengekniffenen Augen, wie jemand, der einen äußersten Gedanken zu Ende denkt, starrte sie vor sich hin auf die weißen Blumen auf dem Tisch und sah sie plötzlich, wie sie auf das Tuch niederfielen, Blatt für Blatt, und wie sie nach dem Fall einschrumpften an den Rändern.

Die Marschallin sprach noch immer von den Erinnerungen an Zuhause.

»Ja, das war damals,« sagte sie.

»Ja, damals,« sagte die Mutter.

Der schlanke Diener setzte – mit beständig niedergeschlagenen Augen – die Fingerschalen hin.

»Na,« sagte Frau Harriette, die seine schlanken Hände betrachtet hatte, »er pflegt sich.«

Sie nahm ihr Glas Madeira.

»Prost, Fritz,« sagte sie.

»Prosit, Harriette,« antwortete der Vater und lächelte.

»Ja, du bist dir gleich geblieben,« sagte sie und sah auf sein Gesicht.

»Du auch,« antwortete der Vater.

Die Marschallin sah plötzlich – und kaum eine Sekunde lang ging ein seltsames, flüchtiges Zittern über ihr Gesicht – das Grübchen in seinem Kinn, das Grübchen, das zum Vorschein kommen konnte, wenn er einem Weibe zulächelte.

»O nein,« sagte sie, »die Jahre fegen uns allen ihren Staub ins Gesicht.«

Der Vater stieß seinen Stuhl zurück, daß die Mutter zusammenfuhr.

»Ja, Mahlzeit,« sagte sie und reichte der Marschallin ihre beiden Hände.

»Küß die Hand,« antwortete die Marschallin, und langsam führte sie Mutters schöne Hände an ihre Lippen.

Der Vater wollte keinen Kaffee trinken, und die Mutter und die Marschallin rückten ans Fenster. Sie saßen eine Weile beide schweigend da, nachdem der Vater gegangen war.

Dann sagte die Marschallin, und sie fuhr gleichsam auf aus ihren Gedanken und sah von Wand zu Wand:

»Aber daß es so weitergehen kann ...«

»Was?« fragte die Mutter.

»Das Ganze,« entfuhr es Frau Harriette.

Doch die Mutter hatte es gewiß nicht gehört oder sie vielleicht nicht verstanden, und die Marschallin, die durch diese oder jene Gedankenverbindung auf Baron Brahes gekommen war, sagte:

»Es ist doch furchtbar mit Emmely, wie schlecht es ihr geht.«

»Mit wem?«

»Emmely Brahe ... Aber hat Onkel Hvide dir das nicht gesagt?«

»Nein,« sagte die Mutter und bekam plötzlich einen ganz roten Kopf.

Der Diener kam herein, und indem er den armenischen Kopf neigte, meldete er, der Wagen der Frau Marschallin sei gekommen; und Frau Harriette fragte die Mutter, ob sie nicht mitfahren wolle, sie habe nur ein paar Besuche zu machen.

»Ja, dann kann ich im Wagen sitzen bleiben,« sagte die Mutter, und sie gingen in die Zimmer hinein, um adieu zu sagen.

»Denk dir, Harriette, diese Geduld,« sagte die Mutter und deutete auf die Flicken der Gesellschaftsdame.

Die Gesellschaftsdame war von ihrer Arbeit aufgestanden.

»Es kommt doch immer eine Art Decke heraus,« sagte sie.

»Ja, schließlich,« sagte die Mutter.

Sie gingen ins Wohnzimmer zu Ihrer Gnaden, deren Gesichtsausdruck hastig wechselte, als sie kamen – und sie gingen weiter, zu Seiner Exzellenz hinein.

»Ja, adieu, Onkel Hvide.

Nun gehen wir, bis wir wiederkommen,« sagte die Marschallin und legte beide Hände um seinen Kopf und küßte ihn. Seine Exzellenz rührte sich nicht.

»Adieu.«

Sie fuhren die Straße entlang, als die Marschallin, die noch durch ihre Handschuhe hindurch förmlich die Marmorkälte des Kopfes Seiner Exzellenz spürte, sagte –:

»Aber Onkel Hvide ist alt geworden.«

»Das ist vielleicht nur heute,« sagte die Mutter.

»Warum?«

Die Mutter antwortete nicht.

Sie betrachtete den fallenden Schnee, bis sie plötzlich sagte:

»Ja, wenn man weit fortreisen könnte.«

»Weit fort?«

Die Marschallin wandte die Augen der Mutter zu und schlug sie wie mit einem Ruck wieder nieder.

»Weit fort,« wiederholte sie, und es sah fast aus, als ob ihre Lippen in irgendeiner unwiderstehlichen Gemütsbewegung zitterten.

»Es bleibt das gleiche,« sagte sie.

Die Mutter sah weit hinaus über den Schnee.

»Ja,« sagte sie und schloß auf einmal die Augen.

»Warum sollte es wohl anders werden?«

Beide saßen sie schweigend nebeneinander, während der Wagen durch die Straßen fuhr, bis er anhielt und die Marschallin ausstieg.

Die Mutter blieb im Wagen sitzen. Die schweren Lider fielen halb über ihre schmerzlich starrenden Augen herab.

Frau Harriette kam zurück, und sie fuhren weiter, als die Mutter halb rief:

»Da ist Hans.«

Sie hatte einen Herrn im Pelz gesehen, der in den Wagen hineinsah und hastig den Kopf wieder abwandte.

»Ist er hier?« fragte die Marschallin und drehte rasch den Kopf.

»Aber nein, das ist ja unmöglich,« sagte die Mutter, »er hat ja heute geschrieben.«

Sie saßen eine Weile. Dann sagte die Marschallin:

»Ist es noch immer dieselbe Geschichte mit Hans?«

»Es ist eher noch schlimmer.«

Die Marschallin nickte.

»Ich hatte es ja gehört,« sagte sie mit einem Seufzer.

Der Wagen hielt vor dem Portal der Exzellenz, und die Mutter ging hinein.

»Sagen Sie nur, ich sei gekommen,« sagte sie zu Georg, als geöffnet wurde, und sie ging in ihre Zimmer hinauf.

Georg schloß die Tür der Exzellenz. Ihre Gnaden schlummerte schon in ihrem Stuhl, drinnen im Wohnzimmer. Die Gesellschaftsdame hantierte lautlos mit ihren Flicken.

»Ach ja, ach ja,« stöhnte Seine Exzellenz im Schlaf. Der schlanke Diener, der die hellblauen Ärmel aufgestreift hatte, daß man fast die Hälfte von seinen sehr weißen schönen Armen sah, stellte langsam Kristallschalen auf den Tisch im Speisezimmer. Die Tür ließ er offen, während er ab- und zuging. Die Bornholmer Uhr holte langsam aus zu Minute auf Minute.

»Ach ja, ach ja,« stöhnte die Exzellenz.

Das alte Holzwerk des Hauses knackte dann und wann, als klage es in der Stille.

Die Mutter war in ihr Zimmer gegangen. Die Hände im Schoß, saß sie vor einem aufgeschlagenen Buch, ohne zu lesen.

Arkadia rumorte wieder im Zimmer des Vaters. Die drei Kommis steckten die Köpfe aus ihrem Kellerfenster wie Kettenhunde, die die heiße Zunge aus ihrem Hundehaus heraushängen lassen.

Johann ging aus und ein in dem Dunkel des Stalles.

Der Einbeinige streckte sein Stelzbein nach dem Mittagsschläfchen und stieg aus seinem Kellerloche herauf. Er fing an, den neuen Läufer auf der Treppe zu befestigen. Die Hammerschläge gegen das hohle Holz tönten Schlag auf Schlag ins Haus empor.

Georg erwachte auf seinem Stuhl an der Tür und ging hinein.

»Es ist zwei Uhr,« sagte er und blieb auf der Türschwelle stehen.

Seine Exzellenz drehte den Kopf, er hatte halb versteckt in der geschlossenen Hand einen Brief:

»Bringen Sie mir den Rock.«

Georg tat es, und während er beim Anziehen behilflich war – Georg merkte, daß Seiner Exzellenz die Arme schwer waren – streifte er mit den Augen die Schublade, in die der Brief gelegt worden war, und verzog sein Gesicht.

»Bist du es,« sagte Seine Exzellenz, der mit einem Stoß die Schublade zugeschoben hatte, als er die Mutter eintreten sah. Sie hatte die Exzellenz einen Augenblick von der Seite betrachtet. Dann ging sie hin, neigte sich mit hastiger Bewegung und, während beider Augen sich für die Dauer eines Moments trafen, küßte sie seine Wange.

»Na, na, Mädel,« sagte er und entzog sich ihr, und die Mutter stand schon in der Tür zum Wohnzimmer, als er sagte:

»Was sind das für Leichen, die heute aus den Särgen auferstanden sind?«

Die Mutter lachte und sagte:

»Es ist noch keiner gekommen.«

Der Diener hatte die Flügeltüren zurückgeschlagen, daß alle Räume geöffnet waren. In das hinterste Zimmer fiel die Sonne hinein und schien auf den erhobenen Stab eines silbernen Merkurs.

Ihre Gnaden, die sich, einen Handspiegel in der Hand, von der Gesellschaftsdame die Diamantbrosche Nikolas I. am Halse befestigen ließ, sagte zur Mutter:

»Setz dich doch, Liebste.« Die Augen der Mutter waren auf einen Anton Melbye gefallen, dessen grüne, salzige Wogen plötzlich im Sonnenlicht vorfluteten, und sie sagte:

»Wie hübsch das ist,« und ihr Gesichtsausdruck wechselte.

»Ja,« antwortete Ihre Gnaden, die es jedesmal irritierte, als würde sie bestohlen, wenn eines von den Bildern an den Wänden zu einer Ausstellung hergeliehen werden mußte; »es ist schön, wenn man es zu Hause hat.«

Und als die Gesellschaftsdame gegangen war, fragte sie und sah die Mutter an:

»Hast du mit Hvide gesprochen?«

»Fast nichts, Großmama. Ich bin ja ausgewesen.«

»Ja, ich auch nicht,« sagte Ihre Gnaden und bewegte die Hände unruhig auf dem Tisch, bis sie kurz darauf sagte:

»Und dann haben wir noch dazu heute das Diner.«

»Ist das nicht gut?« sagte die Mutter. »Es zerstreut Großpapa immer.«

Ihre Gnaden senkte den Kopf mit einem Seufzer.

»Ja,« sagte sie. »Hvide kann ja immer seine Gedanken kommandieren.«

Die Mutter antwortete nicht.

Der Vater, der durch die Zimmer hereinkam, blieb vor ein paar Flaschen mit Wein stehen und fragte den Diener:

»Was ist das für Madeira?«

Der Schlanke verbeugte sich:

»Ihre Gnaden haben Order gegeben.«

Der Vater hob einen Augenblick den Glaspfropfen hoch und führte die Flasche ans Gesicht.

»Es ist besser, wenn Sie sich von Georg einen trockneren geben lassen,« sagte er.

Der Livrierte verbeugte sich von neuem, ohne sein Gesicht zu bewegen.

Seine Exzellenz schlug die Portieren zu seinem Zimmer zurück und sagte:

»Zieh die Gardinen vor.«

Die Mutter erhob sich und zog die Gardinen vor, so daß es Halbdunkel im Zimmer war, als zwei Stiftsdamen eintraten, zwei Schwestern, von denen die ältere Hofdame bei Ihrer Königlichen Hoheit der Prinzessin Marianne gewesen war; bei Tisch nahmen sie nebeneinander Platz und hielten sich sehr gerade unter ihren Kapotthüten, die sich wie Diademe auf ihren Köpfen aufbauten.

Sie überbrachten, während beständig beider Münder in Bewegung waren, tausend Grüße vom Schlosse und fanden es doch herrlich, ein wenig Stadtluft zu atmen, und entzückend, daß die Mutter gerade zu Besuch, und wundervoll, daß die Exzellenz nach wie vor gesund sei.

»Immer derselbe,« sagte der eine der Kapotthüte.

»Uns geht es gut,« sagte Seine Exzellenz – alles Reden über sein Befinden war ihm zuwider – und ging auf den Kammerherrn Urne zu, einen kleinen Herrn, schmächtig und mit gestutztem Bart, mit dem Aussehen eines Generals, und vor der »Niederlage« Oberpräsident in Kiel.

»Ich wollte dich doch sehen, lieber Freund,« sagte der Kammerherr, »wo ich mal in der Stadt bin.«

Der Vater, der sich vor dem kleinen Manne verbeugt hatte, ging mit ihm in das nächste Zimmer, wo der Kammerherr, der einige eigentümliche Handbewegungen hatte wie jemand, der es gewohnt ist, Verhandlungen zu leiten, von einigen Weinstöcken erzählte, die Seine Majestät König Georg ihm von den griechischen Inseln verschafft hatte und die der Kammerherr in Vedbæk in Treibhäuser zu verpflanzen versuchte.

»Man kann ja nie wissen,« sagte der Kammerherr, »ob man sie nicht am Spalier ziehen könnte. Und ob man hierzulande eine Traubenart damit gewinnt.«

Der Vater hatte zu Hause im »Weißen Haus« in einzelnen Jahren viele Trauben gehabt.

»Und es gibt ja Zeiten,« sagte Kammerherr Urne, der in dem eignen Gedankengange blieb, »wo man nicht arbeitet.«

Die Arbeit des Kammerherrn bestand darin, seine Erinnerungen aus der Dienstzeit in den Herzogtümern niederzuschreiben, und ihm fiel eben eine Erinnerung aus dieser Zeit ein, als die Mutter dazukam, und er kehrte zu den Trauben zurück.

»Wir haben auch viele Trauben zu Hause, Kammerherr,« sagte die Mutter, »aber ich zerquetsche sie auf Tines Kopf, wenn ich sie abpflücke.«

Und beim Gedanken an Tine und die Traubenbüschel lachte sie so laut, daß es durch die Zimmer hinklang.

»Das ist Stella,« sagte Ihre Gnaden, die den Kopf gesenkt hatte.

»Ja, Sie sind ja drüben geblieben,« sagte der Kammerherr.

»Ja,« erwiderte der Vater, »wir hielten es für unsere Pflicht.«

Die beiden Stiftsdamen sprachen den Kristallschalen gründlich zu, die der Hellblaue auf silbernem Tablett herumreichte, und redeten vom Krieg in der Türkei, der sie ganz in Anspruch nahm.

»Denn wir auf dem Schloß, das sage ich dir, Marie,« sagte die Jüngere, »wir haben buchstäblich in den Begebenheiten gelebt.«

Die Ältere fiel ein:

»Ja, die unglückliche kaiserliche Familie.«

»Ja,« sagte Ihre Gnaden, die sicherlich zerstreut war, – es war, als ob der Ausdruck ihrer Augen die ganze Zeit nicht mit ihren Worten übereinstimmte –:

»Ihre Majestät die Königin hat in dieser Zeit viel durchgemacht.«

»Aber es hat ja, das gebe ich zu, Abende gegeben,« sagte die Schwester Hofdame zur Hofjägermeisterin Eichwald, »wo ich zu Charlotte Amalie, wenn sie las, gesagt habe, nun müsse sie aufhören, denn es gibt ja keine Greuel, von denen man heutzutage in den Zeitungen verschont bleibt. Und das Ende war immer, daß man in der Nacht dalag und Blut in den eigenen Betten sah.«

Das Fräulein brach plötzlich mit den Schlachtfeldern ab und sagte zur Hofjägermeisterin in einem Ton, als frage sie nach dem Wetter:

»Wie geht es Ihrem Herrn Vater?«

Frau von Eichwald, die eine geborene Glud war, dankte: dem Konferenzrat gehe es einigermaßen, und sie erhob sich halb, auf Seine Exzellenz zu, der an den Tisch kam.

»Wir reden vom Krieg,« sagte sie und setzte sich wieder; der viele Brokat machte ihre Bewegungen ein wenig ungelenk.

Seine Exzellenz schob die Schultern vor.

»Die Entwicklung fordert ja ihre Schlachtopfer,« sagte er.

Ein stockdünnes, ganz weißes Männchen, mit rastlos auf- und abgehenden Fingern, die bei der Durchsicht der Arbeiten eines berühmten Vaters krumm geworden waren, sagte von einem Stuhl am Fenster her:

»Ich wußte nicht, daß Onkel Hvide an die Entwicklung glaubte.«

Die Exzellenz lachte.

»Nein,« sagte et, »aber ans Schlachten glaube ich.«

Die beiden Damen aus Vallö machten eine Bewegung mit den Köpfen wie ein paar alte Hühner, die einen Guß Spülwasser in die Augen bekommen, während Seine Exzellenz sich einem Herrn mit Stelzfuß zuwandte, der soeben eingetreten war.

»Wissen Sie, Baron, warum man die Türken totschlägt?« sagte er.

Der Baron wandte sein achtzigjähriges Kadettengesicht der Exzellenz zu: er wußte es nicht.

»Ich auch nicht,« sagte Seine Exzellenz, »vielleicht sind die Leute, alles in allem, das vernünftigste Gesindel auf Erden. Sie haben sich wenigstens im Laufe der Jahrhunderte darauf beschränken gelernt, bloß auf ihre Pfeifen zu passen.«

Der Baron lächelte freundlich, daß man alle seine weißen, eingesetzten Zähne sah, und sagte, er habe selbst in seiner Sammlung ein paar Wasserpfeifen. Der Baron, der das eine Bein bei einem Grenzgefecht gegen die Schweden verloren hatte in den Tagen, als Christian VIII. König von Norwegen war, hatte eine so wunderliche Figur wie ein Siebzehnjähriger, der zusammengeschrumpft war. Er ging auf Herrn Fritz zu, vor dem soeben sein taillenschlanker Diener einen Augenblick halt gemacht hatte.

»Befiehlt der Herr Madeira,« sagte der Diener hastig zu dem Baron.

»Danke,« sagte der Baron. »Es ist gerade die Zeit, wo ich mein Glas Madeira zu genießen pflege;« und er nahm ein Glas, worauf er wieder Herrn Fritz den Kopf zuwandte, indem er sagte:

»Wie geht es?«

Und ohne eine Antwort abzuwarten, fing er in seinem gleichsam abgenutzten Norwegisch an, mit Herrn Fritz zu sprechen (der Baron redete überhaupt am liebsten mit ganz jungen Menschen, gewissermaßen als ob die ganze eigne Entwicklung an dem Tag stehen geblieben, wo er das Bein verlor), er erzählte von etwas Merkwürdigem, das er in seiner Zeitung von den Wilden im Stillen Ozean gelesen hätte: wie sie Feuer anmachten.

Herr Fritz blieb mit gesenktem Kopf stehen, bis ihn der Baron plötzlich ansah und mit den Wilden aufhörte, um durch das Zimmer zu gehn, die runden Augen unverwandt auf das Glas in seiner Hand geheftet, mit dem nicht zu schwanken sein Ehrgeiz war.

»Fritz,« rief Ihre Gnaden, und Herr Fritz ging durch das Zimmer auf die Großmutter zu, neigte den Oberkörper ein wenig vor ihr, während er sie anhörte, und ging dann weiter, ins nächste Zimmer, wo Gräfin Schulin mit Sohn und Tochter in Lehnstühlen saßen und mit einem rotblonden und breiten Gutsbesitzer aus ihrer Gegend sprachen.

»Lieber Freund,« sagte Frau Schulin zu dem Gutsbesitzer, »ich wollte ja doch, daß Francis mit herginge, jetzt wo er zu Hause war … Es ist doch immer eine Erinnerung, wenn er alt wird, und kein Mensch weiß ja, wie lange es dauert.«

Als sie plötzlich Fritz sah, sagte sie lauter und mit etwas gerötetem Kopf – während Fritz und Graf Francis, der sich erhoben hatte, einen Augenblick einander mit einem Blicke maßen, ähnlich dem, mit dem zwei Damen bei der Ankunft vor einem Diner gegenseitig die Toilette betrachten –:

»Ihr Herr Vater ist ja in der Stadt.«

Herr Fritz hatte plötzlich – was seine einzige Bewegung war – seine Augen erhoben.

»Ja,« sagte er.

»Ja, wir sahen ihn eben, als wir herfuhren …«

Sie sprachen von der Universität in der Schweiz, wo Graf Francis studierte, während seine Mutter plötzlich zu lachen begann.

»Ja,« sagte sie, »Francis spricht ein so elendes Dänisch … Aber, lieber Rottböll, was soll er auch hier im Lande, wenn er sich nicht gerade für Landwirtschaft interessiert.«

Der Gutsbesitzer, dem der Rock in den Ärmellöchern etwas zu eng war, was er die ganze Zeit spürte, sagte:

»Nein, heutzutage weiß wirklich kein Mensch, was er mit seinen eignen Kindern machen soll.«

Und die Gräfin, die ihren Gedankengang weiterverfolgte, sagte:

»Nein, niemand ist, wie auch mein Mann sagt, offen gestanden, so überflüssig wie wir.«

Alle Zimmer hatten sich gefüllt, und in allen Ecken wurde laut gesprochen. Durch alle Stimmen hindurch hörte man die Marschallin lachen.

»Nein, Onkel Hvide, du bist zu schlimm,« sagte sie, und sie blieb bei der Mutter und dem österreichischen Gesandten stehen, während Seine Exzellenz auf zwei Herren zuging, die an einem Fenster standen und von der Landsthingwahl in Barde sprachen, wo vorgestern ein Mann der Linken gewählt worden war.

»Ist es nicht ganz gleichgültig?« sagte Seine Exzellenz.

Doch der eine Herr sagte:

»Ich glaube eben, die Gefahr liegt darin, daß die Linke an den Wänden entlang in die andre Kammer vordringt.«

Seine Exzellenz lachte.

»Ich glaube, es ist gleichgültig,« sagte er. »Hierzulande werden wir niemals Parteien bekommen und immer nur eine Partei haben, die Nationalliberalen, die den Namen wechseln. Der Tag kommt noch, wo sie sich auch die Radikalen nennen und doch« – Seine Exzellenz machte eine Bewegung, als wische er seine Fußsohle am Teppich ab, – »dieselbe Familie bleiben.«

Der zweite Herr lächelte.

»Man kennt die Paradoxa Euer Exzellenz,« sagte er.

»Wahrheiten, die man nicht hören will, nennt man Paradoxa,« sagte Seine Exzellenz, »aber es wird hierzulande niemals Politiker geben, man wird sich mit Rednern begnügen. Bekämen wir einmal einen Staatsmann, wir ließen ihn hängen.«

Der erste Herr sagte:

»Exzellenz sind streng gegen uns aktive Arbeiter;« und legte einen kleinen Nachdruck auf »aktive«.

Der Blick Seiner Exzellenz hatte den Sprecher gestreift.

»Ja,« sagte er, »ich habe lange gelebt.«

Und er fuhr fort:

»Wir hatten einen General – er hob plötzlich die Hand und wies auf ein Bild des Generals de Meza, das in goldnem Rahmen auf einem Tisch stand –: »Er war mein Freund, und ich weiß, was er gelitten hat.«

Die Mutter, die immer noch bei der Marschallin und dem österreichischen Gesandten stand, hatte die Handbewegung der Exzellenz gesehn und sagte aus einer plötzlichen Gedankenverbindung heraus:

»Der alte Urne ist hier, Harriette;« und in demselben Moment fiel ihr Auge auf das Gesicht des Vaters, der in dem nächsten Zimmer, lächelnd, daß man die Lachgrübchen in seinen Wangen sah, über das junge, frische Fräulein Schulin gebeugt stand.

»Wollen Sie mich nicht vorstellen,« sagte der Gesandte, und sie gingen alle drei auf den Kammerherrn Urne zu, der mit dem Sohn des berühmten Vaters sprach.

»Ich hatte noch nie die Ehre, Ihnen vorgestellt zu werden,« sagte der Gesandte und verbeugte sich.

Der Kammerherr neigte den grauen Kopf.

»Ich lebe jetzt ja so für mich,« sagte er.

Der Gesandte erzählte, er sei seinerzeit Mitglied einer österreichischen Kommission in den Herzogtümern gewesen und, als Seine Exzellenz dazukam, sagte er:

»Ich war auch in Schleswig im vorigen Jahre – im vorigen Sommer – –in Flensburg und Düppel.«

»Die Stätten,« sagte Graf Clary etwas langsamer, »wirkten recht betrüblich auf mich.«

»Ja,« sagte der Kammerherr, dessen Lippen sich nicht ganz seinem Willen fügten, »wir leben ja im Schatten der alten Schanzen.«

Die Mutter und die Marschallin sahen den Gesandten an, während er sagte:

»Im Schatten? Sie irren, Herr Kammerherr, die Gewehrfeuer von Düppel werden die Geschichte durchleuchten.«

Seine Exzellenz hatte zugehört. Dann sagte er – und sein Gesicht war ganz verändert, und er glich einer Säule, wie er so dastand –:

»Vielleicht.«

Und eine Sekunde darauf setzte er hinzu:

»Vielleicht sind es die Feuer der Ehrensalven über unserm Grabe.«

»Exzellenz,« sagte der Gesandte, »können nicht so wenig an Ihr Volk glauben.«

Seine Exzellenz schüttelte den Kopf mit dem gleichen Gesichtsausdruck.

»Ich spreche nicht vom Volke,« sagte er, »ein Volk lebt lange, und so gut es kann. Nur die Geschlechter sterben, und nur ihre Arbeit können wir beurteilen.«

Ein Ausdruck von Rührung ging über das Gesicht des Kammerherrn, während der Gesandte sagte:

»Exzellenz haben recht.«

Und die Marschallin, die nach einem Gesprächsstoff suchte, sagte nach Verlauf von ein paar Augenblicken:

»Stella, geht es der Generalin Rye gut?« und Seine Exzellenz ging zurück durch die Zimmer, wo ein siebzigjähriger Lyriker mit sehr großer Hemdenbrust mit langem Haar neben Ihrer Gnaden Platz genommen hatte.

Seine Exzellenz ging in sein eigenes Zimmer hinein und machte die Tür hinter sich zu.

Sophie stand drinnen in einem Winkel.

»Was will Sie?« sagte er.

Sie wolle, sie wolle gern Geld haben.

»Für Ihre Gnaden,« stammelte Sophie hastig.

»Hm,« sagte Seine Exzellenz.

Ein Schatten war über sein Gesicht gegangen, während die Scheine aus der Schatulle auftauchten, und plötzlich, als er sie der Dienerin reichte, sah er ihr ins Gesicht:

»Wer sind die Hausdiebe hier im Hause?«

Sophie hatte das Gefühl, als sei sie festgenagelt an die Diele, auf der sie stand, und sie spürte ihr Herz wie einen Hammer.

»Gehen Sie,« sagte Seine Exzellenz.

Und sie ging.

Seine Exzellenz schloß die Klappe und stützte sich mit den vorgestreckten Armen einen Augenblick auf die Schatulle.

Dann ging er hin und verschloß die Tür und setzte sich in seinen Stuhl...

Ihre Gnaden wandte den Kopf einen Augenblick von dem Poeten fort, der von H. C. Andersen und von Erinnerungen an Nysö sprach, und fragte die Mutter, die mit Frau Harriette vorbeiging:

»Wo ist Hvide?«

»Großpapa muß hier sein,« sagte die Mutter und suchte selbst mit den Augen Seine Exzellenz, während der österreichische Gesandte Platz nahm und über Frau von Eichwald weg, die sich fortwährend an der Seite Ihrer Gnaden hielt, von Gastein sprach.

»Wo Ihre Gnaden so oft gewesen sind,« sagte der Gesandte.

»Wir sind im vorigen Jahr dagewesen,« sagte Frau von Eichwald.

Der Gesandte wartete eine Sekunde, aber Ihre Gnaden rührte sich nicht, um ihn Frau von Eichwald vorzustellen.

»Und so viele Erinnerungen hinterlassen haben,« sagte der Gesandte.

Frau von Eichwald war sehr bleich geworden und hatte mit den Lidern ein plötzliches Aufblitzen in ihren grauen Augen verborgen.

»Mein Vater,« fuhr der Gesandte wieder fort, »hat, wenn er von seinen Jugenderinnerungen sprach, oft von Ihrer Gnaden gesprochen.«

»Gewiß gibt es schöne Weiber in Dänemark, pflegte er zu sagen,« schloß der Gesandte und verneigte sich vor Ihrer Gnaden, ein wenig vor Frau von Eichwald her.

Ihre Gnaden lächelte.

»Man schmeichelt so leicht in Österreich,« sagte sie, doch mit den Augen folgte sie der Mutter, die die Tür der Exzellenz angefaßt und gefühlt hatte, daß sie verschlossen war.

»Aber was ist nur, Stella?« sagte die Marschallin, als die Mutter die Türklinke losließ.

»Du bist ja ganz bleich.«

»Nichts,« sagte die Mutter, und indem sie plötzlich mit der Hand über die Stirn strich, sagte sie:

»Mir kommt es vor, als ob die Luft voll Unheil ist.«

Und während sie auf einmal anfing zu lachen, sagte sie zu dem Sohn der Berühmtheit, der hinter ihr in einer Ecke stand:

»Glauben Sie an Daten?«

Der Sohn blieb mit offenem Munde stehen.

»Ich, Kandidat, hasse alle Zahlen mit einer Acht,« sagte die Mutter.

Der Kandidat versuchte zu lachen, aber die Mutter sagte:

»Ja, achten Sie einmal darauf. Eine Acht ist den Eisen ähnlich, die man dem Verbrecher um die Knöchel legt.«

»Ja,« sagte der Sproß der Berühmtheit, der sich gefaßt hatte, »es ist ja an und für sich merkwürdig, wie oft man bestimmte Daten an das Leben berühmter Männer geknüpft findet.«

Der Kandidat verbreitete sich weiter über das Thema.

Im Leben seines Vaters schien nicht weniger als fünfmal die Zahl Siebzehn wirklich eine Rolle gespielt zu haben.

»Aber,« schloß der Kandidat, »man soll sich natürlich vor derlei Aberglauben hüten.

Denn wo würde der hinführen?« sagte der Kandidat.

»Aber wo ist nur die teure Exzellenz,« sagte eine Dame plötzlich sehr laut und pflanzte sich breit in den Stuhl zu Ihrer Gnaden, den der Dichter soeben verlassen hatte.

Es war die Frau Etatsrätin Mouritzen, die durch eine verkehrte Tür vom Entree hereingekommen war – es war eine Angewohnheit der Etatsrätin, in den Wohnungen ihrer Bekannten verkehrte Türen zu benutzen – und alle Zimmer durchsegelt hatte.

»Wo ist der teure Mann,« wiederholte sie zu Ihrer Gnaden und setzte hinzu, genau so laut wie bisher:

»Man ist doch immer besorgt um ihn, wenn man ihn nicht sieht,« und die kurzen, von Ringen funkelnden Finger fielen in ihren Schoß nieder.

»Hvide kommt sofort,« sagte Ihre Gnaden, und, als habe sie erst in demselben Moment die Hofjägermeisterin gesehen, stellte sie plötzlich den Gesandten Frau von Eichwald und Frau Mouritzen vor.

Sophie ging in die Küche. Es kam ihr vor, als hebe sie beim Gehen die Beine sonderbar hoch in die Luft.

Es ertönte ein Schlag an die Tür, als sie eintrat.

»Wer ist da?« rief sie.

Und die Küchenklingel schnarrte, ehe sie öffnete.

»Ich bin's,« sagte der Jägermeister, der in der Tür vor ihr stand, in seinem Pelz.

»Der Herr Jägermeister?«

Sophie glaubte, umfallen zu müssen.

»Ja, ich bin's,« sagte Hans Hvide und ließ sich klatschend auf einen Stuhl niederfallen, wie etwas, worin kein Leben ist.

»Herr Jägermeister, Herr Jägermeister!« Sophie blieb mit zusammengepreßten Händen vor ihm stehen, und plötzlich sagte sie:

»Nun wird's ganz toll.«

Und ohne es zu wissen – ihr Gesicht hatte die Farbe des Küchentisches angenommen – schlug sie die Tür zum Anrichtezimmer zu, wo die Küchenjungfer die Schüsseln garnierte.

»Ja, nun kracht es,« sagte der Jägermeister.

Sophie antwortete nicht. Es war, als stöhne sie wie die Bornholmer Uhr.

»Ich will mit dem Alten sprechen,« sagte der Jägermeister und wollte aufstehen.

»Wir haben Freitag,« sagte Sophie.

Hans Hvide lachte.

»Sehen Sie, ob er drinnen ist,« sagte er.

»Ja,« sagte Sophie und blieb stehen.

»Sehen Sie, ob er drinnen ist,« wiederholte der Jägermeister.

»Ja.«

Sie fing an zu gehen. Und auf einmal sagte sie und machte die Augen auf, die sie die ganze Zeit geschlossen gehalten hatte:

»Kann ich dem Herrn Jägermeister nicht etwas geben?«

Hans Hvide, der schon aus dem Halse roch, sagte:

»Ja, bringen Sie mir ein Glas.«

Sie lief durch den Gang, in das Speisezimmer hinein, und ergriff eine Karaffe. Sie goß den Wein in ein Wasserglas. Es war nichts anderes zur Hand.

»Da, Herr Jägermeister,« sagte sie.

»Danke,« sagte Hans Hvide und hatte das Glas geleert.

Sophie stieg hinauf. Sie sah alles so deutlich, die Wände und die Türen und die Rahmen der Fenster – alles, bevor sie die Tür der Exzellenz aufklinkte.

Seine Exzellenz saß noch an seinem Tisch.

»Er ist da,« sagte Sophie, als sie zurückgekehrt war.

»Es muß also sein.«

Der Jägermeister stand auf.

»Ach, Herr Jesus,« sagte Sophie, die ihm ins Gesicht sah, während sie seine beiden Hände umfaßte, die kalt waren wie die einer schwitzenden Leiche.

»Ja,« sagte er.

»Ich bin's,« sagte er, als er die Tür der Exzellenz geöffnet hatte.

Seine Exzellenz drehte den Kopf.

»Ich habe dich erwartet,« sagte er.

»Das ist ja gut,« antwortete der Sohn, der zitterte, »ich brauche Geld.«

»Kommst du je aus einem andern Grunde?« sagte die Exzellenz.

Man hörte die Stimmen aus den andern Zimmern.

»Ich komme, wenn es nötig ist,« sagte der Sohn.

»Wie kann es nötig sein, Geld zu schaffen, wenn du deine Schornsteinschlote verpfändest?« sagte Seine Exzellenz.

»Das verschlägt nicht,« sagte der Sohn.

» *Was* verschlägt?«

Seine Exzellenz war aufgestanden. Man hatte den Eindruck, ein Toter hätte sich erhoben.

»Es ist aus. Ich will nicht mehr,« sagte er.

Draußen wurden Türen aufgerissen und Türen zugeschlagen, und auf dem Flur ertönten Schritte. Es war, als lebten in den beiden Menschen im Zimmer Seiner Exzellenz nur die Augen.«

»Es kann nicht aus sein.«

»Es muß.«

»Es sind Wechsel da.«

»Ich bezahle sie nicht.«

»Du mußt.«

Die Worte fielen Hieb auf Hieb.

»Ich tue es nicht.«

»Du mußt.«

Drinnen wurde mit den Stühlen gescharrt, und die Leute erhoben sich.

»Warum?« sagte Seine Exzellenz.

»Weil es dein Name ist.«

Seine Exzellenz begriff nicht und stand aufrecht da.

»In deinem Namen geschrieben,« sagte der Sohn, dessen Stimme unkenntlich geworden war.

Es verging eine Sekunde, ehe Seine Exzellenz halb vornüber fiel, wie jemand, der in den Rücken getroffen ist, und schon hatte er sich wieder aufgerichtet.

»Über wieviel?« sagte er.

»Dreißigtausend.«

Seine Exzellenz rührte sich nicht. Der Tisch bebte unter seinem bebenden Arm.

»Dreißigtausend,« sagte der Sohn wieder, als habe Seine Exzellenz es nicht gehört.

Und als es immer noch still blieb, sagte er angstvoll und machte drei Schritt –:

»Hast du sie nicht?« während ihm der Schweiß über das blutlose Gesicht lief.

»Du sollst sie bekommen,« sagte Seine Exzellenz. Er hatte sich auf seinem Stuhl niedergelassen.

Es rüttelte an der Tür nach dem Flur, die Hans Hvide verschlossen hatte.

»Exzellenz, Exzellenz,« rief Georg, »Seine königliche Hoheit.«

»Ich komme,« antwortete die Exzellenz, und er wandte einen Moment dem Sohn sein Gesicht zu – es war, als seien in einer Sekunde Leiden und Leben von neunzig Jahren darein gegraben –.

»Ich komme,« sagte er wieder.

Georg ließ die Tür los. Hans Hvide hatte den Kopf gesenkt, aber dem Gesicht des Vaters gegenüber gereizt wie ein Tier, das gepeitscht wird, hob er ihn wieder und sagte:

»Ja, warum hast du nie genug gegeben, als du imstande dazu warst? Warum?«

Und in plötzlicher Wut lief er hin und faßte die Exzellenz bei der Schulter.

»Warum?« schrie er.

Seine Exzellenz antwortete nicht. Die Lider waren zugefallen über seine Augen.

Hans Hvide lachte.

»Weil du dich hast bezahlt machen wollen,« rief er, »da, wo du wolltest.« Und wie wenn er selbst erstarrte in demselben Moment, als die Worte fielen, ließ er die Schulter Seiner Exzellenz los und blieb eine Sekunde stehen; dann brach er in Tränen aus.

»Du kannst gehen,« sagte Seine Exzellenz, dessen Stimme wieder den alten Klang besaß.

Hans Hvide war gegangen.

Seine Königliche Hoheit erhob sich von dem Stuhl neben Ihrer Gnaden und näherte sich, während alle Stimmen mehr gedämpft klangen, dem Vater, den Zylinder in der Hand.

»Aber wo ist eigentlich die Exzellenz?« sagte er und ging ein paar Schritt auf die Tür Seiner Exzellenz zu.

Der Vater neigte den Kopf.

»Es ist ein Patient bei ihm, Königliche Hoheit,« sagte er, der die Stimme des Bruders durch die Tür erkannt hatte. Und wie zufällig rührte sein Ellbogen an den Knoten der Portiere, so daß die schwarze Samtgardine mit dem Hvideschen Wappen plötzlich wie eine Wand vor die Tür niederfiel.

»Ja, Hvide ist unermüdlich,« sagte Seine Königliche Hoheit und lächelte.

»Königliche Hoheit werden verzeihen,« sagte Seine Exzellenz im selben Augenblick und schob die Portiere beiseite.

»Wir ehren den Nimmermüden,« sagte Seine Königliche Hoheit und nahm die Hand der Exzellenz.

Und Seine Königliche Hoheit sprach scherzend von einem Großkreuz, das kürzlich Seiner Exzellenz von Seiner Königlichen Hoheit Bruder in Griechenland verliehen worden war.

Seine Königliche Hoheit zog den Kammerherrn Urne ins Gespräch; und der Kammerherr sagte – während jedes andere Gespräch sehr leise geworden war und ein leerer Raum im Zimmer um Seine Königliche Hoheit, die Exzellenz, den Kammerherrn und den Kadetten herum entstand – in bezug auf seine Arbeit, daß die Entwicklung der Beziehungen zwischen den Herzögen und dem Thron Schwierigkeiten bereite.

Seine Exzellenz, der möglicherweise nicht zuhörte, sagte:

»Ja, Königliche Hoheit, wir Alten haben nur noch die Erinnerungen.«

»Ja, das Werk hat Seine Majestät sehr interessiert,« sagte Seine Königliche Hoheit, und indem er sich dem Kadetten zuwandte, sagte er:

»Wie steht es mit Ihrer Gesundheit, Herr Baron?«

Der Achtzigjährige verbeugte sich und sagte:

»Ein Invalide darf nicht klagen, Königliche Hoheit.«

»Ja,« sagte Seine Königliche Hoheit, während das schwindende Licht vom Fenster her ihn und die drei Greise traf, deren Gestalten sich von den Streifen mit dem Hvideschen Wappen abhoben:

»Wenn man nur eine starke Konstitution hat.«

»Ja,« sagte Seine Exzellenz und ließ die Hand auf die Schulter des Kadetten niederfallen:

»Das sind die Reste vom alten Norwegen.«

Seine Königliche Hoheit begann, vielleicht ein klein wenig schroff, eine Runde zwischen den Damen und wandte sich an die Marschallin, die er von Wien her kannte, und er sprach von den neuen Museen in der Donaustadt und von Prag.

Seine Exzellenz, der sich rings in der Stube umgesehen hatte, sagte plötzlich – nachdem er zuerst einen Augenblick die dicken Augenbrauen hochgezogen hatte:

»Frau von Eichwald kommt eben von dort, Königliche Hoheit.«

Seine Königliche Hoheit, der unwillkürlich den Hut ein wenig dichter an sich gedrückt hatte, wandte den Kopf der Hofjägermeisterin zu und sagte:

»Ist der Hofjägermeister in der Stadt, gnädige Frau?«

Es war plötzlich ganz still geworden in den Zimmern.

»Nein, Königliche Hoheit,« sagte die Hofjägermeisterin und neigte sich sehr tief, »mein Mann ist auf Egehöj.«

Es entstand eine Pause, bis Seine Königliche Hoheit sagte – die Etatsrätin Mouritzen hatte sich vorgedrängt, gleich hinter Frau von Eichwald, und bewegte sich so lebhaft, daß der unterste und üppigste Teil ihres Rückens Poppes Decke herabriß –:

»Ja, Wien ist eine hübsche Stadt.«

Die ziemlich abgerissenen Worte hörte man durch drei Zimmer hin, während Seine Königliche Hoheit sich Ihrer Gnaden zuwandte zum Abschied.

Seine Exzellenz begleitete Seine Königliche Hoheit hinaus.

Alle begannen auf einmal wieder zu sprechen, und die Mutter, die an Stelle Ihrer Gnaden Seine Königliche Hoheit zur Tür begleitet hatte, kehrte zur Gräfin Schulin zurück, die mit den beiden Stiftsdamen von Jörgen, dem Verlobten der Komtesse, sprach und die, als ihre beiden Kinder sich entfernt hatten, sagte:

»Jörgen will ja absolut jetzt heiraten.«

»Will er?« sagte die eine Stiftsdame, und die andere setzte hinzu:

»Ja, das will der Bräutigam doch immer.«

»Aber,« fuhr die Gräfin fort – und die Mutter, die dem Vater mit den Augen gefolgt war (er ging zwischen den jungen Frauen einher wie ein Gärtner zwischen seinen Blumen), hörte plötzlich zu – »es scheint mir nun eigentlich keine Eile zu haben. Junge Menschen sind immer alt genug, Kinder zu bekommen, aber sie werden selten alt genug, bis ihre Kinder anfangen, alt zu werden.«

Die Mutter sah die Gräfin an und hatte die eine Hand an ihre Brust geführt:

»Wie wahr das ist,« sagte sie, und ihre Lippen blieben leicht geöffnet, als sie gesprochen hatte, wie bei jemand, der erstaunt ist.

Die eine der Stiftsdamen, von denen keine etwas verstanden hatte, sagte:

»Ihr lieben Beiden, es ist so, wie ich so oft zu Charlotte Amalie sage, wenn wir so für uns sind und Umschau unter unsern Bekannten halten: ohne Risse geht es nie ab.«

Frau Schulin lächelte und sagte:

»Es ist etwas daran. Was meinen Sie?« wandte sie sich an die Mutter.

Die Mutter fuhr zusammen.

»Ich dachte nach,« sagte sie.

»Ja,« sagte Gräfin Schulin, immer noch zur Mutter oder ein klein wenig wie zu sich selbst, »ich bin ganz sicher nicht sehr scharfsinnig, und Gott weiß, wie man es werden sollte, aber über dies oder jenes hat man wohl immer lange nachgedacht … Und ich glaube, daß eine Frau erst wirklich verloren hat in der Ehe, wenn sie für ihren Mann nicht länger das Weib ist, der weibliche Mensch.«

Die Mutter hatte genickt – wie eine Statue nicken würde, wenn sie den Kopf bewegen könnte.

»Ja, das glaube ich,« sagte die Gräfin, aus ihrem Gedankengange heraus.

Seine Exzellenz, den sie schon hinten an der Tür hatten lachen hören, trat in ihre Nähe und blieb plötzlich vor Graf Francis stehen, der mit fortgesetzt gleichgültiger Miene in einem andern Lehnstuhl gesessen hatte, den schönen Rassekopf in die schmale Hand gestützt, und der sich jetzt erhob. Seine Exzellenz lachte noch immer.

»Worüber lachst du, Onkel Hvide?« fragte die Gräfin.

»Über seine Jugend,« sagte die Exzellenz, den in den letzten fünf Minuten plötzlich die sturmgewaltige Heiterkeit gepackt zu haben schien, die vor einem Menschenalter der Schrecken der Kandidaten am Examenstisch zu sein pflegte.

»Ja, denke dir,« sagte die Gräfin, »er wird erst vierzig Jahre, wenn wir in ein andres Jahrhundert übergehen.«

»Ein andres Jahrhundert,« sagte Seine Exzellenz und machte eine Bewegung mit seinen Lippen, als stoße er einen Mund voll Rauch aus.

»Hm,« sagte er, »die Muskeln der Menschheit bleiben dieselben und werden dieselbe Arbeit tun.«

Er ging weiter und kam in die Nähe des Stuhls, auf dem Ihre Gnaden saß. »Wo bist du gewesen, Hvide?« fragte Ihre Gnaden und streckte ihre etwas feuchte Hand liebkosend nach ihm aus:

»Ich habe immer solche Angst, wenn ich dich nicht sehe.«

Ihre Gnaden schlug die Augen zu Seiner Exzellenz auf, und er setzte sich, schroff, auf einen Stuhl, den Arm über der Stuhllehne Ihrer Gnaden.

»Du hast viele Gäste heute,« sagte er.

»Ja, mein Freund. Aber« – und Ihre Gnaden sah der Exzellenz wieder in die Augen – »du bist abgespannt.«

»Mir,« sagte er – in seiner Stellung, wie er dasaß, war etwas, das an ein ruhendes Raubtier erinnerte –: »Mir geht es gut,« sagte er.

Die Etatsrätin Mouritzen, die drüben bei der Marschallin und Frau von Eichwald saß, sah zu Ihrer Gnaden und der Exzellenz hinüber und sagte plötzlich, mitten hinein:

»Ja, Gott, wie selten – bekommt man so eine Ehe zu sehen.«

»Aber,« fuhr sie in einer sprunghaften Verbindung fort – die Etatsrätin sprach immer so laut, daß sie ihre Gedanken eigentlich nicht vor der Mitwelt verbarg –:

»Wunderlich ist, daß keins von den Kindern sein Genie geerbt hat.«

Die Marschallin, die, ebenso wie die Mutter, den Vater betrachtet hatte, der soeben über ein paar junge Töchter vom Landadel gebeugt stand, sagte:

»Fritz hat sicherlich ... Genie geerbt.«

Der Etatsrätin blieb der Mund offen stehen.

Die Marschallin sagte, indem sie mit ihrem Lorgnon gestikulierte und im voraus über die Worte lächelte, die vermutlich nicht verstanden werden würden:

»Das Genie, das jetzt aus seinem Gesicht leuchtet.«

Seine Exzellenz, der mit Hochehrwürden gesprochen hatte, einem Manne, der in langer Erbfolge eine Kirche zustimmen mit einer hochkirchlichen Erscheinung ererbt hatte und der sich nun Ihrer Gnaden näherte – Seine Exzellenz kam hin zur Mutter und sagte:

»Wovon sprecht ihr?«

»Wir sprachen von Genies,« sagte die Marschallin.

»Genies, Genies,« sagte Seine Exzellenz. »Genies, Mädel, sind nur die Käfige um die größten Tiere.«

Die Marschallin lachte:

»Du stürzt heut alles um, Onkel Hvide.«

»Nein,« sagte Seine Exzellenz, dessen Gesichtsausdruck wechselte, »ich ordne alles.«

»Übrigens,« sagte die Marschallin, die fortwährend lächelte, »sprachen wir eigentlich über die Liebe.«

»Ja,« fuhr die Etatsrätin schroff dazwischen, die jetzt die Worte der Marschallin von vorhin verstanden hatte.

»Die Liebe,« sagte die Exzellenz, und einen Augenblick warf er seinen allzu massigen Mund auf:

»Die Liebe? Die Menschen bekommen nie gesunde Begriffe, eh nicht all die zierlichen Worte aus der Sprache herausgehobelt sind.«

Die Marschallin lachte immer noch, Seine Exzellenz aber, der sich halb umwandte, sagte, als fege er etwas weg:

»Und übrigens weiß ich auch nicht, warum ihr von den Ururenkeln der Affen soviel verlangen wollt. Oder was meinst du?« fragte er nach der Mutter hin.

»Ich,« sagte die Mutter – und ihre Worte schienen keinen Zusammenhang zu haben mit allem, was gesagt worden war –:

»Ich glaube, man muß die Menschen freigeben.«

»Sie machen sich frei,« sagte Seine Exzellenz und ging weiter.

»Die teure Exzellenz ist so munter heute,« sagte Frau Mouritzen und bewegte leicht den Kopf; und als habe ihre Nase plötzlich dieses oder jenes gewittert, sagte sie auf einmal:

»Was ist hier passiert?«

»Nichts, wovon ich wüßte,« antwortete die Marschallin, die bei ihren Worten die Augen zum Gesicht der Mutter erhoben und sie hastig wieder abgewendet hatte. Und sie fragte nach einer merkwürdigen Perleneinfassung an einem Medaillon, das halbversteckt unter dem Kinn der Etatsrätin hing.

»Das muß sehr alt sein,« sagte sie.

»Ja, es ist ein historisches Stück.«

Die Etatsrätin nahm das Medaillon ab:

»Es hat Marie Antoinette gehört. Mouritzen hat die Papiere,« sagte die Etatsrätin: »Aber wir haben das Stück aus Frankfurt.«

»Ja,« sagte die Marschallin, die mit dem Medaillon zwischen den Fingern dasaß. »Solche Dinge machen ja heutzutage so viele Wege.«

»Ja, es ist sonderbar,« sagte Frau Mouritzen und sie fügte hinzu – wenn die Etatsrätin von dem Medaillon sprach, sprach sie so merkwürdig in einem Zuge –, »das Pastell stellt den Dauphin vor.«

»Es ist apart, wie die Brillanten gefaßt sind,« sagte die Marschallin und kniff die Augen zusammen, wie die Kenner tun.

»Heutzutage,« sagte sie und sah unwillkürlich zu Ihrer Gnaden hinüber, während die Hofjägermeisterin ihrem Blick folgte, »faßt man ganz anders.«

»Ja,« sagte Frau von Eichwald – und ihre Lider verdeckten wieder ein hastiges Aufblitzen in ihren Augen wie vorher, als sie mit dem Gesandten neben dem Stuhl Ihrer Gnaden saß, »das wäre interessant zu sehen.«

Und indem sie ging, sagte sie:

»Ihre Gnaden wird nicht böse sein.«

Frau von Eichwald beugte sich über Ihre Gnaden und bat, ob sie die Einfassung vergleichen dürften.

Ihre Gnaden hatte ein wenig nervös Kaiser Nikolas Brosche gefaßt, beinahe als wollte sie sie verbergen.

»Es passiert ihr nichts,« sagte Frau von Eichwald lächelnd und mit derselben Stimme.

»Natürlich nicht,« sagte Ihre Gnaden, und Frau von Eichwald nahm die Brosche ab.

Die Marschallin hatte beide Kleinodien in der Hand und hielt sie empor gegen das Licht.

»Der Unterschied ist deutlich,« sagte Frau von Eichwald.

Die Marschallin hatte die Juwelen jäh vom Licht entfernt, und während sie die Brosche in der halbgeschlossenen Hand hielt, sagte sie:

»Russische Brillanten, gnädige Frau« – die Marschallin betonte das »gnädige Frau« – »sind immer ganz eigentümlich gefaßt.«

»Danke,« sagte sie und war selbst gegangen, um Ihrer Gnaden die Brosche anzustecken, mit ein wenig zitternder Hand.

Die Etatsrätin brach auf, und Frau von Eichwald sprach mit Seiner Hochehrwürden, der sie bat, dem Herrn Konferenzrat für die Leuchter zu danken. Der Konferenzrat hatte ein paar Altarleuchter in seiner Kirche vergolden lassen.

»Und sie wirken so schön an ihrer heiligen Stätte,« sagte Seine Hochehrwürden.

Die Marschallin war zu der Mutter zurückgekehrt:

»Du bist so schweigsam heute.«

Die Mutter stand an den Fensterrahmen gelehnt – sie sah aus wie ein Wanderer, der sich auf endlosem Wege eine Minute an einen Baum lehnt – und sagte:

»Ich habe so vieles durchdacht in den letzten beiden Stunden.«

Frau Harriette stand einen Augenblick da, und dann sagte sie:

»Aber zuweilen spricht man, um zu verbergen, daß man nachdenkt.«

Und indem sie sich umwandte, sagte sie und zeigte flüchtig hinüber auf den jungen Herrn Fritz, der im Hintergrunde des Zimmers in dem halben Dämmerlicht an einen Ebenholzschrank gelehnt stand:

»Ist das der Sohn von Hans?«

»Ja.«

Die Marschallin betrachtete ihn weiter.

»Ihn vergißt man nicht,« sagte sie und machte eine kleine Pause nach jedem Wort.

Und als der österreichische Gesandte hinzutrat, um zu fragen, ob sie gehen sollten, neigte sie den Kopf in der Richtung nach dem jungen Hvide hin.

»Haben Sie ihn gesehen?« fragte sie.

»Ja,« sagte der Gesandte und betrachtete den jungen Herrn Fritz, der auf dem schlanken Körper den antiken Kopf gegen den Ebenholzhintergrund neigte.

»Er ist schön wie ein Grabmal.«

»Das ist sonderbar,« sagte die Marschallin, die leicht zusammengefahren war, »ich stand gerade und dachte, daß er eigentlich eine gesenkte Fackel in der Hand haben müßte.«

»Ja, wir müssen fort,« sagte sie, und der Gesandte ging, um sich zu verabschieden, als der Sohn der Berühmtheit dazukam; er wollte gern einem jüngern Professor der vergleichenden Sprachwissenschaft ein altes Porträt zeigen, eine Silhouette, die am Fensterrahmen hing und die Geheimrat Goethe seinerzeit dem Vater Seiner Exzellenz während eines Besuchs in Weimar verehrt hatte.

»Das alte Bild,« sagte die Marschallin, die das Bild herabnahm.

Sie wurde dem Professor vorgestellt und fuhr fort:

»Ja, Weimar ist ein entzückender Ort ... ich war noch vor zwei Jahren dort. Ich begleitete meinen Mann, er sollte bei einer Art Regierungsjubiläum repräsentieren.«

Und sie sprachen weiter von Weimar und Goethe.

Seine Exzellenz hatte sich in dem andern Zimmer dem Kadetten gegenüber auf einen Stuhl gesetzt, und plötzlich war er in sich zusammengesunken. Mit völlig leeren Augen saßen die beiden Greise mitten unter den Sprechenden und starrten einander an.

Die beiden Stiftsdamen, die endlich gehen wollten, kamen am Bauer des Papageis vorüber.

»Sieh mal den Vogel, Anna Frederikke,« sagte Charlotte Amalie und steckte ihren ringbesetzten Finger zu dem Vogel hinein.

Poppe wurde wütend und hackte auf den Finger ein, daß die Stiftsdame leicht aufkreischte, während Poppe mit ausgebreiteten Flügeln schrie:

»Fortuna fortis, fortuna fortis.«

»Was sagt das Tier, Charlotte Amalie?«

Seine Exzellenz erwachte jäh.

»Es ist Lateinisch,« sagte er und stand auf.

Seine Exzellenz ging an der Hofjägermeisterin und an Seiner Hochehrwürden vorbei und hörte Seine Hochehrwürden sagen:

»Ja, gnädige Frau, den Menschen wird es immer ein Bedürfnis sein, nach oben zu schauen.«

»Ganz recht, Hochehrwürden,« sagte Seine Exzellenz, »lassen Sie sie nach oben schaun. So werden sie nie die eigene Person gewahr.«

Er wandte sich zur Hofjägermeisterin.

»Deinem Vater geht es schlecht,« sagte er.

»Ja, leider,« antwortete die Hofjägermeisterin.

Es flog ein barsches Lächeln über das Gesicht Seiner Exzellenz beim Tonfall von Frau von Eichwalds Stimme.

»Haltet ihm Gemütsbewegungen fern,« sagte er, »wenn euch sein Leben lieb ist.«

Seine Exzellenz trat zu der Gruppe am Fenster und fing den Namen Goethe auf, während die Gäste, die sich alle zum Aufbruch rüsteten, sich erhoben und wie in großem Kreise im Zimmer Aufstellung nahmen, das Gesicht Ihrer Gnaden zugewandt, hinter deren Stuhl der linienschlanke Diener eine Stehlampe gerückt hatte, die er soeben anzündete.

»Goethe, ja,« sagte Seine Exzellenz, »er trieb es wohl so weit, wie ein Mensch es vermag. Sich selbst wie einen Gott verehren und ein Recht dazu haben, wenn er sich an den andern maß –«

»Fortuna fortis,« schrie der Papagei.

Der Gesandte, der ein paar Abschiedsworte an Ihre Gnaden richten wollte, griff das Wort Weimar auf und sprach von dem großherzoglichen Hause.

»Ein treffliches Geschlecht,« sagte der Gesandte.

Ihre Gnaden, die im Licht der Lampe saß, lächelte plötzlich.

»Ich habe nie,« sagte Ihre Gnaden – und einen kurzen Moment war das Gesicht Ihrer Gnaden wie verwandelt, während die tiefen blauen Augen strahlten – »so schöne Männer gesehn wie die Prinzen vom Hause Weimar.«

Eine Röte wie von zwei blutenden Blitzen schoß über das Gesicht Seiner Exzellenz, der ein Flüstern hören zu können schien, wenn Ihre Gnaden die Sprechende war.

»Ja,« sagte Kammerherr Urne, der bei den andern stand, die weiter von Goethe sprachen, »am liebsten von allem hätte ich Goethes Begegnung mit Bonaparte gesehn.«

»Das waren unvergeßliche Tage, die in Weimar,« sagte Ihre Gnaden zu dem Gesandten.

Die Augen Seiner Exzellenz zuckten zu Ihrer Gnaden hinüber wie funkelnde Feuer, und mit einer zwecklosen Armbewegung durch die Luft, als zerre er an einer unsichtbaren Fessel, sagte er, als Antwort, zu Kammerherr Urne:

»Ja, die zwei haben einander verstanden. Bonaparte wußte Bescheid. Er gab der Triebfeder Flügel und las den Zusammenhang auf dem Grunde seines Glases.«

Die Marschallin, die soeben zu Weihnachten durch die Fürstin Metternich eine Sammlung von Trinkgläsern Bonapartes erworben hatte, wurde rot wie Blut, und einen Moment sprach niemand, bis Seine Exzellenz, nachdem er einen Blick auf die Silhouette geworfen hatte, sagte:

»Und was bleibt übrig von einem Goethe?« Er sprach, als risse er unsichtbare Gewächse mit allen ihren Wurzeln aus der Erde: »Erst ein paar Bücher, dann ein Buch ... dann ein Name und schließlich nur ein paar Buchstaben, deren Form keiner mehr zu deuten vermag.«

Der Sohn der Berühmtheit, der blieb, wo er war und der alle andern berühmten Erinnerungen haßte und alles, was Erinnerungen ähnlich sehen konnte, sagte:

»Aber Goethes Gespräche kann ich nicht ausstehn.«

Alle waren im Begriff aufzubrechen. Graf Francis Schulin verneigte sich vor Ihrer Gnaden in leerer Ehrerbietung, während die beiden Stiftsdamen von der andern Stuhlseite her eine halbe Verbeugung machten.

»Fortuna fortis,« schrie der Papagei in ständiger Wut.

»Das ist Alteleuteschnack,« schloß der Sohn der Berühmtheit.

Der schlanke Diener öffnete die Tür und schloß sie wieder, aufrecht, mit niedergeschlagenen Augen, wie ein Hüter des Hauses.

Seine Exzellenz hob den Kopf jäh und stand kerzengerade da.

»Der Alteleuteschnack, mein Lieber,« sagte er zu dem Sprößling der Berühmtheit, »hat ein Jahrhundert erraten.«

Der Poet, der einen von den Politikern angehalten hatte wegen Staatsstipendien, näherte sich der Exzellenz zum Abschied (unter der Lampe neigte Ihre Gnaden unablässig den Kopf, aufrecht, mit den Brillanten Nikolas I. am Halse, einem Götzenbilde nicht unähnlich), und der Dichter, der das Wort Jahrhundert aufgriff, entweder, weil es endlich für seinen Tiefsinn ausreichte, oder vielleicht nur, um sich einen Abgang zu sichern, sagte:

»Ja, Exzellenz, was bleibt von einem Jahrhundert übrig?«

Seine Exzellenz lachte, und mit einem plötzlichen Blick, der das ganze Zimmer umfaßte und hinten im Dunkel des nächsten Zimmers den zusammengesunkenen Kadetten wie eine ferne Ruine, sagte er:

»Wir sind übrig geblieben.«

Und er lachte noch einmal auf.

...Der Gesandte fuhr mit Frau Harriette zusammen fort. Er sprach von Herrn von Bismarck und von Österreichs betrüblicher Stellung während der Krise. Plötzlich sagte er:

»Sie hören nicht zu.«

»Nein, mein Freund, verzeihen Sie.«

Und kurz darauf sagte die Marschallin:

»Wenn man die Freunde seiner Jugend zwanzig Jahre lang nicht gesehen hat, so hat man über dies und jenes nachzudenken.«

»Sicherlich,« sagte der Gesandte, und kurz darauf sagte er, indem er zum Fenster hinaussah: »Dieser alte Mann ist aufrichtig wie ein Verzweifelter.«

Frau Harriette drehte hastig den Kopf nach dem Gesandten hin:

»Ja,« sagte sie und nickte.

Und sie sprachen nicht mehr, bis der Gesandte ausstieg.

Als der Wagen wieder weiterfuhr, führte die Marschallin plötzlich hastig den Muff an ihr Gesicht: sie brach in Schluchzen aus.

Seine Exzellenz saß vor seinem Tisch.

»Wie spät ist es?«

»Vier, Exzellenz,« antwortete Georg.

»Um fünf Uhr soll der Wagen vorfahren.«

Georg richtete sich auf.

»Es kommen Gäste zu Tisch,« sagte er und sah nach Seiner Exzellenz hin.

Seine Exzellenz rührte sich nicht.

»Lassen Sie Herrn Fritz hereinkommen.«

Georg ging, und der junge Herr Fritz kam herein.

Mit ausdruckslosem Gesicht betrachtete er Seine Exzellenz.

»Dein Vater ist wohl im Hotel d'Angleterre,« sagte die Exzellenz und drehte, als er gesprochen hatte, plötzlich den Kopf nach dem jungen Manne um.

»Sag ihm, daß hier um sechs Uhr gegessen wird. Wenn er nicht betrunken ist.«

Seine Exzellenz hatte die Augen nicht von dem jungen Mann genommen, dessen Mund vielleicht unmerklich zitterte, während er sich verneigte.

»Hast du gehört?«

»Ja, Großpapa.«

»Dann antwortet man,« sagte Seine Exzellenz.

Eine Blässe hatte das Gesicht des jungen Mannes überströmt, und er ging.

Ihre Gnaden saß noch immer in ihrem Stuhl.

»Wo ist Hvide?« fragte sie.

»Seine Exzellenz ist in seinem Zimmer,« sagte die Gesellschaftsdame.

»Ich werde um fünf Uhr angekleidet,« sagte Ihre Gnaden und machte eine Bewegung mit der Hand.

»Löschen Sie aus,« sagte sie und wandte sich an den schlanken Diener.

Das Licht über Ihrer Gnaden wurde ausgelöscht, und sie blieb allein.

Die Tür wurde leise geöffnet und geschlossen, und es schlich jemand durchs Zimmer.

»Wer ist da?« sagte Ihre Gnaden und fuhr zusammen.

»Ich bin es,« flüsterte Sophie. »Wissen die gnädige Frau es?«

»Was?« sagte Ihre Gnaden, die die Hände in ihrem Schoß hob und senkte.

»Der Herr Jägermeister ist in der Stadt,« sagte Sophie.

Die beiden weißen Gesichter starrten einander einen Augenblick an im Dunkeln.

»Ich dachte es mir,« stöhnte Ihre Gnaden. »Hast du ihn gesehn?«

Sophie antwortete nicht sofort.

»Der Jägermeister hat mit Seiner Exzellenz gesprochen.«

»Wann?«

»Während des Empfangs.«

Ihre Gnaden stöhnte von neuem und biß die weißen Lippen zusammen.

»Geh,« sagte sie so leise, daß das Mädchen es kaum hören konnte.

Die Tür wurde geschlossen.

Ihre Gnaden hatte sich plötzlich erhoben und durchschritt das Zimmer. Sie schlug die Portiere zurück und öffnete die Tür Seiner Exzellenz.

Er saß bei der Lampe und hatte sie nicht gehört.

»Hvide, was ist?« sagte sie und stand vor Seiner Exzellenz, »was ist geschehn!? Was geht hier vor?«

Er hatte den Kopf gehoben und sah sie an.

»Hans ist in der Stadt,« sagte er.

Ihre Gnaden hatte die Hände gefaltet; – in dem schwarzen Festgewand, wie sie dastand, mit den Brillanten Nikolas I. glich Ihre Gnaden einer von den wohlerhaltenen Leichen, die man bisweilen finden kann, wenn man Kirchenböden aufbricht –:

»Was hat er gesagt?«

Seine Exzellenz sah sie unentwegt an, wie jemand, der sein ganzes eignes Leben betrachtet.

»Er hat die Wahrheit gesagt,« sagte er und wandte den Kopf fort.

»Und du solltest dich ausruhen,« sagte er gleich darauf, »du bist müde.«

Ihre Gnaden wandte sich und ging.

Die Mutter war hinaufgegangen. Sie zündete die Kerzen in den Armleuchtern an und blieb vor den weißen Kerzen stehen.

»Ich müßte mich ankleiden,« sagte sie, und die Arme fielen ihr müde an den Seiten nieder.

Kurz darauf öffnete sie die Tür zum Flur.

»Arkadia!« rief sie. »Arkadia!«

Aber niemand antwortete. Die Mutter lächelte und öffnete das Fenster. Im Hof war es fast dunkel.

»Arkadia!« rief die Mutter.

»Lassen Sie mich los, Frederiksen,« ertönte es von unten her durch die Dämmerung.

Die Mutter schloß das Fenster und kehrte zu den Kerzen zurück.

Die Gesellschaftsdame klopfte an und kam herein.

Sie fragte, ob sie der gnädigen Frau nicht helfen könne.

»Ja, danke,« sagte die Mutter, während die schönen Hände in ihrem Schoß ruhten, »wenn Sie mein Kleid aus dem Koffer nehmen möchten.«

Zwei große Koffer waren da mit vielen Fächern. Die Gesellschaftsdame nahm Kleider heraus und Röcke heraus und Schachteln heraus. Die Mutter folgte ihren Bewegungen.

»Es ist ein schwarzes Barege,« sagte sie. »Mit Ripsunterkleid.«

Die Gesellschaftsdame stöberte weiter.

»Aber mein Gott, was soll ich denn mit dem?« sagte die Mutter und besah plötzlich einen strohgelben Kleiderrock.

»Das Kleid trage ich ja doch nie.« Und plötzlich sagte sie: »Wollen Sie das nicht nehmen?«

Die Gesellschaftsdame, die sich gern ihren Anteil aus den Koffern der Mutter zufließen ließ, sagte sanft abwehrend: »Aber es ist ja so gut wie neu.«

»Liebes Kind,« sagte die Mutter, »ich ziehe es ja nie an. Reden Sie doch nicht davon.«

Die Gesellschaftsdame legte das gelbe Kleidungsstück auf einen Stuhl und fand schließlich das Baregekleid.

»Hier ist es,« sagte sie.

»Danke,« sagte die Mutter, »nun kann ich selbst.«

Sie blieb noch ein paar Augenblicke vor den Kerzen sitzen, und dann goß sie die Eau de Cologne in das große Waschbecken, um sich zu baden. Als sie angekleidet war, saß sie wieder vor den Kerzen.

Ihr Blick fiel auf den Strauß Tausendschönchen, den Seine Exzellenz jeden Mittag auf ihren Tisch legen ließ. Sie nahm ihn in die Hand. Die gelben Blumenaugen starrten im Lichtschein zu ihrem bleichen Gesicht empor.

Dann legte sie die Blumen hin, und von den drei Büchern auf ihrem Tisch nahm sie das eine; die beiden andern waren »Das Buch der Lieder« und »Don Juan«.

Sie schlug die Blätter des Buches auf und starrte ins Licht, und dann las sie:

Sich täglich mehr verschließt Diones Sinn,
Ein Dasein wachen Träumens nur sie lebte,

Das ewig neu Erinnerung durchwebte.
Doch nichts von Wirklichkeit war mehr dann.
Das Haupt geneigt, sah stumm sie vor sich hin
In ferne Weite, wo die Wolke schwebte
So schwer und düster auf des Windes Flügel:
Als ihrer eignen Seelenschwermut Spiegel.

Doch wozu Worte? Kann dasselbe Bild
Sich nicht bei Lebens Bühne täglich zeigen:
Erst Schmerzes Frucht an vollen Lebenszweigen,
Dann Kampf des Herzens, eh es müd und mild,
Erst Hoffnung, Sehnsucht, dann Verlust und Schweigen,
Der Leere Tränenquell, der ewig quillt.
Erst neue Kraft und doppelt reiches Leben.
Dann dumpfe Müdigkeit und schlaff Ergeben.

Die Mutter hob ihr Gesicht. Einen Augenblick schloß sie die Augen. Die roten Lippen bebten. Dann las sie wieder:

Du lässest mich im Stich, dein Sinn ist schwank, Ich rufe, doch du eilst auf flüchtgen Schwingen,
Dein Ohr hast du verschlossen meinem Gruße
Und reichst mir abgewandt den bittern Trank.
Es schwindet hin. Denn meine Sonne sank.

Die Hand der Mutter suchte auf ihrem Tisch einen angespitzten Bleistift, und sie zog einen fast unsichtbaren Strich an den Worten des Dichters herunter, während sie las:

Nichts auf der Erde kann zurück mir bringen
Das Strahlenmeer, das mir mein Glück gebar,
Nur *ein* Gedanke lebt in mir: es war.

Es mußte sein – wohlan denn, keine Klagen
Bringt dieses Lied zu dir aus meiner Brust,
Kein leer verhallend Seufzen soll dich plagen,
Kein Sehnen, das nicht aus noch ein gewußt.
Nur liebe Worte, die dein Herz nicht nagen,
Nur Echo einer langentschwundnen Lust.
Ein Wort nur, leer für dich, soll Lindrung schenken,
Nur ein *Lebwohl* zum Abschied und Gedenken.

Zwei Tränen waren auf das Blatt niedergefallen, die Mutter sah sie nicht.

Lebwohl – was ist ein Wort? und doch, der Schmerzen
Gewaltigste dies kleine Wort mich lehrt:
Ein Grab für alles, was im tiefen Herzen
An Liebe, Glück und Frieden wir begehrt;
Die letzte Blüte, die in tausend Schmerzen, –
Ein letztes Hoffen unsrer Seel beschert.
Nimm hin die Blätter; ihren Duft und Schimmer,
Die du belebt, du erbst sie nun für immer.

Große Tränen entströmten ihren Augen, und einen Augenblick stützte sie ihr Gesicht gegen die Bronze des Armleuchters. Dann trocknete sie die Tränen fort und wandte wieder die schönen Augen dem Buche zu, dessen Einband gegen den Rand des Spiegels gelehnt stand wie ein Gebetbuch gegen ein Betpult:

Mein Herz ist müde – doch kein Schlaf will fallen
Aufs heiße Aug. Mein Denken rastlos wallt,
Ein Zug des Leides, durch der Zeiten Hallen,
Vor jedem lieben Bilde macht es halt.
Ich ruf nach jenen selgen Träumen allen,
Die Arme streck ich aus vor Schmerzgewalt
Nach der Erinnrung leichten, flüchtgen Scharen,
Die locken, lächeln, winken und zerfahren.

Sie hatte den Einband des Buches mit ihren beiden weißen Händen umfaßt. Das Gesicht war leicht vorgestreckt.

O du – doch meine Schrift die Tränen tränken,
Verwischen sie – und trocknet's auch gar schnell,
Es rinnet stets von neuem, mich zu kränken,
Auf meinen Brief der heiße Schmerzensquell.
Nie werde ich vergessen, dein zu denken.
Dazu floh mir dies Leben allzu schnell.
Leb wohl, leb wohl, ich hab nichts mehr zu schreiben,
Nur diesen Kuß. Nein, nein. Doch, er mag bleiben.

Ihre Hände glitten von dem Buche nieder, und still starrte sie in den Spiegel hinein, auf ihr eigenes Bild, das sie nicht sah.

»Ja,« sagte sie ins Leere hinaus und stand auf, »es muß sein.«

Die Gesellschaftsdame klopfte wieder und fragte, ob sie nicht der gnädigen Frau das Kleid zuhaken solle.

»Danke, ich bin fertig,« antwortete die Mutter.

Die Gesellschaftsdame sah auf die Tausendschönchen.

»Aber soll ich denn nicht die Blumen befestigen?« sagte sie.

Die Mutter nahm die Blumen in die Hand. Einen Augenblick noch betrachtete sie die weißen Blüten.

»Danke,« sagte sie, »mögen die hier verwelken.«

Und indem sie der Gesellschaftsdame zulächelte, die sie ansah, sagte sie:

»Sie wissen, ich habe welkende Blumen so gern.«

Die Gesellschaftsdame wollte gehen, als man Lärm im Hof hörte.

Die Pferde wurden angespannt.

»Wird angespannt?« fragte die Mutter und wandte sich hastig der Gesellschaftsdame zu.

»Ja, Seine Exzellenz fährt aus,« antwortete die Gesellschaftsdame.

»Aber wohin denn?« fragte die Mutter.

»Seine Exzellenz hat es nicht gesagt.«

Die Mutter machte eine Handbewegung, die der Gesellschaftsdame galt, und diese ging.

Das Portal wurde zugeschlagen. Seine Exzellenz war ausgefahren.

Dritter Teil

»Seine Exzellenz ist willkommen,« sagte der Konferenzrat, und seine Zunge lag fest in seinem Munde.

»Ich bin es,« sagte Seine Exzellenz und ging weiter ins Zimmer hinein.

»Ich sehe es,« sagte der Konferenzrat, der das gesunde Auge nicht vom Gesicht der Exzellenz entfernte, »du kommst wieder.«

Seine Exzellenz hatte die eine Hand geballt.

»Es eilt,« sagte er, »ich werde Geld brauchen.«

Der Konferenzrat schwieg, das Auge beständig auf ihn gerichtet.

»Ich muß verkaufen,« sagte Seine Exzellenz, und während er plötzlich den Kopf dem Gesicht des Konferenzrats zuwandte, dessen eines Auge fortwährend auf ihm ruhte, als wolle es die Schweißtropfen auf der Stirn der Exzellenz zählen, sagte er, und das Wasser sprang aus jeder Pore seines Leibes hervor, »denn es sind wohl Papiere vorhanden?«

Der Konferenzrat ließ die Worte verhallen.

»Wann willst du verkaufen?« sagte er.

»Sofort,« sagte Seine Exzellenz und hob, ohne es zu wissen, die linke Hand, um sich den Schweiß von den Schläfen zu trocknen.

»Heute?« sagte der Konferenzrat und rührte sich nicht.

Beim Klang seiner Stimme reckte Seine Exzellenz plötzlich den ganzen Körper, und die großen Adern auf seiner Stirn schwollen in einer riesenmäßigen Anspannung, und er sagte sehr schroff:

»Es sind also verkäufliche Papiere vorhanden?«

Seine Zunge hatte eine Sekunde vor dem Worte »verkäuflich« gestockt, doch seine Stimme klang wie immer: »Dann mußt du verkaufen,« sagte er.

»Für wieviel?«

Seine Exzellenz schwieg einen Augenblick.

»Für dreißigtausend,« sagte er und bewegte den Kopf.

Man hörte das Ticken der Uhr. Der Konferenzrat antwortete nicht, und Seine Exzellenz sagte, ohne ihn anzusehen: »Du mußt verstehen, es ist notwendig.«

Der Konferenzrat hob den rechten, gesunden Arm. »Dreißigtausend, das ist viel Geld,« sagte er, und mit einem Versuch zu lachen – es klang wie Vogelgekreisch – setzte er hinzu:

»Die Genies feilschen nicht.«

Seine Exzellenz hob den Kopf und ließ die blauweiße geballte Hand auf den mächtigen Tisch niederfallen.

»Glud,« rief er, und der Tisch erbebte unter dem Schlag der Hand, »gehört das Geld mir – – – oder nicht?«

Der Konferenzrat sah Seiner Exzellenz scharf ins Gesicht, und selbst das tote, hängende Auge schien für eine Sekunde ein wenig Glanz zu bekommen und sehen zu können, während seine Stimme plötzlich, vielleicht zum letztenmal, den Klang wiederbekam, dessen Hohn eines Tages, als die Banken wankten, einen Sturm auf seine Firma abgewehrt hatte, und er sagte:

»Du weißt doch, daß es dir gehört.«

Der Kopf der Exzellenz fiel auf die Brust herab.

Seine Lippen waren so weiß wie sein Bart.

»Und« – der Konferenzrat erhob sich fast in einem übermächtigen Triumphgefühl – »es kann sofort ausbezahlt werden.«

Er streckte die gesunde Hand nach einer Glocke auf dem Tisch aus, zog sie aber wieder zurück:

»Nein,« sagte er, und vielleicht wußte er selbst nicht einmal, ob er aus Mitleid handelte oder aus Grausamkeit, »nimm die Schlüssel selbst.«

Das Schlüsselbund fiel aus seiner gesunden Rechten in die Hand Seiner Exzellenz, die nur halb geöffnet war: »Da ist der Schlüssel zum Geldschrank. Das Scheckbuch liegt im Fach links.«

Die Hände Seiner Exzellenz waren so kalt wie das Eisen, das sie umfaßten, während er die Schranktür öffnete. Aber er fand sich zurecht in den Fächern, als hätten auch seine Hände Tag für Tag hier zu tun gehabt.

»Da,« sagte er und legte das Scheckbuch auf den Tisch.

Man hörte das Kratzen der Feder, während der Konferenzrat schrieb.

»Da,« sagte er und schob die Anweisung fort. »Willst du quittieren?«

Das Auge des Konferenzrats betrachtete die Exzellenz, während dieser auf dem vorgelegten Blatte schrieb.

»Danke,« sagte Seine Exzellenz und hob das Gesicht. Aber der Konferenzrat sah wohl die halb vorgestreckte Hand der Exzellenz nicht. Er betrachtete die Quittung, und ein Jucken wie eine Grimasse glitt über sein gelähmtes Gesicht.

»Deine Schrift ist so leicht nachzuahmen in letzter Zeit,« sagte er zu Seiner Exzellenz, der sich erhoben hatte, »willst du dein Siegel daruntersetzen?«

Ein Strom von Blut hatte sich über das Gesicht Seiner Exzellenz ergossen, aber er sagte nur ein Ja, das wie ein Stöhnen klang:

»Siegellack liegt im Schrank,« sagte der Konferenzrat, und sein Auge folgte unablässig Seiner Exzellenz, wie er den Lack aus dem Schrank holte und ein Licht anzünden und hintragen und den mächtigen Siegelring abziehen mußte, in dessen großem Edelstein das Wappen der Hvides eingraviert war.

Seine Exzellenz hielt den Lack etwas zu lange ins Licht, so daß zuviel Lack aufquoll – wie der erste Striemen Blut, der aus einer Wunde rinnt.

»Es ist gut,« sagte der Konferenzrat und betrachtete das Siegel.

Seine Exzellenz hatte den Ring wieder am Finger.

»Adieu,« sagte er.

»Adieu.«

Seine Exzellenz war draußen.

Der Konferenzrat schlug zweimal auf die Glocke auf seinem Tisch, und Herr Hansen kam zu der kleinen Paneeltür herein.

»Räumen Sie auf,« sagte er.

Herr Hansen schloß den Geldschrank, löschte das Licht und setzte es fort.

»Holen Sie die Mappe,« sagte der Konferenzrat.

Herr Hansen ging und brachte die Hvidesche Mappe.

»Öffnen Sie sie.«

Herr Hansen tat es.

»Danke.«

Der Konferenzrat nahm die Verschreibung Seiner Exzellenz und legte sie zuoberst auf den großen Haufen.

»Es ist gut,« sagte er und machte selbst zu.

Als Herr Hansen die Mappe nahm, hob der Konferenzrat sein Auge zu seinem Schreiber auf.

»Jetzt sollten Sie Ihre Forderungen eintreiben,« sagte er, »es ist Zeit.«

Herr Hansen bewegte bestürzt die bleichen Hände.

»Aber,« sagte der Konferenzrat, »Sie haben ja Pfänder.«

Herr Hansen antwortete nicht.

»Was haben Sie noch außer der Brosche des Kaisers?«

»Schmuck, Herr Konferenzrat.«

Der Konferenzrat wandte den Blick nicht von ihm ab.

»Was für Schmuck?« fragte er.

»Eine Brillantschnur.«

Der Konferenzrat wandte sein Auge ab.

»Geld ist besser,« sagte er, »solche Steine können im Wert sinken.«

»Ja, Herr Konferenzrat.«

Der Konferenzrat drehte den Kopf.

»Den Schirm,« sagte er.

Herr Hansen setzte den Schirm auf die Lampe.

»Sie können gehen.«

Die große Tür ging auf. Es war die Hofjägermeisterin, die eintrat und mitten im Zimmer stand.

»Was ist hier vorgegangen?«

Stechend blickte das Auge des Konferenzrats zu ihr hinüber.

»Was sollte hier vorgehen?« fragte er, und die Stimme wurde plötzlich wieder ganz dick im Munde.

»Wie du willst,« sagte die Tochter. »Aber dies muß ein Ende haben. Und«–die Hofjägermeisterin sah dem Vater ins Gesicht –»wir brauchen die Hvides nicht mehr.«

Der Konferenzrat antwortete nicht.

Die Hofjägermeisterin legte ihm die Kissen in den Rücken, und sie bemerkte, wie sein Körper zitterte.

»Und du solltest dich schonen,« sagte sie und setzte hinzu: »Der Alte sagte heute selber, du verträgst keine Gemütsbewegungen.«

Der Konferenzrat hob das eine Auge.

»Hast du ihn vielleicht deshalb hereingelassen?« sagte er. »Überlaß mir das Meine.«

Die Hofjägermeisterin lächelte, während sie ihm das Plaid um die Beine legte, mit einem Lächeln, das der Konferenzrat nicht sah.

»Das werde ich tun,« sagte sie und ging.

Der Konferenzrat saß allein vor seinem leeren Tisch. Das entstellte Haupt fiel plötzlich halb vornüber, als habe es seine Stütze verloren.

Als der Vater den Wagen Seiner Exzellenz heimkehren hörte, ging er selbst an die Tür ins Portal hinunter:

»Wie spät du kommst.«

»Die Pferde sind schuld,« sagte Seine Exzellenz, »der Mann fährt wie in einem Leichenzug.«

»Was ist mit den Pferden?« fragte der Vater heftig zu Johann hinauf, während Seine Exzellenz anfing, die Treppe emporzusteigen.

»Der Gaul will nicht mehr,« sagte Johann störrisch.

»Will nicht?« sagte der Vater rot vor Zorn, »das muß ein Ende haben.«

»Ja, das nimmt es auch,« sagte Johann wie vorher.

Der Vater folgte Seiner Exzellenz.

»Klingle, bitte, nach Georg,« sagte die Exzellenz, »ich muß mich umziehen.«

»Ja,« sagte der Vater und ging hinauf in sein Zimmer.

Die Mutter saß noch auf dem Stuhl vor ihrem Spiegel, während sie den Vater hin und her gehen und sich umkleiden hörte. Seit die Gesellschaftsdame gegangen war, hatte sie sich nicht gerührt. Nur hier und da öffnete sie die Augen und schloß sie wieder. Der Vater klopfte an ihre Tür.

»Ja, herein,« sagte sie.

Der Vater trat ein, im Frack und in ranker Haltung.

»Wollen wir hinuntergehn?« sagte er.

Die Mutter blieb auf ihrem Stuhl sitzen.

»Ich habe so viel nachgedacht heute,« sagte sie und ließ die gefalteten Hände auf den Tisch niedergleiten.

»Worüber?« sagte der Vater.

Die Lippen der Mutter zitterten einen Augenblick, und um ihren Mund kam ein Zug zum Vorschein, wie er oft bei Gefangenen zu sehen ist.

»Ich,« sagte sie, »habe viele Jahre lang nur an eins gedacht.«

Sie schwieg einen Augenblick.

»Und jetzt habe ich es zu Ende gedacht.«

Sie bewegte die beiden schönen Hände.

»Darum möchte ich gern mit dir sprechen.«

Der Vater hatte in dem Halbdunkel, in dem er stand, eine Bewegung mit der Hand gemacht.

»Du meinst, warum von Dingen sprechen, die so ganz vorbei und so lange her sind? Aber ich muß sprechen, Fritz« – und sie wandte ihm das bleiche Gesicht zu – »um mich zu verteidigen.«

»Dich zu verteidigen?«

»Ja, Fritz.«

Sie wandte das Gesicht wieder, und sie sprach halblaut und langsam, wie jemand, der seine Gedanken unwiderruflich geformt hat.

»Ich weiß jetzt, ich habe dir viel unrecht getan. Du bist nicht dafür geschaffen, Menschen gern zu haben. Es ist dir gegeben, einen Menschen zu lieben – und trotzdem hast du mich unendlich gern gehabt. Aber für den, der liebt, ist es so schwer, neben dem herzugehen, der nur gern hat. Darum konnte ich nicht einmal deine Güte entgegennehmen.«

Der Vater machte einen Schritt.

»Und noch eins. Die Menschen, Fritz, wenden die mitleidigen Augen immer dem zu, der am tiefsten gebeugt wird, wenn auch niemand weiß, wer von zwei Menschen am meisten gelitten hat.«

Sie hob ihr Gesicht.

»Ich bin selbstsüchtig gewesen, ich weiß es jetzt,« sagte sie, und es war, als spräche sie zu jemandem über sich, »aber ich werde es nicht länger sein, und die höchste Kraft deines Lebens soll nicht mehr brachliegen.«

Der Vater stand im Dunkeln.

»Was, willst du, soll ich dir antworten?«

Die Mutter schüttelte den Kopf.

»Du sollst mir nicht antworten,« sagte sie, »ich habe nicht gesprochen, um eine Antwort zu bekommen, sondern um gesprochen zu haben.«

Einen Augenblick war es still. Unmerklich preßte sie die schönen Hände auf dem Tisch, wo sie lagen, gegeneinander.

»Und jetzt,« sagte sie, »werden wir nie mehr miteinander reden – nicht einmal an dem Tage, wo wir sterben.«

Der Vater stand einen Augenblick da. Dann sagte er: »Und warum hast du gerade heute gesprochen?«

»Warum?«

Die Mutter führte die Hand an die Augen und ließ sie wieder sinken.

»Die großen Entschlüsse, Fritz, sind wohl immer die Frucht von langem Nachdenken und von Kleinigkeiten.«

Das Gesicht des Vaters zitterte.

»Und du?« sagte er, und seine Stimme war kaum vernehmbar, »kannst du nie froh werden?«

Die Mutter wandte ihm flüchtig das schöne Gesicht zu.

»Hättest du mich geliebt, wenn ich es könnte?« sagte sie.

Und der Vater ging.

Die Mutter erhob sich. Die Tränen wollten aus ihren Augen hervorbrechen. Aber sie bezwang sie. Und während sie ihre beiden Hände an dem schwarzen Seidenkleide hinabgleiten ließ, reckte sie den Körper wie unter einer Rüstung. Dann klopfte sie an die Tür des Vaters.

»Wollen wir hinuntergehen?« sagte sie.

...Ihre Gnaden war angekleidet.

Die Gesellschaftsdame befestigte vor dem Spiegel im Haar Ihrer Gnaden einen Schmuck aus oxydierten Silberblüten.

An die eine der Türen klopfte es.

»Wer ist da?« rief Ihre Gnaden und hatte schon den Jägermeister, ihren Sohn, die Tür öffnen sehen.

»Ich bin's,« sagte er.

»Sie können gehen,« sagte sie zu der Gesellschaftsdame, »lassen Sie anzünden.«

Ihre Gnaden beugte sich zu dem Jägermeister nieder, der bereits schluchzend in einen Stuhl gefallen war.

»Mein unglücklicher Junge,« sagte sie, »mein unglücklicher Junge, was hat er dir getan?« Ihre Gnaden strich mit den Händen über sein Haar und über seinen Hals.

»Was ist geschehen? Was ist denn nur geschehen?«

Der Jägermeister schluchzte immer noch.

»Ich kann es nicht sagen.«

»Aber es ist in Ordnung?« fragte Ihre Gnaden und preßte die Hände zusammen.

»Ja,« sagte der Jägermeister und hob das Gesicht, während der gebückte Leib wieder zusammenfiel, »es ist in Ordnung.«

»Gott sei gelobt,« sagte Ihre Gnaden, und ihre Arme fielen über die Seitenlehnen des Stuhles herab.

»Aber wir müssen wohl hinein,« sagte der Jägermeister und stand auf. Seine Augen sahen noch ganz irr drein.

»Ja,« sagte Ihre Gnaden, »wasch dein Gesicht.«

Ihre Hände zitterten, während sie die Eau de Cologne in das große Waschbecken goß.

»So,« sagte sie, und der Jägermeister fuhr mit dem eingetauchten Handtuch über sein Gesicht hin.

»Leih es mir,« sagte sie, und sie führte das feuchte Tuch einen Augenblick an die eigenen Augenlider.

»So,« sagte sie, »gib mir deinen Arm.«

Sie gingen hinein. In allen Zimmern brannten schon die Kronleuchter.

»Sind die Blumen arrangiert?« fragte Ihre Gnaden den schlanken Diener, der sich in seinem schwarzen Festanzug mit der Hvideschen Schulterschleife verbeugte.

»Ja, Eure Gnaden.«

»Schön.

So öffnen Sie,« sagte Ihre Gnaden und nahm Platz.

»Ja, Eure Gnaden.«

Der Diener ging.

»Hast du ihn jetzt gesehen?« fragte Ihre Gnaden.

»Nein.«

»Dann bleib hier,« sagte Ihre Gnaden, und beide warteten unter den brennenden Kerzen.

Die Mutter war zu Seiner Exzellenz hineingegangen, auf dessen Brust Georg soeben das Großkreuz befestigte.

Als der Diener gegangen war, sagte die Mutter lächelnd:

»Wie fein du sein wirst!«

»Ja, wir putzen uns wohl alle.«

Die Mutter sah auf die Etuis mit all den Orden der Exzellenz, die noch auf dem Schreibtisch standen.

»Es sind viele,« sagte sie.

»Ja,« sagte Seine Exzellenz und warf die Etuis in eine Schublade, »sie sind gut gewesen fürs Geschäft.«

Als die Mutter die Tür zu den Wohnzimmern öffnete, rief Seine Exzellenz:

»Ist Hans da?«

»Ja,« erwiderte der Jägermeister.

»Komm hier herein.«

Der Jägermeister durchschritt das Zimmer, während Ihre Gnaden ihm mit den Augen folgte.

»Da,« sagte seine Exzellenz, der am Schreibtisch stand, und reichte ihm die Anweisung, als sei es ein Rezept für ein paar Hustentropfen.

Dem Jägermeister war der Schweiß auf die Stirn getreten.

»Danke,« sagte er und ging.

Der schlanke Diener meldete die Geheimrätin Rappe, die eine tiefe Stimme hatte wie eine Mannsperson und sehr um Entschuldigung bat, weil sie ihren Seidenpudel mitbrächte.

»Aber ich wage bei Gott nicht, das Viehchen mit den Dienstboten allein zu lassen.«

Alle versammelten sich um das kleine Tier, das im Schoß der Geheimrätin seinen Platz fand.

»Das Tier ist krank,« sagte die Geheimrätin, es darf nichts anderes bekommen als Portwein und Chinin.«

Alle lachten, während die Geheimrätin zu Seiner Exzellenz, der gerade eintrat, sagte: »Guten Abend, alte Exzellenz, wie geht es mit Ihren Steinschmerzen?«

»Guten Abend, Augusta,« sagte er und schob die Brust vor, als werfe er eine Bürde von sich, »es tut wohl, einen Menschen zu sehen.«

»Aber Großpapa,« sagte die Mutter, »wofür rechnest du uns denn?«

»Offen gestanden,« sagte die Exzellenz, »ich weiß es nicht. Ihr gehört ja zur Familie.«

Der Diener meldete die Baronin und den Baron Rosenkrands, einen jungen Beamten im Ministerium des Äußern, einen Verwandten des Grafen Eck. Der Baron war mit seiner Gemahlin soeben aus Italien heimgekehrt, und Ihre Gnaden fragte die Baronin, die in Gelb und ausgeschnitten erschien, nach bekannten Gegenden und Städten, während die Baronin sagte, daß sie von allen Orten Florenz den Vorzug gebe.

»Uf, nein,« sagte sie, »Rom kann ich nicht ausstehn. Man fühlt sich so winzig, mitten in all dem.«

Seine Exzellenz sagte:

»Wie groß willst du sein?«

»Lieber Onkel Hvide, man mag doch am liebsten das Gefühl haben, als sei man von gewöhnlicher Größe.«

»Ich liebe nun Rom,« sagte die Geheimrätin mit ihrer tiefen Stimme, »ich liebe es, da unten umherzugehn und zu stöbern. Man lernt so gut einsehen, daß die von früher mindestens ebenso klug waren wie wir. Ja, Rom und meine Berge, die darf mir keiner schlecht machen. Aber,« sagte sie und versetzte dem Pudel einen kleinen Schlag, »Rom ist für die, die angefangen haben, den Schnabel nach unten zu kehren. Werde alt, Lydia, so wirst du schon dein Rom verstehen.«

Ihre Gnaden fand, nichts sei so schön wie die Messe im Vatikan.

Drüben an den Fenstern sagte Baron Rosenkrands, während die Marschallin eintrat, zu dem Jägermeister, es sei wunderbar schön in Neapel.

»Ja, es ist so lange her, daß ich da war,« sagte der Jägermeister und entfernte sich, um ins Speisezimmer zu gehen, wo er sich von dem schlanken Diener hastig ein Glas Madeira einschenken ließ, als die Tür zum Flur aufging und der junge Fritz eintrat.

»Bist du es,« sagte der Jägermeister und setzte das Glas hin.

»Ja, Papa,« sagte der junge Mann, der die Augen nicht von dem leeren Glase ließ.

»Warum gehst du nicht hinein?« sagte der Jägermeister.

»Ich gehe, Papa,« sagte der junge Mann und ging nicht, bis der Jägermeister vorangegangen war.

Der schlanke Diener hatte die blanken Augen zu seinem Herrn erhoben.

Alle im Wohnzimmer hatten die Marschallin begrüßt, während der Vater anfing, mit der Tischordnung umherzugehn, und es entstand ein erneuter Aufruhr, als Graf Eck eintrat, in Begleitung von Professor Berger.

»Guten Abend, Adam,« sagte Seine Exzellenz und ging dem Grafen Adam mit einem Handschlag entgegen, »nett, daß du gekommen bist.

Wie geht es mit der Gicht?«

»Sie ist ja nicht so schlimm, daß ich nicht reisen könnte,« sagte Graf Eck, der die kleine, zierliche Figur vor Ihrer Gnaden verneigte.

»Ich bin immer traurig, wenn Eck fortreist,« sagte die Geheimrätin mit ihrem Baß.

»Sehr liebenswürdig, Augusta.«

»Wir sind sowieso so wenige Menschen hier im Lande,« sagte sie.

»Zwei Millionen, Tante,« sagte Baron Rosenkrands.

»Was für welche?« sagte die Geheimrätin, während der Baron und die Mutter anfingen zu lachen, und die Marschallin, deren über den Boden schleifende Wiener Robe von der Baronin gemustert wurde, ging zu Professor Berger hin und wandte ihr Gesicht einem Leuchter zu.

»Was hat denn die Zeit aus Ihnen gemacht?« sagte sie.

»Ja, was?« sagte der Professor, ein Jugendfreund der Marschallin von der Zeit her, als er Amanuensis bei Seiner Exzellenz war.

»Hm,« sagte die Marschallin und ließ seine Schulter los, »Sie sehen aus, Berger, als seien Sie traurig aus Überzeugung ... was sagst du, Onkel Hvide?«

Seine Exzellenz, der unablässig seine Augen auf Ihre Gnaden gerichtet hatte, die sehr aufrecht mit den Silberblumen im Haar in ihrem Sessel saß, sagte:

»Er sieht aus, wie ein Mensch aussehen muß;« und Seine Exzellenz wandte sich zum Vater:

»Wollen wir essen?«

»Ja, wir warten nur auf Schulins,« sagte der Vater, als Schulins gerade kamen und die Gräfin sofort in der Tür sagte:

»Liebe Freunde, entschuldigen Sie, daß wir so spät kommen. Aber wir sind bei Brahes vorbeigefahren.«

Und zwei, drei Münder fragten zugleich nach Baronesse Emmely, während die Geheimrätin, alle andern übertäubend, zu Seiner Exzellenz hinüberrief:

»Ja, wie geht's ihr, alte Exzellenz?«

»Es ist noch nicht nach mir geschickt worden,« sagte Seine Exzellenz und sprach, während alle einen Moment schwiegen, ungefähr so laut, als hätte ein Glas geklirrt, bis die Marschallin ein paar Worte ins Leere sagte und Seine Exzellenz in die Hände schlug, da die Türen geöffnet wurden.

»Wollen wir nun zu Tisch gehen,« sagte er und führte, wie es bei Hvides Sitte war, die Mutter ins Speisezimmer.

Alle standen auf, während die Herren ihre Damen suchten, und die Geheimrätin sagte zu Graf Eck:

»Wir beide, Adam;« und überlieferte dem jungen Herrn Fritz den Pudel, der im Speisezimmer auf einem Teppich untergebracht werden sollte.

Die Marschallin lachte dem kläffenden Vieh zu. Aber die Geheimrätin drehte sich nach der Baronin Rosenkrands um, die mit Professor Berger hinter ihr herging, und sagte, indem sie den Ausschnitt der Baronin betrachtete:

»Was du zeigst, ist niedlich, Lydia. Aber ich hoffe, du packst dich gut ein, wenn du nach Hause fährst.«

Graf Eck und der Professor lachten, während alle ins Speisezimmer kamen – Ihre Gnaden mit dem Jägermeister als letztes Paar –, und es wurde mit den Stühlen geschartt um den breiten Tisch herum, bis Ihre Gnaden Platz genommen hatte und alle sich setzten, während Georg die Suppe herumreichte und der schlanke Diener sich hinter der Mutter verneigte:

»Sherry oder Madeira?«

»Ach, die alten, schönen Sachen,« sagte die Marschallin und sah über den Tisch hin, während sie ein Glas von dem mit Aufsätzen besäten Tisch nahm und es im Licht glänzen ließ.

»Wie gut man sie kennt,« sagte sie.

»Ja, sie sind schön,« sagte die Geheimrätin.

Alle sprachen von den Gläsern.

»Ja,« sagte die Mutter zu Graf Schulin, der links von ihr saß, »sie wurden vom Großvater meines Schwiegervaters gekauft ... sie sollen sich von der Regentschaft herschreiben ...«

Die Marschallin, die noch immer mit dem Glase in der Hand dasaß, sagte zur Exzellenz hinüber:

»Ich entsinne mich der Gläser noch aus meiner Kindheit, Onkel Hvide.«

Seine Exzellenz, der wohl ihre Worte nicht gehört hatte, sagte:

»Ja, sie sind noch hier;« während plötzlich ein Zucken über das Gesicht des Jägermeisters ging und der schlanke Diener, der jetzt hinter dem Stuhl des jungen Fritz Hvide stand, die blanken Augen zum Gesicht seines Herrn aufschlug:

»Sherry oder Madeira?«

»Und nur meine Lieblingsblumen auf dem Tisch,« sagte Graf Eck und neigte den kleinen, vornehmen Kopf vor Ihrer Gnaden.

Er hatte eine der tausend Stiefmütterchen vom Tisch im Knopfloch befestigt, in dem die Rosette fehlte. Er trug wie seine Exzellenz nur das Großkreuz.

Ihre Gnaden sagte: »Hvide denkt plötzlich immer an all diese Dinge.«

»Ja,« sagte Graf Eck, »das ist eins von seinen Talenten.«

Seine Exzellenz, der es gehört hatte wie alles, wovon Ihre Gnaden sprach, sagte:

»Ein Talent? ... Der Tag ist lang, guter Adam; derlei Dinge sitzen irgendwo und melden sich, wenn es Zeit ist.«

»Ob sie nicht im Herzen sitzen, Großpapa?« sagte die Mutter, die sich ein Bukett von den Stiefmütterchen, die auf dem Tuch verstreut lagen, gesammelt und an ihrer Brust befestigt hatte.

»Davon bin ich nicht überzeugt,« antwortete Seine Exzellenz.

»Es ist eine traurige Blume,« sagte Graf Schulin und betrachtete das Brustbukett der Mutter. Die Mutter schwieg einen Augenblick und strich mit der Hand über die Stiefmütterchen.

»Das ist für die Erinnerung, Schulin,« sagte sie, etwas leiser; »wissen Sie nicht, Ophelia sagt es.«

Der Graf nahm einen Mundvoll Fisch.

»So?« sagte er, »es ist so lange her, seit das Stück gespielt wurde.«

»Gott sei Dank,« sagte Seine Exzellenz, »all die Verstümmelungen der Gaukler müßten verboten werden.«

Oben am Tischende Seiner Exzellenz lachte man, während die Mutter sagte:

»Großpapas Haß gegen das Theater ist ohnegleichen.«

Die Geheimrätin sagte:

»Er hat recht. Man hätte niemals Blaataarn niederreißen sollen.«

Aber die Exzellenz sagte:

»Mögen sie mit den übrigen Affen ihre Affereien treiben, soviel sie wollen. Aber von den großen Gedanken sollten sie lieber die Finger lassen und sie nicht mit ihren dicken, dummen Zungen verfälschen. Hätte ein einziger von ihnen Hamlet verstanden, er würde nie wagen, ihn zu spielen, aus Furcht vor den faulen Äpfeln. Goethe war klüger. Er schrieb seine Schauspiele so, daß keiner sie spielen mag.«

»Aber liest sie jemand?« fragte Graf Eck.

»Ja, Adam,« sagte die Exzellenz, »seine Anverwandten, und die werden nicht so schnell aussterben.«

Die Gräfin sagte, sie habe einmal während eines Aufenthaltes in London Booth gesehen; und die Baronin Rosenkrands, der die Konversation ziemliche Mühe machte, griff das Wort London auf, um Professor Berger wieder von ihrer Reise zu erzählen.

Die Baronin blieb dabei stehen, daß Rom wirklich zuviel sei.

»Was ist zuviel?« sagte der Professor und lächelte.

»Uh ja,« sagte die Baronin, während das Reden über Reisen plötzlich weitere Kreise zog und man ringsumher über halb Europa sprach, »so wie Michelangelo ... – Das ist doch zuviel ... Und dann sind's ein paar Verrenkungen,« schloß die Baronin ihre Ansichten über Michelangelo.

»Verrenkungen,« sagte plötzlich Seine Exzellenz, »das ist richtig, Lydia. Das wollte der Mann. Er kannte die Ketten der Menschen und wußte, wo sie geknüpft waren.«

Das Gesicht Ihrer Gnaden wurde bei den Worten Seiner Exzellenz steif wie eine Maske; doch sie bog hastig den Kopf nieder und sagte – am Tischende Ihrer Gnaden war aus dem Gespräch über Reisen eine Konversation über den Katholizismus geworden –:

»Ich finde doch immer, die Katholiken können ihr Haupt so ruhig hinlegen.«

Professor Berger hob den Kopf von seinem Teller.

»Wenn sie sich erst zum Hinlegen gezwungen haben. Eure Gnaden,« sagte er.

»Man erzieht sie vielleicht dazu, Professor,« sagte Graf Eck.

Gräfin Schulin ging vom Katholizismus zu ihrem eigenen Gutspfarrer über, der neu im Amte war.

»Denken Sie,« sagte die Gräfin, »er ist einer von denen, die mit der Pfeife im Munde und im Schlapphut zur Kirche kommen. Ich höre ihn natürlich nie,« sagte sie, »aber jetzt entgehen wir wohl auch der Volkshochschule und dergleichen Dingen nicht.«

Allgemein begann man vom Grundtvigianismus zu reden.

»Na,« sagte die Geheimrätin, »die Grundtvigianer sind nicht die schlimmsten. Sie singen so lange, bis sie starke Lungen bekommen. Diese Leute wagen es, hol's der Teufel, ihrem Herrgott in die Augen zu sehen.«

Die Marschallin ließ die Hände auf den Tisch sinken und sagte:

»Tante Augusta flucht noch immer.«

»Ja, mein Kind,« sagte die Geheimrätin, »und das werde ich tun, solange ich lebe.«

Seine Exzellenz, der aus seinem Glase Wasser trank, sagte im Gedanken an den Grundtvigianismus:

»Ja, mein Herr Halbvetter war verrückt, aber er hatte seine lichten Augenblicke: er machte die ›Sünde‹ zur Freude und die Freude zu einem Sakrament. Er ließ den Himmel die Erde überspannen – und das ist schwierig.«

Der Jägermeister, der über seine geleerten Gläser wegsah, sagte halblaut:

»Papa wird schließlich der einzige Kluge im Lande sein.«

Die Geheimrätin; die die Konversation über Reisen wiederaufnahm, sprach von den Karpathen und sagte zu Frau Harriette:

»Du bist wohl auch da gewesen?«

»Nein, Tante Augusta, ich habe nicht die Beine dafür;« während Gräfin Schulin lachend sagte:

»Mit der Geheimrätin haben sich zehn Gesellschaftsdamen die Seele aus dem Leibe gelaufen. Und was wollen Sie eigentlich da oben, Geheimrätin?«

Das Gesicht der Geheimrätin änderte den Ausdruck, und sie sagte:

»Kommt man ein bißchen hoch hinauf, so ist man allein, Beste. Und die Welt, die bekommt auch ein andres Gesicht.«

»Was für eins?« fragte die Marschallin über den Tisch herüber.

»Ein größeres.«

Und vielleicht, um sich selbst zu unterbrechen, sagte die Geheimrätin plötzlich zu dem jungen Fritz Hvide:

»Ach, Fritz, willst du für das Tier sorgen. Es ist Zeit, daß es seine Arznei bekommt.«

Herr Fritz erhob sich, und während alle lachten, goß er ein Viertel von einem Glase Portwein auf eine Untertasse und setzte sie dem Vieh vor, das auf einem Teppich vor dem Ofen plaziert war.

»Ein Viertel, ein Viertel,« rief die Geheimrätin, und während alle noch lachten, sagte sie:

»Aber man hat es doch hübsch, so unter Freunden.«

»Ja,« sagte die Marschallin und sah im Fluge den Vater an, dessen Augen vor Festesglanz und Licht leuchteten.

»Auf die Zeiten, die gewesen sind,« sagte sie und stieß plötzlich mit dem Vater an, während ihr Gesicht einen Augenblick so bleich wurde wie die Perlen an ihrem Halse.

»Freunde,« sagte die Exzellenz, »glaubst du das wirklich, Augusta?«

»Ja.«

Seine Exzellenz lachte, aber Graf Eck sagte mit seiner sanftmütigen Stimme:

»Bevor wir angefangen haben zu leben, und wenn wir einmal damit aufgehört haben, dann, glaube ich, haben wir Zeit, Freunde zu haben.«

»Glückliche Leute können Freunde haben,« sagte Ihre Gnaden, die vor sich hinstarrte.

»Und die unglücklichen?«

»Haben ihre Leiden,« sagte Ihre Gnaden und senkte den Kopf, während der Jägermeister sie ansah.

»Mama,« sagte er ganz leise und stieß mit ihr an.

»Ich,« sagte die Exzellenz, »Adam, habe von den Pferden, die an derselben Last ziehen, gehört, daß sie zuzeiten einander belecken. Andere Freundschaft habe ich nie gesehn.«

Graf Schulin fing an zu lachen, daß seine Serviette zitterte, während die Geheimrätin sagte: »Ja, Sie sind unmöglich, alte Exzellenz,« und der Vater der auch lachte, sagte:

»Man sollte nicht glauben, daß Papa nur Wasser trinkt.«

»Gerade,« sagte Seine Exzellenz und führte das mächtige Kristallglas mit dem mecklenburgischen Wappen und der alten wendischen Krone, ein Andenken von Ihrer Königlichen Hoheit der Prinzessin Mariane, zum Munde, »darum bin ich nüchtern.«

Und indem er den Blick den Tisch hinabschweifen ließ, sagte er:

»Der Jägermeister trinkt für mich.«

In der Stille, die eine halbe Minute lang folgte, hörte man, während das Gesicht Ihrer Gnaden graubleich geworden war, den Baron Rosenkrands, der vom türkischen Kriege sprach, sagen:

»Ja, Onkel Eck, es ist Tatsache, der Sultan wollte neulich wirklich reisen, aber er blieb, da alle Haremsdamen zu schreien anfingen.«

Ihre Gnaden hatte unter dem Tisch die Hand des Jägermeisters ergriffen, die heiß war wie Feuer, während die Baronin Rosenkrands, die die Brust über den Tisch vorschob, sagte:

»Gott, es muß doch eine fürchterliche Eifersucht in so einem Harem herrschen.«

»Die dummen Frauenzimmer,« sagte die Geheimrätin.

Der Diener schenkte Champagner ein, und auf einmal fingen sie alle an, über Eifersucht zu reden und über eine Kusine der Baronin Rosenkrands, die vor acht Tagen ihrem Mann fortgelaufen war.

»Aber warum ist sie davongelaufen?« sagte Frau Schulin und legte ihren Fächer auf den Tisch. Die Baronin wußte es nicht, und jeder gab seinen Grund hinzu.

»Ich meine,« sagte die Geheimrätin, »es ist ganz einfach. Ich könnte mir auch nichts Fürchterlicheres denken, Lydia, als von einem Manne geliebt zu werden, den ich nicht liebte.«

Gräfin Schulin brach in ein schallendes Lachen aus, während auf den Wangen Ihrer Gnaden zwei rote Flecke zum Vorschein kamen und die Mutter halbleise zu Seiner Exzellenz sagte:

»Bist du müde?«

Aber die Marschallin rief, während alle durcheinanderredeten, durch den Lärm hinein der Mutter zu:

»Stella, bist du nie eifersüchtig gewesen?«

»Eifersüchtig?« sagte die Mutter: »Nein. Um eifersüchtig zu sein, meine ich, müßte man sich mit den andern vergleichen.«

Die Marschallin lachte wieder:

»Und das ist dir nie eingefallen?«

Ein Lächeln glitt über das Gesicht der Mutter.

»Nein, nie,« sagte sie.

Die Marschallin sah noch einen Augenblick in das schöne Gesicht der Mutter. Dann sagte sie zu dem Vater:

»Stella ist wunderbar.«

»Ja,« sagte der Vater, während seine Mundwinkel ein ganz klein wenig zitterten.

Seine Exzellenz hatte sich wieder in seinem Stuhl aufgerichtet und hatte die Mutter betrachtet, als er plötzlich leise oder eher stöhnend, mit einer Stimme, die sie nicht kannte, und mit einem Blick in den Augen, den sie noch nie gesehen hatte, sagte:

»Du bist also doch glücklich?«

»Großpapa,« sagte sie und fand nicht mehr Worte, während sie ihm in die Augen starrte – es war, als hätte ihr ein einziger Blitz tausend Dinge erhellt.

Ihre Hände sanken auf den Tisch. Doch Seine Exzellenz hatte sein Gesicht abgewandt. Rings am Tisch lachten und schwatzten sie, während die Marschallin, die im Gespräch zurückgriff, zu dem Vater sagte:

»Ich bin übrigens im Harem gewesen.«

»Ich auch,« sagte die Geheimrätin und entfaltete einen großen Fächer vor ihrem wettergebräunten Gesicht, »es war nicht viel daran.«

Graf Eck war nur einmal beim Sultan gewesen in den Jahren, als er sich in Athen aufhielt, um dem jungen König zur Seite zu sein.

Ihre Gnaden, die Georg einen Befehl erteilt hatte, drehte wieder den Kopf über dem Sammetbande mit Brillanten, das ihr Kleid einfaßte, und sagte:

»Ja, als Frau Jerichau mich malte, erzählte sie mir viel von Konstantinopel.«

In einer seltsamen Gedankenverbindung – vielleicht zwischen den Damen des Serails und Schmucksachen – fing die Marschallin auf einmal an, von der Etatsrätin und ihrem Dauphin zu erzählen, während sie sich vor Lachen auf dem Stuhl zurückwarf.

»Mouritzen hat die Papiere,« sagte sie und ahmte den Tonfall der Etatsrätin nach, »aber wir haben es aus Frankfurt.«

Die Mutter und Frau Schulin lachten mit, während die Geheimrätin sagte:

»Ich glaube wirklich, daß diese Rothschilds einen Hinterladen mit derlei Sachen haben.«

»Ja, natürlich haben sie ein Leihamt,« sagte Baron Rosenkrands. »Und es herrscht ja auch Not in vielen alten Familien.«

Die Augen der Marschallin streiften unwillkürlich das Brillantband um den Hals Ihrer Gnaden, während der Vater sich ein wenig hastig auf ihre Schulter niederbeugte und sagte:

»Wie herrlich die Perlen sind, Harriette.«

»Ja,« sagte die Marschallin und nahm das Kollier auf, »es ist auch historisch. Es soll der Madame Dubarry gehört haben.«

Gräfin Schulin war auf die fortgelaufene Kusine der Frau Rosenkrands zurückgekommen und schloß ihre Bemerkungen mit den Worten:

»Ach Gott, ja, es ist gut, daß man seine Kinder hat. Nicht wahr, Tante Hvide?« sagte sie und nickte Ihrer Gnaden zu, die über ihrer leuchtenden Halsschnur lächelte.

»Ja, sagte Frau Rosenkrands und trocknete den kleinen Kirschmund mit der Serviette, »es mag schon sein, daß nicht viel am Leben ist.«

»Herrje, Baronin,« sagte die Marschallin und lachte, und indem sie sich plötzlich an den Grafen von Eck wandte, sagte sie:

»Ja, Graf Eck, was hält nun eigentlich so ein kluger alter Mann wie Sie vom Leben?«

Graf Eck senkte den kleinen, vornehmen Kopf.

»Ich interessiere mich ... nicht so sehr für das Leben,« sagte er.

»Aber trotzdem?«

Der alte Diplomat, der immer sehr langsam sprach, sagte und lächelte halb:

»Ich seh es in der Hauptsache für Schatten an ... Schatten auf einem aufgehängten Laken.«

Die Marschallin, die die Stirn gerunzelt hatte, sagte:

»Aber, Eck, wer dirigiert sie denn, die Schatten auf dem Laken?«

Seine Exzellenz hatte die Hand nach dem schlanken Diener ausgestreckt.

»Ein Glas,« sagte er.

Seine Exzellenz bekam ein Glas Champagner und leerte es in einem Zug.

»Wird nicht alles Schattenspiel,« sagte er, »von einem ausgestreckten Finger dirigiert?«

Während die Geheimrätin lachte, hörte man Professor Berger in die Stille hinein sagen – die Herren hatten rote Köpfe bekommen –:

»Das Hauptziel bleibt wohl immer, die Schmerzen der Patienten zu lindern.«

Die Mutter, die ein paar Minuten lang nicht gesprochen hatte, fuhr bei den Worten Seiner Exzellenz zusammen und hörte den Grafen Schulin, der sich hauptsächlich mit dem Seidenvieh am Ofen beschäftigte, sagen:

»Das Tier ist wahrhaftig betrunken.«

Die Mutter lächelte und sagte:

»Das Tier ist klug.«

»Ja, wahrhaftig,« sagte Schulin und leerte selbst ein Glas zum Rehziemer.

Die Marschallin, die immer noch mit Graf Eck sprach, fragte ihn über eine leitende politische Persönlichkeit, einen Volksführer, aus.

»Man versteht die Dinge nie richtig,« sagte sie, »wenn man so jahrelang im Ausland sitzt. Aber,« sagte sie in bezug auf den Volksführer, »meinen Sie denn wirklich, daß er selber an seine eigenen Worte glaubt?«

»Zuweilen. Und,« fuhr Herr Eck fort, »er glaubt immer daran, daß er der Mittelpunkt der Welt ist.«

»Beneide ihn drum,« rief Seine Exzellenz, »den Glauben darf niemand verlieren.«

Und leiser, daß nur die Mutter und die Geheimrätin ihn hörten, sagte er:

»An dem Tag, wo man den verliert, beginnt der Sandflug...«

»Der Sandflug, Großpapa?«

»Ja, der Sandflug durch die Wüste. Und,« die Stimme Seiner Exzellenz klang leise wie vorher, und einen Augenblick sahen seine Augen aus, als werde er von einem unmäßigen und bis auf den Grund gehenden Schmerz übermannt –, »wer, glaubst du wohl, Mädel, bedeutet mehr als das Sandkorn in der heißen Wolke?«

»Wovon sprecht ihr?« sagte er plötzlich wieder laut zu Eck und der Marschallin.

»Von Politik,« sagte die Marschallin.

»Politik,« sagte Seine Exzellenz, der seine Gestalt wieder aufgerichtet hatte und mit den Händen gegen den Tisch gestützt dasaß, »hierzulande haben wir keine Politik. Politik bedeutet Handeln, und einer, der hierzulande handeln wollte, würde gleich mit der Stirn gegen die Rednerstühle rennen. Und« – Seine Exzellenz lachte – »wer es wagen wollte, die Rednerstühle niederzuhauen, würde geköpft werden. Von wem hat Anders Sandöe Dank erfahren, oder von wem Bluhme? Der Bischof von Ny Seeland verstand es, ihnen um den Bart zu gehen und sie zum Danewerk zu führen.«

Die Geheimrätin fing an, ihr Männerlachen zu lachen. Hans Christian Örsted fiel ihr ein, und sie lachte immer noch.

»Wie der Mann auf seinen Beinen ging,« sagte sie.

Seine Exzellenz saß eine Weile, bis er sagte:

»Ja, er war Anders Sandöes Bruder. Und doch rollte unter Hans Christians Fingern der Ariadnefaden auf.«

»Der Ariadnefaden?« sagte die Marschallin von unten her.

»Ja,« sagte Seine Exzellenz, »von dem Tage an kann man, wenn man mag, sich zu dem hintappen, was Leben ist, und wo das Leben sitzt.«

Sie hörten alle zu, während Graf Eck aus einer Ideenverbindung heraus sagte:

»Das Interessanteste, was mir je passiert ist, war, Charles Darwin in London zu sehen.«

Seine Exzellenz sagte:

»Was er glaubt, haben all die Großen geglaubt. Der Mann, der kopfüber in den Ätna hineinsprang, war der erste, der verstand, und er wußte, daß er verstanden hatte.«

Die Marschallin, die den Philosophen vom Ätna nicht kannte und immer noch in ihre eigene Stimmung vertieft dasaß, hob die Augen und sah sich unwillkürlich im Zimmer um.

»Ja,« sagte sie, »wie viele Männer doch eigentlich in diesen Zimmern aus- und eingegangen sind.«

»Ja,« sagte Seine Exzellenz und maß selbst den Raum mit langem Blick, »viele. Und was ist übrig geblieben von ihnen? Die Stakete um ihre Gräber.«

Einen Augenblick war es still im Zimmer. Dann sagte Graf von Eck:

»Und die Telegraphenpfähle über der Erde.«

»Ja,« sagte Seine Exzellenz, »zur Vermehrung der menschlichen Lügen.«

Seine Exzellenz nahm einen Löffel Eis vom Teller der Mutter.

Das Gespräch stockte beinahe ganz, und die Gräfin Schulin beugte sich zu Professor Berger hinab, der beim Essen seine sehr vornehmen Hände fast frauenhaft bewegte.

»Was ist nur mit Onkel Hvide passiert?« sagte sie, »ich habe die ganze Zeit das Gefühl, als ob der Boden schaukle.«

»Wie meinen Frau Gräfin?« fragte der Professor, der entweder nicht verstanden hatte oder nicht hatte verstehen wollen.

»Nichts!« und Frau Schulin schlug ihren Fächer auseinander, »es ist so warm hier.«

Fast zugleich begannen sie und die Marschallin und die Mutter wieder zu sprechen, während alle einfielen, und sie sprachen von den Gütern und dem Hof und von Ihrer Majestät der Königinwitwe, die leider krank war.

»Sie hat Magenschmerzen,« sagte Seine Exzellenz.

Während alle weitersprachen, sagte Graf Eck, der lange dagesessen und den jungen Mann betrachtet hatte, plötzlich zu Herrn Fritz Hvide hinüber:

»Woran denken eigentlich Sie?«

Der junge Mann hob das blasse Gesicht.

»Herr Graf richten eine Gewissensfrage an mich,« sagte er.

»Die Sie nicht beantworten,« sagte lachend der Graf.

Der junge Mann antwortete nicht weiter, sondern senkte nur den Kopf.

Der schlanke Diener brachte auf einem Kristalltablett vierzehn sehr kleine, gravierte Gläser herein, die er mit einer Verbeugung als erstem dem Grafen Eck präsentierte.

»Das ist der Tokaier,« sagte Graf Eck, der ein Glas ergriffen hatte.

»Ja,« sagte Seine Exzellenz.

Es war ein uralter Wein, von dem achtzehn Flaschen im Besitz des Hauses gewesen waren, ein Geschenk eines verstorbenen Prinzen von Philippsthal.

»War das die letzte Flasche?« fragte Seine Exzellenz, zu Georg gewendet.

»Ja, Exzellenz, die letzte,« antwortete Georg, sich verneigend.

Alle betrachteten den Wein und hielten die Gläser hoch, in denen das eingravierte Hvidesche Wappen leuchtete.

Die Mutter saß und starrte auf ihr Glas:

»Wie wenige eigentlich jemals den Wein geschmeckt haben.«

»Ja,« sagte Seine Exzellenz, »die wenigsten.«

Die kleine Baronin, die auch dasaß und ihr erhobenes Glas betrachtete, sagte:

»Er ist wie Blut.«

»Wie Feuer und Blut, mein Kind,« sagte Seine Exzellenz und stieß mit der Geheimrätin an, die Wein sehr liebte und die in all den Jahren mit dabei gewesen war, zu allen achtzehn Flaschen.

»Ja,« sagte die Baronin.

Und mit dem Glase an den Lippen sagte sie halblaut zu ihrem Manne hinüber:

»Du.«

»Dja,« sagte der Mann – Dja war sein Kosename für Lydia –, und sie tranken und sahen sich dabei tief in die Augen.

In demselben Moment hatte die Mutter sich vorgebeugt, als ob sie mit jemandem anstoßen wollte. Doch hastig setzte sie das Glas wieder auf den Tisch und wandte den Kopf fort.

Der junge Hvide hatte den Wein nicht angerührt. Stumm starrte er auf sein Glas, dessen Wappenschild blutbesprengt schien auf dem Grunde des Weins.

»Prosit, Hans,« sagte die Marschallin und trank dem Jägermeister unten am Tisch zu.

»Prosit,« antwortete er. Und um etwas zu sagen, sagte die Marschallin:

»Ich muß doch auch einmal sehen, daß ich nach Thorsholm komme.«

Der Jägermeister antwortete und sah auf:

»Dann mußt du dich sputen. Eh das Dach einstürzt.«

»Wie du doch sprichst, Hans,« sagte Ihre Gnaden.

»Ich spreche die Wahrheit,« sagte der Jägermeister, während Seine Exzellenz aufgestanden war, das erhobene Glas in der Hand.

»Dein Wohl,« sagte er, zu Ihrer Gnaden gewendet, und während alle sich erhoben, leerten sie den letzten Tropfen des roten Weins auf das Wohl Ihrer Gnaden.

Georg schlug die Türen zurück, und alle gingen hinein, Ihre Gnaden voran am Arm des Jägermeisters.

Als die Tür wieder geschlossen war, war der schlanke Diener allein.

Er sah sich auf dem Tisch um, und sein Auge fiel auf das unberührte Glas des jungen Hvide. Der junge Mann leerte es hastig, ehe Georg zurückkehrte.

»Den Kaffee,« sagte Georg.

Der Schlanke antwortete ihm nicht, sondern ging, um den Kaffee zu holen.

Als Georg allein war, machte er sich selbst daran, die Reste alle durcheinander zu leeren.

Der Kaffee war getrunken, und der Spieltisch war in dem mittleren Wohnraum aufgeschlagen, wo Seine Exzellenz sich zusammen mit Graf Eck, Schulin und dem Professor zum Spiel niederließ.

»Nun werd' ich mein Schläfchen halten, mein Kind,« sagte die Geheimrätin, die, wo sie auch sein mochte, immer nach dem Kaffee eine Viertelstunde schlief.

»Ja, Tante Auguste,« sagte die Baronin und erhob sich vom Sofa, wo die Geheimrätin ein Taschentuch über ihr breites Gesicht legte und eine Minute darauf eingeschlafen war.

Die Marschallin, die mit der Mutter drüben in der andern Ecke saß, fing an zu lachen. »Tante Augusta hat immer den Schlaf der Gerechten gehabt,« sagte sie.

»Ja,« sagte die Mutter.

Ihre Gnaden und die Gräfin Schulin sprachen mitten im Zimmer von Wohnungen, die wirklich schwer zu bekommen seien.

»Aber Hvide will ja nicht umziehen,« sagte Ihre Gnaden.

Das Gespräch stockte hier und da, und aus dem andern Zimmer hörte man die Karten fallen.

Die Mutter hob den Kopf ein wenig und sagte:

»Wie seltsam dieser Tag für dich gewesen sein muß, Harriette.«

»Wieso?« sagte die Marschallin und drehte ihr das Gesicht zu.

»Uns alle wiederzusehen … nach einer so langen Zeit.«

»Ja,« sagte die Marschallin, »nach fast zwanzig Jahren. Und,« fügte sie hinzu, »ich reise bald wieder.«

»Du reist?« sagte die Mutter.

»Ja,« sagte Frau Harriette, und ihre Stimme zitterte seltsam, »nun hab ich euch ja gesehen.«

Die Mutter antwortete nicht, und wieder hörten sie die Karten fallen. Dann sagte die Mutter, als sähe sie nach etwas hin, was unendlich weit fort war:

»Du reistest damals gerade vor meiner Hochzeit.«

Die Marschallin hatte über ihrem Knie die Hände gefaltet.

»Ja,« sagte sie, »es war gerade vor deiner Hochzeit.«

Und nachdem es einen Augenblick still gewesen war, setzte sie hinzu:

»Alle können wir ja nicht im Lande bleiben.«

Der Vater trat zu ihnen:

»Wovon sprecht ihr zwei?«

»Wir sprachen von diesem und dachten an jenes,« antwortete die Marschallin.

»Woran denn?«

Alle drei Gesichter sah man zusammen im Schein der Stehlampe.

»Ach,« sagte Frau Harriette, »ich wenigstens saß und dachte an das Glück und an den Lauf des Lebens.«

Der Vater antwortete nicht. Doch die Marschallin sagte:

»Ich bin zu der tiefen Überzeugung gekommen, daß alle Aufopferung unnütz ist.«

Gräfin Schulin hatte sich drüben in einer Fensternische bei der Baronin Rosenkrands niedergelassen.

»Es muß doch,« sagte sie, »seltsam für Harriette sein, nach Hause gekommen zu sein und nun alles dies zu sehn.«

»Wieso alles dies?«

»Nun,« sagte die Gräfin, und nach einer Weile fuhr sie fort wie jemand, der an etwas denkt, was sehr weit zurückliegt:

»Harriette hatte doch wohl immer Fritz geliebt. Sie haben sich ja von Kind auf gekannt. Aber dann verliebte Fritz sich ja in Stella – und dann reiste Harriette zu der Tante in Wien und heiratete den Marschall.«

Gräfin Schulin schwieg einen Augenblick.

»Und jetzt kommt sie zurück und sieht, wie alles geworden ist.«

»Wie ist es denn geworden?« sagte die Baronin, die, ohne zu verstehen, den Oberkörper ganz vorgebeugt hatte.

»Ach,« sagte Gräfin Schulin und strich sich mit der einen Hand über die Augen, »Sie sind ein Kind. Aber,« sagte sie und betrachtete einen Augenblick Schulin, der drinnen beim Spiel saß, breit und stark, wie jemand, der nichts von seinem guten Appetit die Jahre hindurch eingebüßt hat, »Sie werden noch viel vom Leben lernen.«

Die Baronin Rosenkrands schob den Kirschenmund vor.

»Ja, das werd ich wohl,« sagte sie und seufzte, ohne zu wissen, warum.

»Wollen wir fahren?« fragte sie den Baron, der hinzukam.

»Ja, mein Kind,« sagte der Baron; und der Baron und die Baronin Rosenkrands, die zu einer Gesellschaft beim englischen Gesandten geladen waren, gingen herum und verabschiedeten sich.

Georg kam vom Flur durch die Zimmer hereingestürzt, auf Seine Exzellenz zu.

»Exzellenz,« sagte er und sprach flüsternd weiter.

Seine Exzellenz hatte sich sofort erhoben.

»Ist der Wagen da?« rief er.

»Ja, Exzellenz.«

In beiden Zimmern hatten sich alle erhoben – mit Ausnahme Ihrer Gnaden.

»Was ist denn?« sagte die Geheimrätin, die aufgewacht war.

»Meinen Pelz,« sagte Seine Exzellenz und ging durch die Zimmer.

»Was ist denn?« fragte die Marschallin, das Gesicht der Exzellenz zugewandt.

»Ich muß zu Brahes;« und zum Vater gewandt, sagte er: »Nimm meine Karten.«

Seine Exzellenz ging hinaus.

An der Tür zur Treppe wartete der Brahesche Lakai, bleich, den Kopf über den breiten Kragen geneigt.

»Es eilt, Exzellenz,« sagte er.

»Ich weiß es,« sagte Seine Exzellenz und stieg ein.

»Vorwärts.«

Die Brahschen Pferde schlugen mit den Hufen Funken aus dem hartgefrorenen Schnee. Das Brahsche Tor wurde vor den dampfenden Tieren aufgerissen. Der Pförtner lief hinzu und wäre beinahe über das hinterste Rad des Wagens gestolpert, während seine Frau auf der Kellertreppe stand, an die Wand gelehnt, die Schürze über den Kopf gezogen, und weinte, daß es im Portal widerhallte.

»Es ist die höchste Zeit, Exzellenz, es ist die höchste Zeit,« sagte sie.

»Ich weiß es,« sagte Seine Exzellenz wieder.

An der geöffneten Tür wartete der Kammerdiener.

»Guten Abend, Exzellenz,« sagte er, und seine Stimme zitterte. Er hatte zwanzig Jahre im Hause gedient.

»Nehmen Sie den Pelz,« sagte Seine Exzellenz.

Und er riß ihn sich selber vom Leibe, daß er wie ein schwerer Sack zu Boden fiel, ehe der Diener ihn nehmen konnte.

»Hängen Sie ihn auf,« sagte Seine Exzellenz.

Er öffnete die Tür, und Baron Brahe, der auf einem Stuhl saß, wandte das vom Weinen geschwollne Gesicht – er war's nicht gewohnt, zu weinen – der Exzellenz zu:

»Ich danke dir,« sagte er und erhob sich.

Die Baronin kam gelaufen und schlang ihre Arme um den Hals der Exzellenz.

»O, Onkel Hvide, o, Onkel Hvide,« schluchzte sie.

Seine Exzellenz löste ihren Arm von seinem Halse.

»Ihr holt mich spät,« sagte er.

Es war, als ob die barsche Bestimmtheit seine Gestalt ummeißelte zu der eines Riesen, »laßt mich sie sehen.«

»Ja,« sagte die Baronin und ging ihm voran, sich auf die Möbel stützend, durch die Zimmer, wo kein Mensch war. Einmal blieb sie stehen und lehnte sich an einen Stuhlrücken.

»Wie sie leidet,« sagte sie und wandte ihr Gesicht Seiner Exzellenz zu.

Er antwortete nicht.

Graf Preben saß im hintersten Wohnzimmer auf einem Stuhl, auf den er zufällig hingeraten war. Unablässig führte er die Rückseite seiner linken Hand zum Munde, als täten ihm seine Lippen weh.

»Onkel Hvide ist da,« sagte der Baron.

»So,« sagte Preben und erhob sich, ohne verstanden zu haben.

In den langen Gang hatten die beiden Schwestern zwei Lehnstühle gebracht, und darauf saßen sie vor Emmelys Türe, bang und zusammengekauert, ohne weinen zu können, während eine Kammerjungfer weiter hinten im Halbdunkel wie ein Schatten hin und her ging.

»Onkel Hvide ist da,« sagte der Baron wieder.

»Guten Abend, Kinder,« sagte Seine Exzellenz.

Der Baron ließ die Tür los, und nur Seine Exzellenz und die Baronin gingen ins Zimmer hinein, wo die Krankenpflegerin sich lautlos erhob.

Seine Exzellenz war vor dem Fußende von Emmelys Bett stehen geblieben. In dem matten Schein trat die Nase über den eingefallenen Wangen hervor, während man den keuchenden Laut der arbeitenden Brust vernahm.

»Nimm den Schirm ab,« sagte Seine Exzellenz.

Die Baronin streckte stöhnend die Hand nach der Lampe aus, aber sie brach zusammen.

»Wollen Sie so gut sein?« sagte sie.

Die Krankenpflegerin hob den Schirm ab, so daß das Licht über Emmelys Gesicht hinfloß, während Seine Exzellenz, ohne sich zu rühren, am Fußende des Bettes vor der jungen Sterbenden stehen blieb.

»Setzen Sie den Schirm auf,« sagte er und hatte sich nicht gerührt. Die Krankenpflegerin tat es. Es wurde von neuem dunkel. Es war, als erwache die Sterbende, und sie suchte die Hand von der Decke zu heben.

»Wer ist da?« flüsterte sie.

»Ich,« sagte Seine Exzellenz und faßte ihre Hand.

Fast ging ein Lächeln über ihr Gesicht, und sie versuchte zu nicken.

»Wo ist Preben?« flüsterte sie wieder, während sie die Augen wandte, die vielleicht kaum noch sehen konnten.

»Jetzt muß Preben kommen,« sagte Seine Exzellenz plötzlich sehr leise, und er ging.

Die Baronin hatte sich nicht erhoben.

Seine Exzellenz war in die Wohnräume gegangen, wo der Baron wartete.

Die beiden Schwestern waren ihm gefolgt, lautlos wie zwei Schatten.

»Gebt ihr Champagner,« sagte Seine Exzellenz, der mitten im Zimmer stand.

»Ja,« sagte der Baron.

»Sooft ihr könnt,« sagte Seine Exzellenz.

»Ja,« sagte der Baron.

Keiner rührte sich.

»Wo ist Preben?« fragte Seine Exzellenz.

Preben erhob sich von einem Stuhl.

»Gehn Sie hinein, lieber Preben; aber sitzen Sie still.«

Seine Exzellenz schwieg einen Augenblick, während Preben durch das Zimmer ging, unsicher wie einer, der getrunken hat.

»Gute Nacht, Kinder,« sagte Seine Exzellenz und sah einen Augenblick von Gesicht zu Gesicht, bevor er ging.

Der Baron war ihm gefolgt und konnte beinahe nicht gehen.

»Wie steht es?« sagte er, als sie zur Tür kamen.

Der starke Mann zitterte wie Laub.

»Es ist das Ende,« sagte Seine Exzellenz und hatte die Hand des Barons gepackt mit einem Griff, der weh tat.

Der Baron griff in die Luft, als die Exzellenz losließ.

»Gute Nacht,« sagte Seine Exzellenz wieder, und die Tür fiel zu.

»Vorwärts,« sagte er und stieg ein.

Und der Wagen fuhr fort.

In den Zimmern bei Hvides war kaum gesprochen worden, unablässig ging die Marschallin mit gekreuzten Armen auf und ab, während die vier Herren am Spieltisch schweigend spielten, ohne ein Wort, mechanisch, wie Figuren, die aufgezogen waren. Nur hier und da sagte die Mutter oder die Geheimrätin einen Satz ins Zimmer hinaus, und sie schwiegen wieder, so daß es wieder still wurde und nichts mehr zu hören war als das Fallen der Karten. Die Geheimrätin sagte:

»Warum sollten auch sie gerade glücklich werden?«

Gräfin Schulin hatte einen Schal umgenommen und saß da, als fröre sie.

»Das Leben ist so neidisch,« sagte die Geheimrätin wieder mit ihrer tiefen Stimme.

»Ja,« sagte die Marschallin und blieb plötzlich stehen.

Alle schwiegen wieder, bis die Marschallin sagte:

»Wie alt war sie eigentlich?«

»Zwanzig Jahre,« antwortete die Mutter von ihrem Platz her.

»Zwanzig Jahre,« wiederholte die Marschallin.

Und die Geheimrätin sagte aus ihrer Ecke zu ihnen hinüber:

»Ja, alles hier in der Welt ist blind – auch der Tod.«

Man hörte einen Wagen auf der Straße, und die Marschallin schob die Gardine beiseite. Aber es war nicht der, den sie erwartete.

»Wo ist Hans?« fragte Ihre Gnaden.

Der junge Hvide hob das Gesicht von einem Buch:

»Papa ist im Speisezimmer.«

»Hole ihn,« sagte Ihre Gnaden.

Doch der junge Hvide rührte sich nicht.

»Gehst du?« sagte Ihre Gnaden.

»Ja, Großmama.«

Der junge Hvide ging ins Speisezimmer hinein, wo er in der Fensternische den Jägermeister über ein Glas Kognak mit Wasser gebeugt fand.

»Großmama wünscht dich zu sprechen.«

»So?« Der Jägermeister versuchte aufzustehen.

»Stütz dich auf mich,« sagte der Sohn.

»Was soll ich?« sagte der Jägermeister, und seine trunknen Augen flammten auf.

»Du kannst nicht auf deinen Beinen stehn, Papa,« sagte der junge Hvide und ließ den Vater wie einen toten Klumpen in seinen Stuhl zurückfallen.

Als der Sohn gegangen war, stand der Jägermeister auf und taumelte durch das Zimmer. Draußen in dem langen Gange stieß er mit dem Ellbogen eine Tür auf und tastete sich zu einem Bett hin, auf das er sich niederwarf, um einen Augenblick darauf laut zu schnarchen. Es war das Bett Seiner Exzellenz.

Der junge Hvide war in das Wohnzimmer zurückgekehrt.

»Papa war gegangen,« sagte er und nahm seinen Platz wieder ein.

Die Marschallin ging noch immer im Zimmer hin und her, während alle warteten.

»Da ist er,« sagte sie und schob die Gardine abermals zur Seite.

»Ja,« sagte die Mutter und stand auf.

Der Wagen fuhr ein. Es wurde nicht gesprochen, bis Seine Exzellenz eintrat und die Geheimrätin sein Gesicht gesehen hatte.

»Es war also der Tod?« sagte sie.

Die vier Herren hatten aufgehört zu spielen.

Seine Exzellenz nickte, ohne zu sprechen.

»Leidet sie?« fragte die Marschallin mit einer Stimme, die man beinahe nicht hören konnte.

»Ich gebe ihnen Wein,« sagte Seine Exzellenz, und er trat an den Spieltisch.

»Wie hast du mit meinen Karten gespielt?« sagte er zu dem Vater, und Seine Exzellenz setzte sich, um den Robber zu Ende zu spielen.

Die Gäste waren aufgebrochen. In dem mittleren Wohnzimmer saß Ihre Gnaden und schlummerte in ihrem Stuhl. Die Brillantschnur leuchtete so seltsam an ihrem Halse in dem vielen Licht von den fast heruntergebrannten Kronleuchtern. Die Mutter und Seine Exzellenz saßen drinnen im Zimmer Seiner Exzellenz, wo es dunkel war.

»Bist du da, mein Kind?« sagte er.

»Ja, Großpapa.«

Der Schein der Straßenlaternen fiel ins Zimmer hinein und huschte über die Wände hin, wo die Bilder der Männer des Jahrhunderts in einem unsichern Licht auftauchten und wieder verschwanden. Die Mutter sagte, ins Dunkel hinein:

»Großpapa, du solltest die Praxis nicht behalten.«

Er drehte den Kopf.

»Warum nicht?« und plötzlich lachte er.

»Laß sie mich ruhig dafür bezahlen, daß ich ihnen ihre Totenscheine ausstelle,« sagte er.

Es war lange still, dann sagte die Mutter:

»Weißt du, Großpapa, wenn wir beide hier sitzen, dann ist mir, als säßen wir und hätten ein und dasselbe vor Augen.«

»Was?«

»Ein Wrack.«

Er antwortete nicht, und wieder war es eine Weile still.

Dann sagte Seine Exzellenz:

»Sitzt sie noch drüben?«

»Wer? Meinst du Elsbeth, Großpapa? Ja,« sagte die Mutter, »sie sitzt und wartet noch.«

Es war einen Augenblick still im Dunkel. Dann sagte Seine Exzellenz:

»Es ist nichts da, worauf man warten könnte,« und er fuhr fort: »ein Loch in der Erde ist so viele Gedanken nicht wert.«

Wieder schwieg er, bis seine Stimme von neuem ertönte:

»Und das, wovor uns trotz alledem bangt, kommt zeitig genug.«

Die Mutter hatte den Kopf geneigt.

»Vielleicht nicht für alle,« sagte sie ganz leise.

Es wurde wieder still. Seine Exzellenz schlummerte vielleicht. Die Mutter hob im Dunkeln das bleiche, schöne Gesicht, und, halb ohne es zu wissen, sang sie ganz leise vor sich hin:

> Wie die Pflanze welket,
> Weil ihre Wurzel ohne Nahrung ist,
> Wie die Blume verblaßt,
> Weil sie die Sonne nicht erreicht;
> So verwelke ich und so verblasse ich,
> Denn du hast mich nicht lieb.

»Singst du, mein Kind?« sagte Seine Exzellenz plötzlich aus dem Dunkel.

Die Mutter fuhr zusammen.

»Nein, Großpapa,« sagte sie, »ich seufzte nur.«

Georg öffnete die Tür zu dem erhellten Zimmer und verbeugte sich auf der Schwelle:

»Ihre Gnaden läßt bitten zum Tee,« sagte er.

»Wir kommen,« sagte Seine Exzellenz.

Und sie erhoben sich.

Das weiße Haus (1910)

Roman

> Tell me the tales,
> that to me were so dear,
> long, long ago –
> long, long ago.

Tage der Kindheit, euch will ich zurückrufen, Zeiten ohne Schuld, freundliche Zeiten, eurer will ich gern gedenken.

Meiner Mutter leichte Schritte werden durch helle Stuben klingen, und Menschen, die jetzt unter der Last des Lebens ergraut sind, werden lachen wie einst, als sie ihr Schicksal nicht kannten. Die Toten sollen wieder mit sanften Stimmen reden, und alte Lieder werden sich in den Chor der Erinnerungen mischen.

Doch auch bittere Worte werden erklingen, herbe Worte, wie Menschen sie sprechen, welche die harte Abrechnung mit dem schweren Leben kennen.

> Tell me the tales,
> that to me were so dear,
> long, long ago,
> long, long ago.

Es war daheim in der Dämmerstunde.

Draußen senkte sich sacht Schleier auf Schleier über den leuchtenden Schnee. Die Gebäude verdämmerten, die großen Pappeln verschwanden. Nur Jens, der Stallknecht, schlich mit seiner Laterne drüben bei den Ställen umher.

Drinnen saßen wir Kinder im Kreise auf Schemeln. Die Stube war groß, die Ecken fern. Vielleicht versteckten wir nur deshalb den Kopf hinter einer Gardine, weil es drinnen so dunkel war.

Mutters Stimme klang so zart, die Saiten des Klaviers tönten mehr wie eine Harfe:

> Tell me the tales,
> that to me were so dear,
> long, long ago,
> long, long ago.

Der Gesang verstummte. Man hörte keinen Laut. William, der der Mutter am nächsten saß, war auf seinem Schemel eingeschlafen.

»Mutter, sing weiter.«

Über die weißen Tasten fiel ein schwacher Lichtschein, glitt über alle Möbel und verschwand. Jens, der Stallknecht, trabte leise an den Fenstern vorbei mit seiner Laterne.

»Mutter, sing weiter.«

Eine Tür wird aufgemacht, ganz vorsichtig. Das war Vaters Tür.

> Herr Peter grub wohl Runen in den Steg,
> Dort, wo Klein Hellen oft nahm ihren Weg.
> Drauf lichtet er den Anker,
> Dem Winde durft er trau'n,
> Er segelte von Dänemark

Und von den dänschen Frau'n.

Schöne Worte
Rühren manches Herz,
Schöne Worte
Brachten mir viel Schmerz,
Schöne Worte.

Alles ist still. Wie einen Schatten, fein und schlank, sehen wir die Mutter dasitzen. Wenn der Schatten schweigt, hört man die große Uhr.

Schöne Worte
Rühren manches Herz,
Schöne Worte
Brachten mir viel Schmerz,
Schöne Worte.

Draußen wird behutsam eine Tür aufgeklinkt. Es sind die Mädchen, die zuhören wollen. Um das Licht geschart, das im Messingleuchter auf dem Küchentisch steht, hören sie zu, wenn die Frau singt.

Der Großknecht schleicht herein. Die Holzpantoffel hat er vorsichtig ausgezogen und lehnt sich an den Türpfosten neben dem Wassereimer.

»Kinder.«

»Ja, Mutter.«

»Singt mit.«

Mutter erhebt die Stimme, schlägt die zitternden Tasten etwas kräftiger an und setzt wieder ein.

Herrlich ist die Erde,
Prächtig Gottes Himmel,
Schön ist der Seelen Pilgrimsgang.

Etwas ängstlich vor dem Dunkel kommen aus den Ecken die Stimmen der Kinder durch die Finsternis, geführt von der Stimme der Mutter.

Hin durch die weiten Reiche der Erde
Gehn wir zum Paradies mit Gesang.

Draußen in der Küche sitzen die Mädchen noch immer still um das brennende Licht.

Die Männer-Marie wischt mit dem Rücken der schwieligen Hand eine Träne fort

»Den Psalm,« sagt sie, »will die Frau sich vorsingen lassen, wenn sie einmal sterben muß.«

Alles ist still. Nur die große Uhr an der Tür spricht.

Da sagt aus seiner Ecke einer von den Knaben leise:

»Mutter, sing nochmal das Lied, das ich nicht verstehe.«

Der Mutter Schatten schweigt noch. Dann ertönen abermals – aber schwächer – die harfengleichen Töne:

Tell me the tales,
that to me were so dear,
long, long ago,
long, long ago.

Tage der Kindheit, euch will ich zurückrufen – ihr holden Zeiten ohne Schuld, da mein Herz froh war. Ihr Tage voll Zartheit, da die Tränen linde waren.

Tage der Kindheit, als die Mutter lebte. – Ich weiß noch einen Tag, als wir Brombeeren sammelten, Mutter, wir Kinder und Tine aus der Schule.

Es waren so viele Beeren da, und die Ranken waren so schön. Hinunter in die Gräben, ging es und an den Hecken liefen wir entlang. Wir Kinder blieben an den Ranken hängen und kreischten. Unsere Gesichter waren schmutzig, daß wir aussahen wie die Schmiedbuben.

»Sieh einer den Jungen an, sieh einer den Jungen an!« rief die Mutter.

Tine aber hatte eine mächtige Ranke ergriffen, die reich voll dunkler Beeren prangte, und warf sie schnell der Mutter um die Schultern.

»Ach, Sie entzückende Frau,« sagte sie.

Die Mutter stand an der Hecke, die Ranke hing ihr auf die Brust herab. Hoch gegen den leuchtenden Himmel.

Tage der Kindheit, euch will ich zurückrufen.

+++

Es war ein weißes Haus, und in dem Hause waren die Tapeten hell.

Alle Türen standen offen, auch im Winter, wenn mit Holz geheizt wurde.

Zwischen den Mahagonimöbeln standen Marmortische und auch weiße Konsolen, die von Augustenburg, vom Schloß, herübergekommen waren, als dort Auktion abgehalten wurde. Um die alten Porträte waren Immortellen gewunden, und es waren viele Efeupflanzen da, denn die Mutter liebte es, wenn der Efeu sich an einer hellen Wand emporrankte.

Die Gartenstube war so weiß, daß sie förmlich glänzte.

Die Kinder liebten diese Stube, vor allem aber die Gartentreppe, auf deren weißgestrichenem Geländer sie hinunterrutschten.

»Kinder, Kinder!« rief die Mutter, »lehnt euch ja nicht an das Geländer.«

»Um Gottes willen,« sagte sie zu Tine, der Lehrerstochter, »es endet eines schönen Tages damit, daß sie sich den Hals brechen. Wir schicken doch auch nie zum Tischler.«

Das Geländer war wackelig und wurde nie zurechtgemacht.

Aber die Gartentür wurde früh im Herbst geschlossen, der Riegel vorgeschoben und die grünen Gardinen über die weißen gehängt, damit es gemütlich wurde. Denn die Mutter liebte den Garten und die große Allee nicht, wenn nicht Sonne darüber war, Sonne, die lange schien.

»Gott mag wissen, wie es im Küchengarten aussieht,« sagte sie plötzlich zu Schullehrers Tine, wenn sie nachmittags beim Kaffee saßen.

Sie kam die neun Monate nicht in den Küchengarten.

Er lag weit abseits hinter der Pappelallee und hinter dem Wagentor, und die Kinder durften auch nicht hinlaufen, weil sie dann nasse Füße bekamen. Aber hin und wieder, wenn die Wege ganz aufgeweicht waren und man auf dem ganzen Hofe nicht gründen konnte, dann wollte die Mutter hin und nach dem Garten sehen.

In den Holzpantinen der Männer-Marie und mit hochgeschürzten Röcken zog sie los, über den Hof.

Alle Mädchen standen draußen auf der Treppe, um ihr nachzusehen.

»Kinderchen, Kinderchen!« rief sie; sie machte keine zehn Schritte, ohne mit den Holzpantinen stecken zu bleiben.

Wenn sie wiederkam, mußte sie warme Zwiebäcke zur Stärkung haben.

»Liebes Kind,« sagte sie zur Lehrerstochter, »daß die Leute im Winter nicht in der Stube bleiben.«

Die Kinder spielten auf dem Teppich. Er war rot und grau, mit vielen großen Feldern. Die Felder waren Königreiche, über die die Kinder herrschten, und um die sie kämpften. Sie zankten sich und vergossen Tränen. Sie verbarrikadierten ihre Königreiche mit den Möbeln. Die ganze Wohnstube sah aus wie Babylon im Aufruhr.

»Was die Kinder doch für einen Lärm machen,« sagte die Mutter zur Mamsell (sie stiftete sie aber selber dazu an).

»So, so, jetzt verliert Nina wieder die Mamelucken!«

Mit den Mamelucken war immer etwas los. Bald zerknitterten sie, und bald gingen sie im Kampf um die Königreiche verloren.

Vor den Fenstern lag der Schnee. Der Großknecht, der Knecht und der Kuhhirt versahen ihre Hantierung. Langsam und bedächtig gingen sie zwischen Ställen und Scheune hin und her.

Wenn die Stalltür geöffnet wurde, hörte man die Kühe brüllen.

»Mutter,« sagte Nina, »da brüllt Williams Kuh.«

Aber es konnte auch passieren – wenn der Vater aus war –, daß die Mutter den Kuhhirten bat, alle Kühe »nur einen Augenblick« in den weißen Hof hinauszulassen. Und nun sprangen sie alle vierzehn, die roten, die weißen und die scheckigen, im Schnee herum, während die Kinder juchzten.

»Macht die Zauntür zu, macht die Zauntür zu!« rief die Mutter. Sie lachte am lautesten, mitten auf der Treppe stehend. Aber in eine von den scheckigen war der Teufel gefahren.

»O, wie die springt,« sagte die Mutter.

Sie rannte so weit, den Schwanz steil in die Luft, daß sie erst oben beim Dorfschulzen eingefangen wurde.

Wenn der Vater nach Hause kam, war die Stalltür geschlossen, und der Hof lag wieder ruhig da wie früher.

Die Mutter aber hatte Zahnschmerzen bekommen, weil sie mit bloßem Kopf auf der Treppe gestanden hatte.

Tine mußte geholt werden.

Tine mußte fortwährend geholt werden. Tine kam, den Kleiderrock über dem Kopf zusammengeschlagen.

»Gott, was Sie für eine Kälte mitbringen,« sagte die Mutter, die immer fröstelte, sobald nur eine Tür ging.

»Tine, ich habe Zahnweh,« sagte sie.

Der Toilettenspiegel mußte mitten auf einen großen Tisch gestellt werden, und es mußte mit kleinen Zweigen von einem Busch, der im Garten des Lehrers wuchs, geräuchert werden. Alle Kinder, Tine und die Mamsell standen herum.

Das ganze Schlafzimmer war in Qualm gehüllt, während die Mutter den geöffneten Mund über die rauchenden Zweige hielt.

»Tine, Tine, jetzt!« rief die Mutter.

Tine sollte mit einer Haarnadel in die Zähne hineinstechen.

»Da ist er, da ist er!« rief die Mutter.

»Seht den Wurm!«

Tine hatte sich angestrengt, und es fiel ein Stück Email vor dem Toilettenspiegel nieder.

Die Mutter glaubte unerschütterlich, es sei ein Wurm, und wenn drei bis vier Würmer herausgekommen waren, hatte sie nie mehr Zahnweh.

Tine war aber die einzige, die sie herausstochern konnte. Sie stocherte sie gewissenhaft aus allen Zähnen der Kinder heraus.

»Lieber Fritz,« sagte die Mutter zum Vater, der Einwendungen machte, »ich sehe doch die Würmer mit diesen meinen beiden Augen. Aber es muß mit Karböllings Busch geräuchert werden.«

Der Kreisarzt in Sonderburg sagte, der Rauch vom Busch des Lehrers sei sehr giftig.

Ein Zahnwehprozeß konnte gut einen halben Nachmittag ausfüllen, bis die Dämmerung hereinbrach.

In der Dämmerung war es herrlich im Waschhaus. Der warme Dampf füllte den ganzen Raum, und das Feuer unter dem Kessel sah aus wie ein großes, rotes Auge. Die Mädchen klopften das gewaschene Zeug mit Hölzern, daß es nur so schallte. Die Mutter saß auf einem Dreifuß mitten im Lärm.

Nirgendwann und nirgendwo ging den Mädchen das Mundwerk so wie im Waschhaus.

Der ganze Dorfklatsch strömte zur Tür herein.

Die Mutter konnte auf ihrem Dreifuß stundenlang zuhören, bis sie plötzlich wieder in die Stube zurücklief.

Und unweigerlich sagte sie nach solchen Stunden im Waschhause: »Gott im Himmel, was solche Leute für Ideen haben.«

Und es war, als schöbe sie mit ihren schönen Händen etwas von sich weg.

»Daß Sie das alles mit anhören mögen!« sagte Tine.

»Ja, sie sehen so drollig aus,« sagte die Mutter und machte den Mädchen alles nach.

Sie konnte jeden einzigen Menschen imitieren, der ins Haus kam.

Aber meistens blieb sie während der Dämmerung in der Wohnstube. Dort sang sie. Es gab aber auch Dämmerstunden, in denen sie im hohen Rohrsessel auf dem Fenstertritt sitzen blieb, die Hände im Schoß.

Dann sprach sie leise in die stille Stube hinein.

Sie sprach am liebsten davon, wie es sein würde, wenn sie alt wäre und graues Haar bekäme, ganz graues Haar.

Und wenn sie Witwe wäre, und alle ihre Kinder erwachsen, und sie arm.

»Furchtbar arm,« sagte sie.

Dann könnte abends nichts auf den Tisch kommen als Butter und Käse in der alten kristallenen Käseglocke.

»Die Butter muß aber gut sein,« sagte sie. Und sie malte sich aus, wie weiß das Tischtuch sein sollte, und wie die Kinder alle von ihrer Arbeit kommen und am Tisch bei ihr den Tee trinken sollten, bei ihr, die grau und still und alt dasaß und arm war. Denn die Armut war für sie eine Art träumerischer Sorglosigkeit.

Sie hatte wohl nie andere »Arme« gesehen als die in den kleinen weißgetünchten Häusern an der Dorfstraße.

Wenn der Tee getrunken war und der Vater fort, kamen die besten Stunden. Das war die Zeit, wo die Puppen hervorgeholt wurden. Der Speisetisch wurde ausgezogen, wie zu einer Gesellschaft, und die Mutter thronte mitten unter all ihren Pappschachteln, in denen die Puppen aufbewahrt wurden.

Jetzt, jetzt durften sie herausgeholt werden, denn jetzt war Vater aus.

Und dann kamen sie hervor zu Hunderten. Es waren Figuren aus Modejournalen, auf hölzerne Klötze geklebt. Jede hatte einen Namen, der auf die Rückseite geschrieben war, jede war etwas – alle wurden sie aufgestellt, über den ganzen Tisch hin. Und die Komödie begann, während die Mutter dirigierte.

Die Puppen gaben Gesellschaften und machten Visiten.

Sie plauderten, sie machten Knixe und Bücklinge. Die Mutter wurde rot vor Anstrengung, und sie rückte herum und leitete alles, die Arme weit über den Tisch ausgestreckt.

Die Kinder hatten auch ihre Puppen und die Mamsell ebenfalls. Aber nie gingen die Papierpuppen der Mutter nach Wunsch, und sie redete für alle.

»Jungfer Jespersen, Jungfer Jespersen, Sie vergessen Fräulein Lövenskjold.«

»Fräulein Lövenskjold« war stehen geblieben, und sie sollte sich bewegen. Für die Mutter waren es nicht Puppen. Für die Mutter waren es Menschen. Sie sprachen und mimten und sangen. Sie spielten hundert Komödien. Bald in einem Badeort und bald in Paris.

Die Kinder sahen zu, als zöge die ganze Welt, vornehm und fein, vor ihnen auf dem Tisch vorbei.

Die Mädchen kamen herein. Sie mochten so gern zuhören. Sie verstanden kein Wort, aber sie standen kerzengerade da, die Hände unter den Schürzen, und hörten zu. Wenn mit den Puppen etwas Trauriges passierte, weinten sie. Aber mitten in der Komödie sprang die Mutter auf, und die Puppen wurden durcheinandergeworfen – in die Schürzen, in die Schachteln. Der Vater kam nach Hause.

»Den Tisch zusammenklappen, den Tisch zusammenklappen!« Mägde und Kinder kriegten es eilig. Die Mutter selber ließ vor Schreck alles liegen.

»Gott, daß die Kinder auch noch auf sind,« sagte sie. Und die Kinder kamen Hals über Kopf ins Bett. Die Mutter aber saß mitten auf dem Sofa zwischen den beiden Mahagonischränken und war so erschrocken, daß sie Eingemachtes und Zwieback haben mußte...

Sie kostümierte auch die Mägde.

Es war an einem Abend, als sie mit den Kindern allein zu Hause war.

Da wurde draußen laut an das Hoftor geklopft, und die Mamsell mußte hinausgehen und aufmachen und kam schreiend zurück.

»Ein Landstreicher ... Ein Landstreicher...«

Und der Landstreicher kam in die Stube herein, während die Mutter am lautesten schrie. Häßlich war er anzusehen, und die Kinder kreischten. Plötzlich aber entdeckt einer der Jungens, daß es »die große Marie« ist.

»Mutter, es ist die große Marie!« schreit er. Aber im selben Augenblick flüstert die Mutter der Marie zu:

»Gib Nina eins an die Ohren.«

Und Nina kriegte von Maries Fäusten eine Ohrfeige, daß es nur so klatschte.

Da glaubten die Kinder, es müsse ein Landstreicher sein.

Hinterher aber bot die Mutter der Männer-Marie einen Schnaps an, und den mußte sie austrinken, denn jetzt war sie ja eine richtige Mannsperson.

Weißes Haus, du weißes Haus, in jubelnden Scharen kommen die Erinnerungen an dich – kommen und sammeln sich um einen. Könnte ich nur mit Worten ein Bild malen, das unvergänglich wäre – ein Bild von Jugend und Lächeln, von Anmut und von Traurigkeit, von Frohsinn mit traurigen Augen, von Schwermut, die mit zitterndem Munde lachte; von hilflosen Händen, die nur die Not der andern zu lindern verstanden, von feinen Gliedern, die sich in der Sonne dehnten, und fröstelten, wenn die Sonne unterging.

Ein Bild von der, die das Leben liebte und an seinem Kummer zugrunde ging.

Sie starb wie eine schöne Blume, die geknickt wird.

Keine Rose, auch keine Lilie.

Eine seltenere Blume, mit zarten Fibern, in späten Jahren von einem geduldigen Gärtner gezogen; ein vielfarbiger Kelch, so schön im Sonnenlicht, der sich aber um die Abendzeit scheu zusammenschließt...

Ein Siegessang, den der Schmerz in der Kehle erstickt.

Eine Fremde auf Erden, und doch geliebt wie ein seltener Gast.

Weißes Haus, du meiner Kindheit weißes Haus – so war sie, die deine Seele war.

Aber der Herbst verging, und Weihnachten kam heran.

Die Mutter und Lehrers Tine saßen lange auf, und die Kinder bekamen Zwetschen, damit sie früh ins Bett gingen.

Die alte Kutsche kam jeden zweiten Tag vor die Tür gerollt, und der ganze Korridor war voller Fußsäcke. Es mußten so viele Fußsäcke da sein, wenn die Mutter ausfahren wollte. Und Sonderburg war nicht, wie Augustenburg, etwas, das man im Sprunge erreichen konnte, es waren zwei Meilen bis dahin, folglich eine förmliche Reise.

Wenn die Mutter aber nach Hause kam, lachte und plauderte sie und tat geheimnisvoll, während die Kinder ins Schlafzimmer eingeschlossen wurden, denn sie durften nichts sehen. Sie hörten nur den Kutscher, der aus und ein ging und Kisten hereinschleppte. Das war das aus Kopenhagen.

»Es« war also gekommen.

Das war die große Frage, ob »es« kam – alle die Geschenke vom Großvater. Denn kam es nicht, würden die Weihnachtstische ja leer sein.

Ein Jahr war so viel Eis und Schnee, daß die Kisten ausblieben. Die Mutter schickte einen Boten nach Sonderburg, und die Mutter fuhr selber hin, und Mutter ließ den Vater telegraphieren – es war in den ersten Jahren, als man den Telegraphen hatte –, aber die Kisten kamen nicht.

Die Mutter weinte und wußte sich keinen Rat. Hundertmal kehrte sie ihr altes Portemonnaie um. Es war ein Loch darin, so daß das Geld in ihre Tasche fiel. Schließlich aber legte sie auf alle Weihnachtstische Tannenzweige, und da sah es aus, als sei eine Menge da.

Aber diesmal waren die Kisten gekommen, und vom Schlafzimmer aus konnten die Kinder hören, wie Tine sich abquälte, um sie aufzukriegen.

Die Mutter selbst hatte keine Ruhe.

»Tine, Tine, sehen Sie –«

Tine sah hin.

»Tine, so, nun geht der Deckel ab.«

Die Kinder stürzten aus dem Bett, aber das Schlüsselloch war mit Papier zugestopft.

Drinnen in der Wohnstube kniete die Mutter auf dem Fußboden – so erzählten die Mägde – vor den Kisten. Der ganze Teppich war überschwemmt mit Paketen, mit Stroh und Weihnachtssachen.

Und die Mutter rief:

»Nein, nein, das ist für Nina...«

»Sieh doch, sieh doch, dies ist für William...«

Und sie kramte weiter im Papier und Stroh herum. Das ganze Zimmer war übersät damit.

»Herr du meine Güte, ist das ein Aufzug, wenn die Frau mal was anfaßt,« sagten die Mägde. Sie waren selber auch furchtbar gespannt und neugierig. Erst spät in der Nacht wurden sie fertig. Denn es mußten frische Würste gestopft werden, Teig angerührt, und jeder Fetzen im Hause mußte zu Weihnachten gewaschen werden.

Die Mutter saß mitten in der Wurstmacherei im Waschhause, mit aufgeschürztem Kleid, und sang die Lieder vor. Zu einigen, die die Mägde kannten, summte die Mutter nur die Melodie.

»Denn, Kind,« sagte sie zu Tine, »die Worte sind zu schlimm.«

Die Alsenschen Wurstlieder waren die schlimmsten Soldatenlieder im Lande.

»Aber,« sagte die Mutter, wenn es Weihnachten wurde, »ich glaube wirklich nicht, daß Maren selber weiß, was sie singt.«

Gewöhnlich sang Maren, das Waschmädchen, immer nur Lieder vom ersten schleswigschen Krieg und von König Friedrich VII. ... Die waren so traurig, daß sie dabei weinte.

In den letzten Tagen wurde gebacken.

Das ganze Haus war voll Apfel- und Kuchenduft, und die Tür zum blauen Fremdenzimmer stand nicht still. Denn dort wurden Apfel, Gewürz, Zwetschen und alle guten Dinge aufbewahrt. Dann kam Tine die Treppe heraufgelaufen, daß ihr die Röcke flogen:

»Hallo, Kinderchen, jetzt geht's los!« rief sie.

Die Kinder formten Männer und Frauen aus dem braunen Teig, der zuletzt ganz dreckig wurde.

Die Mutter hatte eine weiße Schürze um, und der Vater ging ganz bekümmert umher, weil sie sich die Hände dabei verderben könne.

Die Mutter wollte immer die letzte Hand anlegen, sie bestrich die Kuchen mit Eiweiß, und sie setzte den Pfefferkuchenmännern die Augen ein.

»Jetzt laßt mich, jetzt laßt mich,« sagte sie.

Und ihre weiße Schürze flatterte, so eilig hatte sie es, während alle Kinder immerfort hinter ihr herliefen.

War das ein Dampf und ein Duft von Gewürz und ein Klappern mit den Kuchenplatten und ein Spektakel mit den Öfen. Denn die Öfen flogen auf und zu, und Kuchenplatten kamen hinein, und Kuchenplatten kamen heraus. Lehrers Tine aber peitschte den Teig für die weißen Schaumkuchen und hielt dabei die irdene Schüssel fest zwischen die Knie geklemmt, denn die weißen Kuchen erforderten Kräfte, und die Eier mußten stundenlang geschlagen werden.

»So, jetzt will ich,« sagte die Mutter.

Und sie faßte die irdene Schüssel und rührte mit dem großen Löffel darin herum.

»Puh, macht das heiß,« sagte sie und ließ sie wieder los.

Und sie fing an zu singen, im Qualm auf dem Haublock sitzend, mit roten Wangen und so vergnügt:

Lisbeth, Lisbeth!
O wie bist du süß und nett!
Nicht so kokett!
Lisbeth, Lisbeth!
O wie bist du süß und nett!

Und alle sangen sie mit, im Qualm und Dunst, die Mädchen und die Kinder und Tine, die Mutter aber war schon wieder drinnen in der Wohnstube:

»Tine, Tine!« rief sie, »lassen Sie jetzt die Kinder dran.«

Sie hatte sich in den Schaukelstuhl fallen lassen.

Sie war von den vielen Nichtigkeiten müde geworden.

Alle Türen standen offen, so daß der Kuchendunst hereindrang, die Schneebesen lärmten und die Ofentüren klapperten.

»Ach, Tine geben Sie mir meine Briefe her,« sagte die Mutter.

Es waren die Briefe aus dem Sekretär, alle Jugendbriefe der Mutter von ihrer eigenen Mutter, von ihren Freundinnen und von ihrem Vater. Sie lagen zierlich in Pakete geordnet, vergilbt, zusammengefaltet, wie in jener Zeit, als man noch keine Kuwerte hatte, mit verwelkten Veilchen dazwischen, mit Bändern umwunden.

Die Mutter liebte ihre Briefe.

Sie las sie nicht. Sie saß aber und hielt sie in ihrem Schoß.

Und dann erzählte sie.

– Von ihrem Vater, dem alten Postmeister mit der hohen Halsbinde – einem von den richtigen Beamten, einem von denen, die immer dachten, sie müßten sehr grob sein, wenn sie im Amt waren. Die Bauern nannten ihn »Vater«, aber sie zitterten, wenn sie ihn stören sollten.

– Und von ihrer Mutter, die, durch die Gicht an ihren Rollstuhl gefesselt, so zart und so fein gewesen, als hätte sie gar keinen Körper, mit einem bleichen Gesicht, einem Gesicht ohne Farbe und einem Munde, der nicht gern redet, weil er sich müde geredet hat und jetzt lieber seine Geheimnisse verschweigt.

»Ja, sie schwieg sich aus,« sagte die Mutter und sah vor sich hin, die Briefe in ihrem Schoß. Es war, als wenn eine plötzliche Mattheit sie überkäme, und ihre Stimme klang verändert. »Aber das lernen wir wohl alle,« sagte sie. Man hörte plötzlich den Vater ins Zimmer kommen. »Ich bin es nur,« sagte er. Die Mutter senkte den Kopf. Gleich darauf erzählte sie weiter, aber gewissermaßen hastiger.

Sie erzählte von ihren Freundinnen, den jungen Mädchen aus dem weißen Hause.

»Ach, wir hatten unsere Zimmer ganz oben im Turm,« sagte sie, »und wenn wir unsere Fenster aufmachten, sahen wir das Meer...« Die Mutter legte ihre Hände in den Schoß.

»Ja, Gott mag wissen, wie es zuging,« sagte sie, »aber es ist ihnen allen schlecht gegangen.«

Unglücklich verheiratet hatten sie sich, auf Abwege waren sie geraten und in der weiten Welt verstreut.

Das einzige, was sie sich bewahrt hatten, war ihr Geld und ihre Vornehmheit.

»Sie hatten zu heißes Blut,« sagte die Mutter. »Ich glaube,« – und sie schwieg einen Augenblick – »die Familie war liebeskrank.«

Manchmal kamen Briefe von ihnen, aus fernen Städten und Ländern, wo sie als Baronessen und Gräfinnen lebten, mit Verbannten und Spielern verheiratet.

Eine von ihnen wohnte in Norditalien. Die Mutter weinte immer, wenn sie von ihr einen Brief bekam.

»Ach,« sagte sie, »sie wurde mit so einem alten Knast verheiratet, einige sagen, er sei ein Lord, und andere sagen, er sei Schuhmacher gewesen.« Aber jedes Jahr kamen von dieser Freundin auch Briefe aus Kopenhagen.

Sie war daheim – – um ihren Sohn zu sehen.

»Das ist ja das einzige, was sie hier auf Erden liebt,« sagte die Mutter zu Tine.

Den Sohn hatte sie wahrscheinlich auf etwas irreguläre Weise bekommen, und da hatte sie wegreisen müssen und war dort unten in Norditalien mit dem Lord oder Schuhmacher verheiratet worden.

»Aber reich ist sie ja,« sagte die Mutter. Es war fast, als käme der Weltschmerz über sie, wenn sie von dieser Freundin sprach.

»Gott mag wissen, wie es zugeht,« sagte sie wieder, »aber es ging ihnen allen schlecht.«

Der Vater der Freundin kam zuweilen, immer ganz plötzlich und blieb immer nur kurze Zeit.

Ein großer, magerer Mann mit der Haltung eines Menschen, der, ohne den Rücken zu beugen, gewohnt ist, bei Hofe zu verkehren.

Die Mädchen meldeten manchmal ganz unvermutet:

»Der Herr Hofjägermeister ist da!«

Und er trat ein und verbeugte sich so merkwürdig tief und so seltsam bewegt vor der Mutter, die ihm entgegenschritt. Und dann ließ er sich immer in großem Abstand von ihr nieder und sprach mit einer Stimme, die weit herzukommen und vom Kummer matt geworden zu sein schien.

Und er ging so plötzlich, wie er gekommen war.

Die Mutter aber weinte, wenn er fort war, und die Kinder hatten Angst, denn es war beinah, als sei ein Gespenst da gewesen.

»Ich wollte Sie nur sehen,« sagte er, wenn er fortging, verbeugte sich wieder und küßte der Mutter die Hand.

Er kam, um von denen sprechen zu können, die so weit entfernt waren...

...Die Mutter aber blieb im Weihnachtsdampf sitzen mit ihren Jugendbriefen auf dem Schoß. Lehrers Tine saß auf einem Schemel neben ihrem Stuhl.

Die Mutter erzählte von ihrer Verlobungszeit.

Sie kam ja aus der Provinz; sie kannte nichts und wußte von nichts und fühlte sich fremd im alten Hause der Exzellenz.

Das war etwas ganz Neues und sehr Beängstigendes, im Erdgeschoß die Mynsters und die Örsteds, und oben im zweiten Stock der Öhlenschläger.

Es war ein Leben, die Kronleuchter immer angezündet, die Schwiegermutter in schwarzem Samt, und die alten Familienwappen auf alle Kissen gestickt, dazu die silbernen Kannen auf den Etageren, und die Gemälde an den Wänden so feierlich wie in einer Kunstsammlung.

Die Mutter ging ganz verschüchtert umher.

Aber bei der Verlobungsfeier, wo Toaste ausgebracht wurden und Seine Exzellenz selber die Verse gemacht hatte, da schlich sich die Mutter auf die Treppe hinaus, die zu Öhlenschläger hinaufführte, und dort saß sie und weinte; das Gesicht in den Händen, weinte sie und weinte. Der Diener fand sie.

Er mußte den Vater holen.

»Nein, nein, ich will nicht hinein,« sagte sie, »laß mich nach Hause, laß mich nach Hause.«

Und sie weinte, als ginge es ihr ans Leben.

Und die Mutter erzählte weiter, mit den Briefen im Schoß, von ihrer Jugend, von den entschwundenen Tagen. Plötzlich sagte sie:

»Ja, es gibt Dinge, an die man nie denken sollte.«

Tine sagte: »Es ist doch immer gut, an das Glück zu denken.«

»Nein, die Erinnerung daran zerbricht einen.« Die Mutter stand auf. »Aber wie wunderbar schön war das Schlittschuhlaufen,« sagte sie.

Dann lief sie wieder hinaus zu den Schaumkuchen. Jetzt mußten sie doch genug gerührt sein. Oder sie mußte plötzlich Lorbeerblätter auf die Sülze legen.

»Denn es muß doch alles gemacht werden,« sagte sie, und lief hin und her, während Tine alles machte. – –

Kindertage –
zu euch bin ich zurückgeflüchtet,
daß ihr lindert meines Herzens Weh.
Niemand zählt die Tränen,
die verweinte Augen
so gerne weinen möchten.
Kindheitstage,
Kindheitsfreuden,
lindert meines Herzens Weh!

Du, Mutter,
die selber litt,
schlank wie die Blume,
die jäh geknickt.
Du, Mutter,
die selber liebte,
bleib jetzt bei mir
in meines Herzens Weh.

Weit muß der Mensch gehn,
und fest muß sein Schritt sein.
Kindheitsfreuden,
kommt mit eurem Jubel,
lindert
– eine Weile nur –
meines Herzens Weh.
Kindheitsfreuden
ich flehe euch an:
daß ihr mögt lindem meines Herzens Weh.

Mutters größter Tag aber war der Tag vor dem Heiligen Abend.

Denn das war der Tag der Armen.

Vom frühen Morgen an – und es war sicher der einzige Tag im Jahre, an dem sie so früh aufstand – hatte die Mutter Reis in Beutel getan und Kaffeebohnen in Tüten und Kandiszucker danebengelegt.

Auf dem Tisch stand eine Wage, und Tine wog ab.

Recht mußte sein und in jedem Beutel gleich viel.

Die Mutter aber schüttete hinzu, und ihr war es nie genug.

»Lieber Gott,« sagte sie, »als ob mehr als einmal im Jahr Weihnachten wäre.«

Wenn alle Beutel gefüllt waren, gab es keine Kaffeebohnen und keinen Zucker mehr im Hause.

»Denn wir nehmen von unserm eigenen,« sagte die Mutter, wenn es knapp war.

Am Nachmittag kamen dann die Tagelöhnerfrauen angesockt. Es war gleichsam, als schlichen sie sich am Hause entlang. Und sie stellten ihre Holzpantoffel in eine Reihe auf den Flur und traten auf schwarzen Socken in die Wohnstube, sprachen kein Wort, sondern bekamen nur ihr Teil und reichten mit einem »Schön Dank« ihre schlaffe Hand hin.

Die Mutter aber hatte genug mit Fragen zu tun: die hatte dies nötig und die andere das.

Wenn die Tagelöhnerfrauen glücklich fort waren, gab es im Kinderzimmer keinen überflüssigen Lappen mehr.

»Tinchen,« sagte die Mutter, »wir werden schon etwas wieder kriegen.«

Sie sank in einen Lehnstuhl nieder, ließ alle Fenster weit öffnen und mit Eau de Cologne sprengen.

»Denn, Kinderchen,« sagte sie, »die Reinlichsten stinken nach grüner Seife.«

Der Vater befahl dem Stubenmädchen, alle Türklinken abzuwischen.

...Am andern Tage wurden die Weihnachtstische zurechtgemacht. Das war eine mühsame Sache, und die Mutter brauchte viel Zeit dazu. Denn jeder sollte gleich viel haben. Den ganzen Tag ging die Mutter umher und maß und schätzte mit den Augen ab; wenn auf einem Tisch zu wenig war, so stahl sie eine Kleinigkeit von einem andern.

Der Baum wurde angezündet. Tine stand auf einer Leiter, während sie ihn anzündete. Nur Silber und Silber und lauter weiße Kerzen. Die Mutter ging rund um den Baum herum. »Da ist noch eins,« sagte sie. Und sie deutete auf ein unangezündetes Licht. Sie konnte nie Licht genug bekommen, und sie setzte die Kerzen viel zu dicht auf die Zweige.

»Aber wir stecken den Baum an,« sagte Tine von der Leiter herab. Ein Jahr hatten sie wirklich den Weihnachtsbaum in Brand gesetzt. In einem Moment brannte es hell auf, während all das Silber flammte und verkohlte und die Mutter zusah, den Feuerschein auf dem Gesicht. »Wie schön, wie schön,« sagte sie. Da fingen die Zweige Feuer. »Hier wird Feuer,« rief die Mutter.

»Ja, freilich,« sagte Tine, die auf den Korridor hinausstürzte und zwei wollene Tücher holte, die sie über den brennenden Baum warf. Die Mutter aber stellte mehrere Armleuchter auf alle Tische, und die Kinder mußten um den verkohlten Baum tanzen. »Stella,« sagte der Vater, »wie unvorsichtig du bist.«

Mutters Augen blitzten plötzlich auf. »Fritz,« sagte sie und hob den Kopf, als sähe sie den schönen, flammenden Baum noch vor sich: »Fritz, es war so schön!«...

...»Da ist noch eins.« Dann war keins mehr da. Alle Lichte zwischen dem glitzernden Silber waren angezündet. Die Mutter stand schweigend im Glanz des Baumes.

»Das ist unser dreizehntes Weihnachten hier,« sagte sie, und ihre Stimme klang plötzlich matt. »Aber die Tische, Tine,« sagte sie und wechselte den Ton, während sie schnell und gründlich über die weißen Tischtücher hinblickte. »Für Lars, den Großknecht, ist nicht genug da.« Sie stand grübelnd vor dem Tisch des Großknechts. »Aber was soll man für Lars auch finden, Tine?« Plötzlich nickte sie mit dem Kopf. »Tine,« sagte sie, »laufen Sie zu Fritz hinein. Wir stehlen zehn Zigarren.«

Tine schlich in des Vaters Zimmer hinein. »Dürfen wir kommen?« riefen die Kinder in der Wohnstube.

»Gleich,« sagte Tine und machte die Tür hinter sich zu. Sie hatte die Zigarren in Sicherheit gebracht.

»Gott sei Dank,« sagte die Mutter und seufzte, als sei sie von einer Last befreit. »Nun binden wir sie mit einem roten Band zusammen,« sagte sie.

»Ich habe kein Band,« sagte Tine.

Die Mutter sah sich um, auf allen Tischen. »Wir nehmen eine Schleife von Fräulein Jespersens Fischü.« Das Fischü war ein Geschenk für Mutter von Fräulein Helene Jespersen. Es war mit vielen kleinen rosa Schleifen besetzt. »Ja,« sagte die Mutter, während Tine das Band abtrennte, »es sind auch zu viele Schleifen auf Fräulein Jespersens Fischü.« Das rosarote Bandende wurde um die Zigarren geknotet. »So, jetzt machen wir auf,« sagte die Mutter. Sie öffnete selbst die Tür, und die Kinder stürmten herein. »Fröhliche Weihnachten,« sagte die Mutter. Sie stand mitten auf der Schwelle.

»Wo ist mein Tisch?«

»Wo ist mein Tisch?«

»Wo ist meiner?« riefen die Kinder im Chor. »Da, da,« sagte die Mutter. Ihr Gesicht strahlte. Die Kinder scharten sich mit hochgereckten Händen um sie.

»Mutter, Mutter,« riefen sie, »jetzt das vom Baum – jetzt das vom Baum.«

»Ja.« Die letzten Geschenke lagen, in viel Papier eingewickelt, unter dem Weihnachtsbaum. Die Mutter kroch auf dem Fußboden umher, holte sie hervor und sammelte die Pakete in ihrem Schoß. Jetzt hatte sie alle, und sie stand mitten zwischen den Kindern auf.

»Jetzt, jetzt,« riefen die Kinder.

»Ja.« Und sie warf sie wie wahllos zu den emporgereckten Händen der Kinder hinunter: »für dich,« und »für dich,« und »für dich,« rief sie, während die Kinder jubelten.

Der Vater war in die offene Tür getreten. An den Türrahmen gelehnt, stand er schweigend da und betrachtete die Mutter und seine Kinder. Und hastig, während ein Schimmer von Zärtlichkeit – oder vielleicht nur von Bewunderung – einen Moment in seinen Augen aufblitzte, ging er auf die Mutter zu. »Du Geberin,« flüsterte er. Die Mutter schlug die Augen nieder, daß es fast aussah, als schlösse sie sie eine Sekunde. »Du gibst, Fritz,« sagte sie. Der Vater glitt beiseite. »Aber jetzt müssen die Leute herein, Tine,« sagte die Mutter. Sie hatten sich schon auf dem Korridor versammelt. Die Mägde waren auf Socken, und die Knechte hatten Stiefel an. »So, Kinder,« sagte die Mutter und machte die Tür auf, »jetzt ist Weihnachtsabend.« Sie kamen alle herein, einer nach dem andern, sehr langsam, mit einem wunderlichen Sprung über die Türschwelle, als setzten sie über eine Barrikade. Und Gesichter machten sie, als gingen sie zum Altar. Zuletzt kam Jens, der Kuhhirt. Er hatte eine gestreifte Weste über traurig hängenden Hosen an. Sie bekamen die Geschenke und bedankten sich – was sie sagten, hat nie ein Mensch gehört – und trugen die Dinge in die Ecke, als wollten sie sie in Sicherheit bringen; dabei schielten sie nach den Geschenken der anderen hin.

»So, Jens,« sagte die Mutter, »jetzt wollen wir tanzen.« Es wurde eine Kette gebildet. Den Anfang machte sie selbst mit Jens, dann kamen die Kinder mit den Mägden und Knechten.

»Den Kreis schließen,« rief sie Tine zu und sie setzte sich in Bewegung. Langsam zog der Kreis um den Baum, während die Mutter mit ihrer etwas zitternden Stimme zu singen anfing.

> »Schön ist die Erde,
> Prächtig ist Gottes Himmel,
> Schön ist der Seelen Pilgrimsgang.
> Hin durch die holden
> Reiche der Erde
> Gehn wir zum Paradies mit Gesang.«

Nach und nach fielen alle ein, während Mutters Stimme lauter wurde und sie langsam weiter um den Baum wanderten. Alle Gesichter waren nach oben gewandt, zum Licht des Weihnachtsbaumes. Vom anderen Zimmer aus dem Halbdunkel fiel plötzlich Vaters Stimme ein, so merkwürdig tief, wie von weit her. Die Mutter war beim Klang seiner Stimme stehen geblieben. Dann ging sie wieder weiter, immer in das Licht des Baumes starrend.

> »Durch die holden
> Reiche der Erde
> Ziehn wir zum Paradies mit Gesang.«

Der Gesang erstarb.

»Singe jetzt allein, Mutter,« sagte der älteste Junge.

»Ja, gnädige Frau, singen Sie allein,« sagte die Männer-Marie, die die ganze Zeit bitterlich weinte, ohne es zu wissen.

»Ja,« sagte die Mutter. Und ohne ihre Augen vom Licht des Baumes fortzuwenden, sang sie halblaut – sie allein –, während sie alle noch langsamer gingen:

> Freude hat heute auf Erden
> Der Himmelskönig gebracht.
> Da wird der Ärmsten werden
> Zur Weihnachtsfreud gedacht.
>
> Nun tanze, Kind, auf Mutters Schoß,
> Ein Freudentag erstand,
> Jetzt führt in seiner Gnade groß
> Der Heiland uns an der Hand.

Es war einen Augenblick still, und alle waren stehen geblieben. »Nun spielen wir,« sagte die Mutter. Und sie setzte Jens, den Kuhhirten, in Galopp, daß alle folgen mußten, während sie sang, und die Kinder fielen ein: »Um den Baum, da wird gesungen, und ein froher Reihn geschwungen.«

»Du meine Güte,« sagte die Mutter, »singt der Bengel falsch.« Der Älteste brüllte nur so zum Baum hinauf. Der Kleinste in der Kette fiel. »Auf,« sagte Tine. Aber der Kleinste weinte. »Tanzt nur weiter,« sagte die Mutter, und sie setzte sich und nahm den Kleinsten auf den Schoß.

Die Lichter brannten herab, und sie hörten auf zu tanzen. Die Leute trabten davon, und Tine fing an, die Kleinsten zu Bett zu bringen. Die Mutter saß noch immer auf demselben Fleck. Auf dem Fußboden, den Kopf an ihren Knien, lag der älteste Junge, während die Kerzen verlöschten, eine nach der andern, und der Glanz des Silbers matt wurde. »Mutter,« sagte er, »jetzt stirbt der Weihnachtsbaum.« Ja, mein Junge,« sagte die Mutter, und ihre schöne Hand fiel von seinem Haar in ihren Schoß. »Jetzt stirbt er.«

Tine kam zurück. Noch brannten die letzten Lichte. »Bring ihn zu Bett,« sagte die Mutter. »Schlaf wohl,« sagte sie, und sie küßte den Jungen auf die Stirn. »Gute Nacht, Mutter.«

Die Mutter saß allein.

Die letzten Lichte flackten auf und erloschen. Der Baum war dunkel. Durch die Zimmer hörte man den Schritt des Vaters.

»Sind Sie hier, gnädige Frau?« sagte Tine, die zurückkam.

»Ich sitze hier.«

Sie schwiegen einen Augenblick. Dann sagte die Mutter: »Tine, nehmen Sie die Doppeltür fort.« Tine tat es. »Und machen Sie auf,« sagte die Mutter. Sie war aufgestanden und hatte sich einen Schal um die Schultern gelegt. Still trat sie hinaus auf die schneebedeckte Gartentreppe. Tine folgte ihr. Vor ihnen lag der Garten weiß und stumm. Die Mutter stand lange mit aufwärts gewandtem Gesicht und starrte zu den Sternen hinauf.

»Gnädige Frau,« sagte Tine, »wo ist der Stern von Bethlehem?«

Die Mutter antwortete nicht. Vielleicht hatte sie es nicht gehört. »Sehn Sie die Venus, Tine?« sagte sie dann. Und wieder standen sie schweigend da. Man hörte keinen Laut in dem weißen Garten. Die stillen Felder schliefen. Stumm wanderten die Sterne über ihnen.

Nach Weihnachten kam die Zeit, wo gelesen wurde.

Tine kam in der Dämmerung und bekam den Inhalt der Bücher erzählt.

Die Mutter saß vor dem Kachelofen, die weißen Hände um die Knie geschlungen, und erzählte und dichtete um. Es gab kein Buch, das in ihren Gedanken dasselbe Buch blieb.

Öhlenschläger war in solchem feierlichen, schwarzen Einband, und auf den Blättern waren so viele Zeichen. Die Mutter konnte die Tragödien fast auswendig, und doch las sie sie immer wieder. Wenn sie vom Buch aufsah, während die Kinder lauschten, schienen ihre Augen doppelt so groß geworden zu sein.

»Mutter, lies weiter,« sagte der älteste Junge.

»Sollen denn die Kinder nie ins Bett?« sagte der Vater und öffnete seine Tür.

»Ja, Fritz, gleich,« antwortete die Mutter und las weiter.

Ihre Stimme war sanft, wie traurige Liebkosungen, und in ihren Augen standen Tränen. Am liebsten las sie Thoras Worte, wo sie von Hakons Leiche Abschied nimmt.

Tine aber saß und schnaufte wie ein Seehund.

»Kommen die Kinder noch ins Bett?«

»Gleich, Fritz, gleich...«

Und die Mutter las weiter.

Oft war es Christian Winther. Meistens »die Hirschflucht«. Ihre Stimme legte sich so weich um die Verse.

»Ach. Niemand liest wie die Frau,« sagte das Stubenmädchen. Sie hörte hinten in der Ecke beim Bücherschrank zu.

Schließlich riß dem Vater die Geduld, die Kinder mußten ins Bett.

Dann weinten sie und bekamen Zwetschen, damit sie artig mit dem Kindermädchen fortgingen.

Die Mutter aber begleitete Tine mit bloßem Kopf die Allee hinauf.

In klaren Nächten ging sie dort lange auf und ab. Sie liebte die Sterne so sehr. Lange Zeit konnte sie stehen und zählen, wie viele sie auf einer Stelle sehen konnte.

Tine stand daneben.

Sie fragte, wie die Sterne hießen.

Die Mutter aber hatte ihnen Namen nach ihren Freunden gegeben.

Der dort war ihrer Mutter Stern.

»Sehen Sie ihn?«

Und das war Alices Stern. »Sehen Sie ihn? Der sieht so traurig aus.«

Es gab so viele traurige Sterne, und die liebte sie am meisten.

»Stella!« rief der Vater vom Giebelfenster her. »Stella! Du erkältest dich.«

»Ich sehe mir nur die Sterne an,« sagte sie. Sie blieb einen Augenblick stehen und hatte ihr weißes Gesicht noch immer nach oben gerichtet. »Das ist Fritzens Stern,« sagte sie ganz leise. Und sie ging still hinein.

Aber in die Sterne zu starren war bei ihr fast eine Leidenschaft.

»Ich bin dann mit all meinen Freunden zusammen,« sagte sie. Zuweilen begleitete sie Tine bis zum Kirchhof, aber nie weiter. Denn sie fürchtete sich vor Gespenstern. Sie glaubte steif und fest an Gespenster, und daß es zu Hause im blauen Zimmer spukte, war bombensicher.

Sie bekräftigte es mit einem Kopfnicken.

»Fritz weiß es auch,« sagte sie.

In dem blauen Zimmer spukte eine weiße Dame, und wenn sie sich sehen ließ, mußte jemand sterben.

Die Mutter hatte sie einmal gesehen, und da war der alte Postmeister gestorben.

Außerdem wußte sie viele Spukgeschichten und erzählte sie im Dämmern, daß es die Kinder gruselte.

Am liebsten erzählte sie die von Aaholm, denn von der wußte sie, daß sie wahr sei, sie war einer ihrer Tanten passiert.

»Auf Aaholm hatte es schon immer gespukt,« sagte die Mutter, »diesmal aber war es ganz sicher, denn Olivia saß und frisierte sich zum Ball, als sie plötzlich eine Dame aus der Wand heraustreten sieht – leibhaftig – sie sah sie im Spiegel. In grauem Seidenkleid mit großen Rosensträußen kam sie auf Olivia zu und stellte sich hinter ihren Stuhl – –

Olivia aber fuhr auf, stürzte auf den Gang hinaus und schrie, schrie – – Ein Glück war es aber, daß die Dame sie nicht bei der Hand gefaßt hatte. Denn das war doch einer Gesellschafterin passiert ... und die kam auf den Gang hinausgelaufen, die Treppe hinauf, zur Gräfin hinein, und rief: ›Eine Dame kam aus der Wand heraus, ging gerade auf mich zu und faßte mich bei der Hand – – und drehte mich herum‹...

Und da im selben Augenblick wurde die Gesellschafterin verrückt...

Es war nichts zu machen, sie war und blieb verrückt!«

Erzählte die Mutter.

Und sie fügte hinzu, schließlich habe der Graf zu Aaholm jene Stelle in der Mauer niederreißen lassen, und in einem geheimen Raum habe man ein Skelett gefunden.

»Natürlich war sie ermordet worden,« sagte die Mutter.

Trotzdem sei es mit den Gespenstern eine eigene Sache. Vorbedeutungen dagegen, das sei etwas Tatsächliches. Und Hunde und Eulen wüßten mehr als Menschen.

Niemals schrien die Eulen am Kirchturm, wenn nicht in der Gemeinde bald jemand starb.

»Das weiß der Küster auch,« sagte die Mutter und nickte.

An Winternachmittagen ging die Mutter mit den Kindern auf Besuch. Alle Kinder plauderten, während sie die Allee hinaufschritten und die Mutter umringten wie ein Schwarm junger Vögel.

Oben, am Ende der Allee, wohnte der Dorfschulze. Schmuck und sauber und weiß, breit und groß lag der Hof da, mitten im weißen Felde, abgeschlossen durch ein grüngestrichenes Tor.

Manchmal gingen sie zu Dorfschulzens hinein. Die Frau des Dorfschulzen ging sofort in die Küche.

Sie sagte Guten Tag mit einer Stimme, die man nicht hörte, streckte einem eine feuchte Hand entgegen, die man nicht zu fassen bekam, und ging in die Küche, um fürs Essen zu sorgen. Man war noch keine zehn Minuten beim Dorfschulzen, so strotzte der Tisch von Eßwaren. Immer gabs Rippspeer und rote Beten und Sülze. Die Brotscheiden waren so groß wie Landkarten.

Der Dorfschulze war ein dicker Mann, der zur Kirche und zum Markt in Augustenburg einen Rock anhatte, sonst aber in Hemdsärmeln einherging. Er sagte nie etwas, lachte aber immer, daß es seinen ganzen Körper nur so schüttelte.

Die Mutter setzte sich verzweifelt zur Sülze nieder.

Kam sie aber von einem Besuch bei Dorfschulzens nach Hause, so mußte sie immer ein Glas Rotwein haben, um damit das Fett hinunterzuspülen.

Jahre waren verstrichen, bei Dorfschulzens blieb immer alles beim alten. Die Frau ging nach ihrem Guten Tag in die Küche, und in dem Mann fing es an zu glucksen, daß die ganze kleine Stube bebte, sobald er nur Mutters Gesicht erblickte.

Eines Tages aber, es war in der Dämmerung, schleppte sich etwas wie ein schweres Bündel in unsere Wohnstube hinein. Und das Bündel – nichts als Tücher, darüber ein großer Schal und wieder ein kleiner Schal – kam nicht weiter als bis zum Stuhl neben dem Bücherschrank, aber dort sank es nieder, wie ein schweres Federbett niedersinkt, und das Bündel weinte, weinte, weinte.

Aus all den Kleidern heraus kam das Weinen, still und ununterbrochen.

Dies Bündel war des Dorfschulzen Weib – ihr Sohn war durch einen Fehlschuß umgekommen.

Die Mutter kniete nieder und versuchte, bis zur Frau zu dringen – durch all die Tücher hindurch, um sie zu trösten.

Das Bündel aber weinte nur und weinte und sagte:

»Ich muß mit dem Pastor sprechen.«

»Ja, ja, Madam Hansen, ja, ja, Madam Hansen...«

»Ich muß mit dem Pastor sprechen.«

Und das Bündel ging, leise vor sich hinjammernd, schwerfällig, als sei es ohne Leben, durch das Zimmer zum Pfarrer hinein.

»Wie sie weinte,« sagte die Mutter, »wie sie weinte – hätte man ihr nur die Tücher abnehmen können.«

Als ob sie das diesem Kummer nähergebracht hätte.

... Die Mutter und der älteste Junge wollten hin, um Dorfschulzens Sohn zu sehen.

In dem Hause war förmlich kein Laut zu hören. Der Hund bellte nicht, und das Federvieh war eingesperrt.

Der Dorfschulze empfing die Mutter und den Jungen in der Tür. Er hatte einen schwarzen Rock an und seufzte. Er sprach kein Wort, während die Mutter und der Junge still durch die Stuben schritten, wo alle Türen offen standen.

Im Saal stand der Sarg.

Dort war so ein gelbes Licht, wie es entsteht, wenn die Fenster mit Laken verhängt sind.

Der Dorfschulze nahm das Tuch vom Antlitz des Toten.

Da lag der Sohn, still.

Daheim, in der Leutestube, hatten sie gesagt, durch Andres Niels seien viele Mädels ins Elend gekommen.

Denn er hätte so einen weibischen Mund, hatte der Großknecht gesagt. Kein Mädel könnte da widerstehen. – Und ein Paar Beine, sie kriegten ihre Augen nicht los davon...

Jetzt aber lag er still. Es war, als sei gar kein Ausdruck in seinem Gesicht – nur Kälte.

Der Dorfschulze ging umher und murmelte einige Bibelstellen vor sich hin, die er von seiner Konfirmation her wußte.

Die Mutter sah lange in das Gesicht des Toten. Dann deckte sie selber das Tuch darüber. Es lag so hoch über der großen, geraden Nase. Die Frau des Dorfschulzen war nicht im Zimmer gewesen. Sie wirtschaftete auf schwarzen Socken in ihrer Küche umher.

Als die Mutter und der Junge in die vorderste Stube kamen, war der Tisch gedeckt. Er stand voll allerlei Eßwaren.

Die Frau ging umher und bot uns an.

Die Tür zur stillen Leichenstube stand offen.

Der Dorfschulze aß bedächtig ein Stück nach dem andern. Er mußte viel essen während der Trauertage.

Gesprochen wurde nicht.

Der Junge bekam Johannisbeerpunsch und trank das ganze Glas aus – denn die Mutter sah es nicht –, so daß ihm ganz schwindlig wurde.

Sie saßen lange bei Tisch. Die Frau des Dorfschulzen hatte sich neben die Tür gesetzt. Sie hatte kein Wort gesprochen.

Als aber die Mutter gehen wollte und sich der Frau näherte, um ihr Lebewohl zu sagen, spürte sie, wie die Ärmste am ganzen Körper zitterte.

Sie blickte zu Boden, und als sie zu sprechen versuchte, bekam sie die Worte beinahe nicht heraus ...

Es sei so viel, sagte sie nur immer ... aber sie möchte bitten, ob die Frau nicht etwas singen wolle ... an der Leiche etwas singen.

Die Mutter antwortete nicht, sie legte nur still ihr Zeug wieder ab, und sie gingen alle vier hinein – durch die Wohnstube, durch die Mittelstube in das gelbe Licht hinein.

Der Schulze brachte ein großes Gesangbuch herbei.

Die Mutter aber sang in die Luft hinaus, und ohne den toten Sohn anzusehen:

> Wenn ich bedenke recht den Tod,
> Daß ich von hinnen scheide,
> Wie's Vöglein froh das Morgenrot,
> Begrüß ich ihn mit Freude.
>
> O milder Tag,
> Wo Streit und Plag
> Wird selig gehn zu Ende.
> In Jesu Schoß
> Mit Wonne groß
> Falt ich die müden Hände.

Die Eltern regten sich nicht. Die Mutter allein sang. Der Junge stand und sah sie an. Sie war ganz weiß im Gesicht.

Diese einsame Stimme klang so seltsam dort über dem fremden Toten.

> Eia, mein Herz, sei stark und hold
> In Christus, deinem Herrn:
> Den Tod, der Sünde bittern Sold,
> Empfängst du jetzo gern.
> Denn jede Wund,
> Sie ist jetzund
> Die Tür zum Himmelreiche.
> Der Tod ein Ruhn
> Nach schwerem Tun,
> Daß jeder Kummer weiche.

Für einen Augenblick war alles still.

Dann legte die Frau das Tuch über des Toten Antlitz. Der Junge hörte die Mutter nicht einmal Lebewohl sagen.

Der Dorfschulze ging mit ihnen über den Hof. Er schloß das Tor auf und wieder zu.

Die Mutter und der Junge schritten auf den Weg hinaus. Die Mutter sprach nicht.

»Mutter,« sagte der Junge, »dein Gesicht war so weiß.«

»Komm jetzt,« sagte die Mutter.

Als sie nach Hause kamen, war die Mutter schweigsam und fröstelte. Beim Abendtisch wurde fast nichts gesprochen.

»Fritz,« sagte die Mutter plötzlich, »der Mensch hat keine Seele gehabt.«

»Stella!«

»Nein.«

Die Mutter schwieg einen Augenblick.

»Er hat nur Blut gehabt ... und jetzt ist es kalt geworden.«

Der Vater antwortete nicht.

Die Mutter saß einen Augenblick still.

»Die Menschen müßten immer alt werden, ehe sie stürben,« sagte sie.

»Stella, wie du redest.«

»Ja, es ist wahr. Denn dann haben die Leiden ihnen immer eine Art Seele gegeben.«

Sie schwieg einen Augenblick: »Die Jugend hat nur Blut.« Es war, als befände sich die Mutter in einem inneren Aufruhr: »Ich kann dies Gesicht nicht vergessen, in dem Nichts war. – –«

Die ganze Insel fand sich ein bei der Beerdigung...

Hatte man aber den Hof des Dorfschulzen hinter sich, dann lagen da hinter den Zäunen die kleinen Kätnerhäuser. Ihre Fensterrahmen waren grüngestrichen, und ihre Türen waren grün, sie selbst aber lagen weiß mitten im Schnee.

Die Mutter nickte in jedes Fenster hinein, und die Kinder nickten auch, und der älteste Knabe lief in jeden Schneehaufen hinein, der am Wege aufgeworfen war.

»Wie der Bengel läuft,« sagte die Mutter.

Im äußersten Hause wohnte Elsbeth. Sie war die Älteste im Dorf. Sie war sicher hundert Jahre alt. Es war so still in der Stube, daß es den Kindern schien, als wage nicht einmal die Katze zu schnurren. Oder vielleicht hatte sie es verlernt. Denn auch sie war alt und lag neben dem Bette. Wenn sie aber ihre graugelben Augen ab und zu öffnete, dann glaubte man, daß sie mancherlei wußte.

In früheren Zeiten hatte Elsbeth gesponnen – gesponnen, gesponnen.

Jetzt aber war der Rocken beiseite gestellt worden.

Er stand am Fenster. Wie eine Uhr, die nicht mehr geht.

Elsbeth nickte der Mutter zu, wenn diese eintrat.

Die Stimme rang sich mühsam, tief aus der Brust hervor.

»Ja, ich sitze hier,« sagte sie.

»Da sitzen Sie ja gut, Elsbeth,« sagte die Mutter.

Die Katze regte sich leise, und die Mutter warf ihr einen verstohlenen Blick zu, denn sie fürchtete sich vor der Katze: sie mochte keinen Besuch, sie wollte, Elsbeth und sie sollten allein sein.

»Ja, man sitzt und wartet,« sagte Elsbeth. »Erst lebt man, und dann denkt man zurück, und dann zuletzt sitzt man nur und wartet.«

»Alte Leute werden klug,« sagte die Mutter.

»Ja. Aber es nützt ihnen nichts, Madam, und den andern auch nicht. Denn Blut ist Blut, das will sieden, bis es matt oder kalt wird.«

Elsbeth schaute den ältesten Jungen an – sie hatte so klare Augen, aber sie lagen tief im Kopf –:

»Der wird auch einmal Blut genug haben,« sagte sie. »Blut genug und Tränen genug, das bekommt man zur selben Zeit.«

»Was sagt sie?« fragte der Junge.

Aber die Mutter antwortete nicht.

Elsbeth schwieg eine Weile, während die Katze die Augen geöffnet hatte.

»Dann kommt die Zeit der Muttersorge, aber auch die geht vorüber.«

»Was sagt sie?« fragte der Junge.

»Es gibt Mütter, welche sterben, wenn ihre Kinder klein sind,« sagte die Mutter.

»Ihnen ist wohl,« erwiderte Elsbeth. Es war still in der Stube. Auch die Uhr stand still. Elsbeth zog sie nicht mehr auf.

Die Nachbarsfrau kam, wenn es Zeit war – nach der Sonne –, half Elsbeth beim Aufstehen und brachte Elsbeth zu Bett.

»Zuletzt denkt man nur, was das Ganze eigentlich soll.«

»Was meinen Sie, Elsbeth?«

»Ja, Madam. Gott ist zu groß, und er kann sich auch nicht mit uns abgeben.«

»Das wissen wir nicht, Elsbeth,« sagte die Mutter.

»Doch, Madam. Denn wir sind zu klein, und er hat nicht die Zeit, sich mit uns abzugeben.«

Elsbeth schwieg, und die Mutter erhob sich mit ihren Kindern.

»Adieu, Elsbeth,« sagte die Mutter, »hier stelle ich den Fliederbeersaft hin.«

»Leben Sie wohl,« erwiderte Elsbeth.

Aber draußen auf der Landstraße war die Mutter schweigsam.

»Was hat sie alles gesagt?« fragte der Junge.

»Sie sprach von dir,« antwortete die Mutter. Und sie schwieg wieder.

Aber wenn der älteste Junge allein draußen war, ging er, so oft er an Elsbeths Haus kam, immer auf die andere Seite des Weges hinüber. Es war, als hätte er Angst.

Ging man nun weiter auf dem Wege zu Küsters, so kam man zu Madam Jespersen.

Ihr Haus lag auf einem Erdwall, und man mußte eine Stiege hinaufklettern, die nur ein Geländer hatte. Die Diele war mit Sand bestreut, und es roch nach Jungfräulichkeit und Lavendel.

Madam Jespersen saß auf einem Fenstertritt und strickte Schutzdecken. Da hatte sie gesessen, so lange man denken konnte. Die Schutzdecken, die sie strickte, lagen weißschimmernd auf jedem Möbel und auf jedem Stuhl.

Hatten die Kinder sich gesetzt und standen sie dann wieder auf, so ging ein jedes von ihnen davon mit einer Decke, die an einem selten genannten Körperteil festgeklebt war.

»Junge, Junge,« sagte die Mutter zu dem Ältesten und brachte die Decke wieder auf ihren Platz. Alle Stuhlkissen waren von Fräulein Helene auf Kanevas gestickt. Fräulein Helene stickte immer Sterne in vielen Farben auf verschiedenem Grunde.

Madam Jespersen sprach Holsteinisch – denn daher stammte sie – und war früher Kammerzofe bei den Rantzaus gewesen. Niemand wußte, wie sie hierher, gerade in diesen Winkel verschlagen war.

Sie war immer in Moiree und füllte einen ganzen Mahagonilehnstuhl mit breiten Lehnen aus. Auf dem Kopf trug sie eine turmhohe Haube – die Kinder glaubten, sie schliefe damit. An den Handgelenken hatte sie Armbänder aus Bernstein.

Sie verließ ihren Tritt nur, wenn sie in die Kirche ging. Dann trug sie eine Moireemantille und darüber einen gestrickten Schal.

Wenn der Kaffee auf den Tisch sollte, mußte Fräulein Helene immer viele Muster beiseite räumen. Es waren Muster aus grauem Packpapier zu ihrer nie vollständigen Garderobe. Sie war zweimal im Jahr in Flensburg und kehrte zurück, den Kopf voller Modelle zu Kleidertaillen, die sie im folgenden Halbjahre beschäftigten.

An Stoffen bevorzugte sie die schottischen Muster.

Sie veränderte aber nur die Taillen. Die Röcke blieben ungefähr dieselben. Nur dann und wann wurden sie mit Garnierungen versehen.

Die Kuchen zum Kaffee wurden aus einem Kasten hervorgeholt, der unter Madam Jespersens Bett stand. Madam Jespersens Bett war hoch wie ein Berg.

»Ach ja, man muß geduldig sein,« sagte Madam Jespersen und ließ die Hände sinken. Sie hatte sie einst vor Zeiten mit vielen Kammerzofenringen geschmückt, die jetzt im Fett der kurzen Finger verschwunden waren.

Jungfer Helene huschte hin und her und schwatzte.

Jungfer Stine steckte nur ein knochiges Gesicht zur Tür herein zum Guten Tag. Sie mußte in ihrer Nähschule bleiben.

»Sie können doch eine Minute da bleiben,« sagte die Mutter, »lassen Sie doch die Mädels nähen.«

Aber Jungfer Stine war schon wieder draußen in einer Stube hinten am Flur, wo sieben kleine Mädchen mit Mäuseschwänzen und zusammengekniffenem Munde Weißnähen lernten.

Jungfer Stine war lang wie eine Mannsperson und sehnig wie ein alter Gaul.

Sie hatte eine Buchstabierschule vormittags und eine Nähschule nachmittags. Sie bekam in der Nähschule im Monat pro Kopf eine Mark.

»Ach ja,« sagte Madam Jespersen, »die Stine gönnt sich keine Ruhe. Aber man muß geduldig sein.«

Jungfer Helene legte die Kuchen auf eine kleine Porzellanschüssel, mit sechzehn kleinen Handbewegungen bei jedem Kuchen.

Sie lief in der Küche aus und ein, um den Kaffee zu besorgen, während sie in einem fort schwatzte. Jungfer Helene schwatzte das ganze Jahr unaufhörlich, ohne daß eine Menschenseele am einunddreißigsten Dezember gewußt hätte, was sie gesagt.

»Die Kleine schwärmt,« sagte Madam Jespersen.

War der Kaffee auf dem Tisch, kam Jungfer Stine auf einen Sprung herein und setzte sich neben die Tür auf einen der drei Mahagonistühle mit richtigen Sitzen – die anderen Sitzgegenstände waren wackeliger und hatten einen geflochtenen Rücken – denn sie setzte sich hart nieder und mußte etwas unter sich haben.

Sie schlang den Kaffee hinunter und war wieder draußen.

Von der Kuchenschüssel waren immer einige Kränze verschwunden. Die verteilte sie zur Belohnung in der Nähschule. Das Stehlen war sonst durchaus nicht Fräulein Stines Sache, aber von den Kuchen stahl sie in unbewachten Augenblicken. Konnte sie es nicht, so kaufte sie Zuckerkringel im Krug.

Die Mauseschwänze bekamen sie. Eine war doch immer mit einem Wäschestück fertig.

Wenn die Mutter in den Gang hinaus kam, beim Fortgehen, steckte Jungfer Stine ihren Kopf aus der Schulstubentür – es kam eine laue Stickluft aus dem kleinen, weißgetünchten Loch heraus –, sie mußte der Mutter immer einen Kuß zum Abschied geben. Sie war der einzige erwachsene Mensch, den sie küßte.

Der älteste Junge stolperte über sämtliche vierzehn Holzpantoffel auf der Diele:

»Wie ungeschickt der Junge ist,« sagte die Mutter, »er lernt es nie, sich zu benehmen.«

Jungfer Stine blieb in der Haustür stehen und nickte, Jungfer Helene aber bog mit einer zierlichen Hand die Blumen am Stubenfenster zur Seite und lächelte nur.

»Mutter,« sagte der älteste Junge, wenn sie wieder auf der Landstraße waren, »Jungfer Stine hat Augenbrauen wie Kutscher Lars.«

Jungfer Stine hatte Augenbrauen wie eine Mannsperson über ein Paar Jungmädchenaugen.

Die Mutter liebte es, ihren ältesten Sprößling schwatzen zu hören. Er sprach ganz wie sie, mit denselben Ausdrücken, in der gleichen Wortstellung, mit einer altklugen Wichtigkeit, die wie Weisheit wirkte. Und immer guckte sein Kopf, der zu groß für seinen Körper war, neben Mutters Kleiderrock hervor.

Wenn sie von einer Kindergesellschaft nach Hause kamen, wollte die Mutter immer einen Bericht über das Fest haben.

Sie setzte sich in ihren Lieblingsstuhl mitten in der Wohnstube, als setze sie sich an einen gedeckten Tisch.

»So,« sagte sie, »nun laßt hören.«

Alle Kinder redeten durcheinander.

»Der Junge zuerst,« sagte die Mutter.

Und der Junge sprang in seiner Samtbluse umher und imitierte alle, Knaben und Mädchen, in Stimmen und Gebärden, daß die Mutter sich in ihrem Stuhl vor Lachen krümmte.

»Und was dann? Und was dann?«

Der Junge fuhr fort. Er konnte die ganze Gesellschaft auswendig. Er machte alle nach und sprang umher wie ein Verrückter. Schließlich sagte die Mutter:

»Was habt ihr bekommen?«

Und die Kinder schrien die Gerichte durcheinander.

Über das Essen auf Gesellschaften lachte die Mutter am meisten.

»Essen lernen sie hierzulande nie,« sagte sie. »Herr Jesus, was setzen sie einem alles vor.«

Bei den Kindergesellschaften gab es ja ein für allemal nur Butterbrot und Mandelpudding.

Schließlich öffnete der Vater die Tür seiner Stube:

»Stella, du verdirbst den Jungen ganz,« sagte er. »Kinder dürfen doch nicht schon kritisieren, wenn sie noch in der Wiege liegen!«

»Ich kann den Jungen doch nicht am Sehen hindern, Fritz.«

Und des Vaters Tür schloß sich wieder.

Des Vaters Tür war fast immer geschlossen, und die Kinder wußten kaum, wie es hinter der Tür aussah. Denn sie kamen so selten hinein, und drinnen war es dunkel. Die Stube lag nach Norden, niemals schien die Sonne hinein. Die Möbel waren aus dunklem Mahagoni.

Der Vater wanderte fast immer in seiner Stube auf und ab.

»Wer ist da?« sagte er, wenn jemand hereintrat, und schrak leicht zusammen.

»Ich bin es,« antwortete eins der Kinder, das gekommen war, um ein Buch zu holen.

Und der Vater wanderte weiter in seinem Zimmer auf und ab, zwischen seinen vier Wänden. Er hatte es gern heiß im Zimmer und hatte doch immer weiße Hände vor Kälte.

Beim Mittagstisch, wenn eins der Kinder sprach, konnte er sich plötzlich von seinen Gedanken losreißen – er saß immer hinter einer Flasche seinem Rotwein mit rotem Siegellack:

»Gott weiß, wie die Kinder erzogen werden,« sagte er.

»Lieber Fritz,« erwiderte die Mutter, »wie soll man Kinder auf dem Lande erziehen.«

»Wie Kinder,« sagte der Vater und versank wieder in Gedanken.

Er war immer blaß im Gesicht, und sein Bart fing an grau zu werden.

Die Mutter aber sagte zu Lehrers Tine:

»Liebes Kind, Kinder sind Kinder, was sie hier nicht hören, das hören sie in der Gesindestube.«

Das war wirklich wahr. Die frohesten Stunden der Kinder waren die Stunden in der Gesindestube. Dort war es so siedendheiß, daß sie puterrote Köpfe bekamen, während sie in den Ecken saßen und zuhörten. Es war da stets eine große Versammlung aus dem ganzen Dorf, weil nie jemand nachzählte, wieviel Bier in die Krüge geschenkt wurde.

Das Küchenmädchen lief immer wieder ab und zu auf ihren schwarzen Socken und schenkte ein.

Es war wie in einem Wirtshause.

Lars, der Großknecht, saß am Tischende und hatte den Vorsitz. Die Tagelöhner garnierten die Wände. Maren, das Waschmädchen, stand an der Tür und grinste.

Es gab keinen Klatsch im ganzen Dorf, der nicht durch die Gesindestube ging.

Die Mutter machte zuweilen die Tür auf:

»Na, Kinder, gibt's was Neues?«

Und sie setzte sich selbst an den Kachelofen. Dann führte nur Lars, der Großknecht, das Wort, während die Tagelöhner dasaßen und auf ihre Krüge schielten.

Lars war da gewesen, so lange man denken konnte. Alle Dienstboten blieben unendliche Jahre im Hause. Die Mutter klagte beständig beim Vater über ihr Betragen. Der Vater sagte:

»So laß sie doch gehen.«

Die Mutter schlug hilflos die Augen zur Decke auf: »Aber sie wollen ja nicht,« sagte sie.

Und sie blieben.

Das Stubenmädchen litt an Kopfschmerzen. Sie band sich Handtücher um den Kopf, daß sie wie ein Schwerverwundeter aussah, und ging jammernd aus und ein. Das Mittel gegen ihr Übel war ein unaufhaltsamer Kaffeestrom, und sie tat nicht die geringste Arbeit.

»Ich finde Hannes Besen überall,« sagte die Mutter.

Die Besen standen verlassen.

Hanne selber sank in der Wohnstube beim Bücherschrank nieder und jammerte: »Ich habe es Marie gesagt, sie setzt den Kaffee auf.«

»Das ist recht,« antwortete die Mutter.

»Will die Frau nicht auch eine Tasse haben?« jammerte Hanne.

»Ja danke, wenn welcher da ist,« sagte die Mutter.

Die Hausmamsell saß am Fenster und stickte. Sie war eine sehr lange, apathische Person, die stets beleidigt tat, um einen Vorwand zum Nichtstun zu haben.

Die Mutter ärgerte sich wütend über sie und fragte sie jeden Tag, ob sie nicht mit dem Wagen nach Sonderburg fahren wolle.

»Gott,« sagte sie, »dann bin ich sie wenigstens so lange los.«

Sie ließ die Hände in den Schoß sinken.

»Alle meine Hausmamsellen werden so vornehm, daß sie nur sticken können.«

Für das jüngste Kind hatte man eine Amme genommen. Diese Amme führte den Namen Rose, und es zeigte sich, daß sie auf der ganzen Insel berüchtigt war.

Als sie nicht mehr Ammendienste tat, ging sie zu einer unbestimmbaren Stellung über, denn Kindermädchen waren schon im Hause.

Der Vater machte der Mutter viele Vorstellungen, um sie aus dem Hause zu bekommen.

»Lieber Freund,« sagte die Mutter, »willst du mir sagen, wie ich sie los werden soll? – Sie sitzt ja auch nur im Fremdenzimmer und näht. Dort tut sie ja keinen Schaden.«

Und Rose blieb da sitzen.

Überhaupt, wenn von den Dienstboten die Rede war, sagte die Mutter:

»Ja, Fritz, wenn du dich mal der Sache annehmen wolltest, würdest du schon sehen.«

Der Vater war viel zu müde, um sich der Sache anzunehmen.

Ausgenommen einmal.

Der älteste Junge ging durch die Stube und sagte zu Hanne, dem Stubenmädchen:

»Mach die Tür zu.«

Er wußte nicht, daß Vaters Tür offen war. Der Vater erschien sofort in seiner Tür, kreideweiß.

»Hanne, wollen Sie so freundlich sein, die anderen zu rufen,« sagte er.

Die Dienstboten versammelten sich, während der Junge zitterte und der Vater wartete. Als alle beisammen waren, gab der Vater ohne jede Zeremonie seinem ältesten Sprößling eine Ohrfeige.

»Willst du nun vielleicht Hanne um Verzeihung bitten und zu ihr sagen:

›Hanne, wollen Sie so gut sein und die Tür zumachen‹.«

Der Knabe tat es mit einer von Tränen erstickten Stimme, worauf das Gesinde fortgeschickt wurde.

Eine gewisse Höflichkeit gegen Untergeordnete ging ihnen von diesem Tage an in Fleisch und Blut über – denn keins von den Kindern konnte sich je erinnern, daß der Vater es bestraft hatte.

»Es ist ohnehin ein hartes Los, in dienender Stellung zu sein,« sagte der Vater.

Vielleicht machten sich die Kinder über das harte Los im stillen allerlei kritische Gedanken, denn hier zu Hause regierte niemand, außer denen, die dienten.

Lehrers Tine, die die gesunde Vernunft selber war, sagte, wenn die Mutter klagte:

»Um Gottes willen, nicht wechseln, es ist noch immer besser, in den Händen der alten zu sein.« –

»Kommen Sie,« sagte die Mutter zu ihr, »wir wollen ein wenig hinausgehen.«

Sie nahmen ein paar Tücher um und gingen durch die Pforte in den Garten, nach dem eisbedeckten Teich hinunter. Am Ufer lag der Schnee zwischen dem halbverwelkten Grase. Draußen hinter den Pappeln erstreckten sich die weiten Wiesen.

Plötzlich wurde die Mutter traurig, und ihre schöne Stimme klang wie eine Klage.

»Wie war es schön hier im Sommer!«

Lange und wehmütig schaute sie über Eis und Schnee der Wiesen hin, sie, die den lauen Wind und die Sonne liebte.

Sie starrte das Gartenhaus mit den weißen Säulen an. Zu ihrem Geburtstag im Juni waren die Säulen immer mit Kränzen umwunden.

»Ich werde nicht mehr viele Sommer erleben,« sagte sie.

»Unsinn,« antwortete Tine.

Die Mutter aber starrte noch immer von ihrem Gartenhause zu den eisbedeckten Wiesen hinüber.

»Nein,« sagte sie und fing an zu weinen, sie, die das lichte Leben liebte.

Mutter, du beugtest dein Haupt,
als der Schmerz kam,
und schlossest dein Auge,
als die Dämmerung hereinbrach
für dich und für uns alle –
Mutter – du –

Es werden noch immer Rosen,
Rosen und Blumen
um die weißen Säulen geschlungen –
Rosen, Blumen, Mutter,
für die andern.

Aber du konntest
im Winter nicht leben;
nicht, wenn die Erde,
nicht, wenn das Herz erstarrt.

Du gingst.
Und doch und doch
blühen die glühenden Rosen –
Rosen, Rosen
blühen doch für die andern.

Ging man von Jespersens noch ein kleines Stück weiter, so bog die Straße zum Kirchplatz ab.

Dort lag der Krug, weiß wie die Kirche, sein Nachbar. Nur war die Krugtür grün, während das Kirchenportal schwarz war.

Links lag die Schmiede. Sie war so merkwürdig viereckig und hatte eine schwarze Kappe auf als Dach. Drinnen in der Schmiede aber waren Nacht und Flammen.

Der älteste Junge schlich Sonntags oft nach der Schmiede hinüber. Dann war es dort so still und friedlich, die Wände waren Wände wie alle andern, und die Tür war nur eine Tür und die Steine Steine, während der Schmied selber nun zu einem weißen, richtigen Manne geworden war, der heiter und breit draußen vor dem Wirtshause saß.

Er saß da und sah sich die Leute an, die zur Kirche gingen.

Kam aber der Montag, dann war die Schmiede wieder voll von schwarzer Nacht und rotem Feuer. Und nie hätte der Knabe es gewagt, dort hinein zu gehen, dort, wo, wie sie erzählten, der Schmied wie ein großer schwarzer Schatten zwischen den schwarzen Spukgestalten der Blasebälge umherging.

Rechts kam man nach der Schule. Sie lehnte sich gleichsam freundlich an die Kirche an, stützte sich auf sie und was ihr angehörte.

Die Treppe zur Schule war mit Sand bestreut. Die Haustür ging so weich in ihren Angeln, und gleich im Flur schon glänzte alles. Wände, Fußboden, Decke glänzten. Niemand verstand es, grüne Seife unter seinen Händen so zum Glänzen zu bringen wie Küsters Tine.

Rechts lag die Schulstube. Sie war von einem ewigen Gesumm erfüllt. Die Kinder saßen in Reihen über ABC und Katechismus, Knaben und Mädchen, jedes auf seiner Seite, wie die Mannsleute und Frauenzimmer in der Kirche. Sie schwitzten und rochen über all dem Wissen. Der alte Küster rauchte eine Pfeife mit starkem Tabak und schwitzte mit. Er schwitzte immer, und immer hielt er den Kachelofen glühend.

Wenn die Mutter auf den Flur kam, klinkte sie die Schulstubentür auf:

»Guten Tag, Küster,« sagte sie. »Bei Ihnen ist es warm.«

»Guten Tag, guten Tag,« antwortete der Küster. Die Kinder aber flogen auf ihren roten und schwarzen Strümpfen in die Höhe.

»Ja,« sagte der Küster, »die vielen Körper machen warm.«

Die Mutter machte die Tür zu. Drüben auf dem Flur hatte Tine sie schon gehört und die Stubentür aufgemacht.

»Nein, aber kommen Sie doch herein, hier ist es schön warm.«

In der Schule war es immer warm.

»Gott bewahre, ist das stickig in der Schule,« sagte die Mutter und versank in einem Sessel. Nirgends versank man so in einem Sessel wie bei Küsters. Die Stühle waren so breit, mit weitgeschweiften Armlehnen, als ständen sie nur da und sehnten sich nach guten Freunden.

»Das sind die Kinder,« sagte Tine.

Zu Hause behauptete die Mutter, der alte Küster sei mit dran schuld.

Drinnen in den Stuben aber duftete es nach Räucherkerzen, getrockneten Rosenblättern und Reinlichkeit.

Die Küstersfrau erschien in der Küchentür.

»Ach, daß Sie endlich mal gekommen sind,« sagte sie und knixte.

»Ach, du lieber Gott, wir kommen ja sechzehnmal die Woche her.«

Die Mutter war bereits draußen in der Küche. Sie mußte sie sehen. Küsters Küche war ihre Wonne und ihr Staunen. So viel Kupfergeschirr, und wie das glänzen konnte – Pfannen und Kessel und Töpfe die Wände entlang. Die Kaffeekanne hatte einen Bauch und stand immer auf dem Feuer.

»Sie kommt wohl nie von den Torfkohlen,« sagte die Mutter.

»Ach nein,« entgegnete die Küstersfrau, »es kommt ja so oft Besuch – Gottlob … man kennt so viele Leute.«

Die ganze Gegend kam zu Besuch. Alle machten halt vor der Tür und guckten herein.

»Man muß hinauf,« sagte die Mutter, »es ist, als werde man immer erwartet. Und Küsters wissen immer was Neues – aber sie klatschen nicht.«

Die Kinder waren glücklich aus dem Zeug heraus und spielten schon in der großen Stube Kriegen. Kein Raum war so geeignet zum Kriegenspielen. Denn er war geräumig wie ein Saal, und alle Stühle standen so dicht an den Wänden und versperrten den Weg nicht.

»Liebe Kinder,« sagte die Mutter zu Hause, »ich weiß nicht, aber Küsters Möbel haben so was freundliches an sich.«

Tine holte die Tassen hervor, und Tine kommandierte das Spiel.

»So, da purzelt der Junge wieder hin!« sagte die Mutter.

»Auf, auf,« rief Tine.

»Tine, was machen Sie mit Ihrem Tischzeug?« fragte die Mutter, die wieder in der Stube und in einem andern Sessel versunken war. Bei Küsters wechselte sie oft ihren Sitz.

»Ich bekomme meins nie so weiß,« sagte die Mutter und schüttelte verzweifelt den Kopf.

Ihr eigenes war ganz genau so weiß, Küsters Tischzeug kam ihr aber immer weißer vor. Alles erschien ihr am weißesten und schönsten bei Lehrers – mit Ausnahme der Betten. Es waren die höchsten im ganzen Dorf.

»Daß sie in diesen Bergen liegen können,« sagte sie, wenn sie nach Hause kam.

Die Betten waren tatsächlich Berge, ein Federbett über dem andern, mit roten Bezügen und selbstgewebten Laken. »Ich würde ersticken,« sagte die Mutter.

Die Betten waren der Stolz der Frau Küster. Sie zeigte stets ihre Brautlaken. Die hatte sie gewebt, als sie noch Mädchen war, und sie waren über Tines Taufwiege gebreitet gewesen.

»Das ist eine eigene Sache,« sagte die Küstersfrau und liebkoste die Laken, »mit der eignen Hände Arbeit.«

Jetzt war sie beim Waffeleisen. Die Mutter spürte schon den Duft.

»Gibt's Waffeln?« sagte sie.

Die Mutter zog immer so etwas mit den Schultern, leise und ein wenig hastig, wenn sie sich auf Essen freute.

»Ach, das ist schön!« sagte sie.

Die ersten Waffeln kamen herein, und der Kaffee dampfte. Die Mutter setzte sich mit einem Plumps auf das Roßhaarsofa, gerade unter das Bild von König Friedrich VII. Er hing dort zwischen seinen zwei rechtmäßigen Gemahlinnen.

Die Kinder wurden ringsum auf die Stühle plaziert. Am Kaffee verbrannten sie sich und wandten kein Auge von den Waffeln.

»Passe auf deine Tasse,« rief die Mutter dem ältesten Knaben zu.

»Jesses, lassen Sie ihn doch,« sagte Tine.

Die Mutter aber schüttelte den Kopf.

»Er faßt alle Dinge im Leben gleich ungeschickt an. Das ist sein Pech.«

Aber Tine lachte, während sie ihm übers Haar strich. »Er hat's vielleicht nicht von Fremden geerbt,« sagte sie.

»Na, Tine,« warf die Küstersfrau ein.

Die Mutter aber lachte und hob die schönen Hände mit den vollen Adern: »Ja, wirklich, die Hände sind schön, aber sie sitzen verkehrt in den Gelenken.«

Die Küstersfrau nahm die Hände und streichelte sie:

»Sie sind ja auch nicht fürs Gewöhnliche gemacht,« sagte sie.

Plötzlich aber war die Mutter ernst geworden:

»Nein,« sagte sie, und mit ganz anderer Stimme fast fügte sie hinzu: »Aber mit solchen Händen kann man sich auch nicht wehren.«

Ihre Stimmung schlug wieder um: »Nein, Tine hat Hände!« sagte sie und sah bewundernd auf Tines emsige Hand hinüber, die abermals Waffeln unter die Kinder verteilte.

Sie war so kräftig und doch nicht groß.

Dann fingen sie an von der Gräfin Danner zu sprechen.

»Gott bewahre, was für ein Frauenzimmer!« sagte Tine.

Die Gräfin Danner war das stete Gesprächsthema der Gegend. Schloß Gottorp lag ja in der Nähe, und von dort kamen der König und die Gräfin nach Sonderburg herüber. Die Gräfin hoffte stets irgendwo hinzukommen, wo ihr in rechter Weise gehuldigt würde.

Wenn die Gräfin nach Sonderburg kam, wurden alle Beamten der Insel nebst ihren Ehefrauen zur Tafel befohlen. Die Beamten erschienen, und die Frauen ließen absagen.

Die Mutter war so gut wie allein da.

»Ich will sie sehen,« sagte sie. »Merkwürdig ist sie doch auf alle Fälle, lieben Leute.«

Der Vater und die Mutter fuhren hin und wurden recht ungnädig empfangen. Die Gräfin kannte ihre Verwandtschaft mit jenem Bischof von Seeland, den sie von ihrer Trauung her noch recht gut im Gedächtnis hatte. Die Sage ging, daß sie ihn in Frederiksborg halb wie einen Gefangenen hätten behandeln müssen, ehe sie ihn dazu zwangen, sie zu trauen.

»Tüchtig ist sie,« sagte die Mutter von der Gräfin, als sie nach Hause kam. »Aber du meine Güte, was war sie doch dekolletiert ... und was hat sie denn zu zeigen ... Solche Fleischmassen zeigt man doch nicht mal seinem Spiegel...«

Drüben in der Schule begannen sie zu singen. Der alte Küster sang vor, und die Kinder antworteten ihm unverdrossen in allen Tonarten. Es war ein Begräbnispsalm.

In der Wohnstube setzten sie ihr Gespräch über die Gräfin Danner fort.

Es welken dieser Erde Kränze,
Und was sich hier dem Staub entwand.
Gezählt sind bald der Erde Lenze –
Selbst wo es Gott mit Geist verband.
Nur was der Himmel uns verleiht,
Kann blühn in alle Ewigkeit.

sangen sie drüben. Der Baß des Küsters und die Diskonte seiner Schar.

Die Mutter wußte so viele Geschichten von der Gräfin. Sie hörte sie von ihrem Schwiegervater, der alten Exzellenz, der »diese Person« aus aufrichtiger Seele haßte. Die Mutter erzählte eine Geschichte von den Kanälen zu Frederiksborg. Der König und seine Gemahlin machten eine Ruderfahrt. Da wurde Seine Majestät, der Freiheitskönig, plötzlich wütend.

»Schmeißt sie ins Wasser!« rief er.

»Schmeißt das Weibsbild ins Wasser!« schrie er.

Die Leute zögerten.

»Zum Teufel – schmeißt die Metze in den See!« kommandierte Seine Majestät. Und die Gemahlin Seiner Majestät »mußte in den See« hinein und ans Ufer waten.

Die Mutter lachte wie toll.

Drüben setzten sie das Singen fort. Es klang so kläglich:

Wohl jeder Seele, die ersehnet,
Was nur des Engels Aug erspäht,
Die sich ans Höchste gläubig lehnet,
Das Flittergold der Welt verschmäht, –
Ein gütger Himmel ihr verleiht,
Was blüht in alle Ewigkeit.

»Ja,« sagte die Küstersfrau mitten in dem Gräfinnengespräch, sie dachte an den Grabpsalm: – »Sie müssen ihn ja singen, der Chorknaben wegen.«

Die Mutter aber wußte noch viel mehr von der Gräfin und Seiner Majestät.

Sie erzählte weiter.

Sie erzählte, wie der König in einer Staatsratssitzung das Protokoll dem Ratspräsidenten gerade ins Gesicht geworfen habe, so daß es hart am Ohr des Justizministers vorbei geflogen sei. Aber am schlimmsten war doch das mit der Gräfin.

»Der Schwiegervater sagt, während der Staatsratssitzungen horcht sie an der Tür. Und hinterher erstattet sie der Zeitung Bericht.«

Stets kehrte die Mutter zu dem Thema Gräfin zurück.

Die Küstersfrau saß und hörte zu, und Tine lachte. Drüben in der Schule waren sie zu den Vaterlandsliedern übergegangen. Der alte Küster setzte immer kräftiger ein, wenn er ans Vaterland kam.

»Aber tüchtig ist sie,« sagte die Mutter und machte Schluß mit der Gräfin.

Nichts in der Welt hatte der Mutter so imponiert wie Louise Rasmussens Tüchtigkeit.

»Bei der Häßlichkeit,« sagte sie, »Kinder – –«

Drüben in der Schule war es, als seien die Kinder wach geworden. Es schallte nur so, der Baß voran:

O Muttersprache, traute, o wonnesamer Klang,
Wo finde ich das Gleichnis, zu preisen dich im Sang?
Die hochgeborne Jungfrau, die edle Königsbraut,
Denn sie ist jung und lieblich, aus hellem Aug sie schaut.
Denn sie ist jung und lieblich, aus hellem Aug sie schaut.

»Singt mit, Kinder,« sagte die Mutter und setzte selber ein. Der Alte hörte es drüben, und stärker erscholl die Melodie. Die klare Stimme der Mutter übertönte alle die andern:

Sie legt uns auf die Lippen ein jedes schöne Wort,
Zum leisen Flehn der Liebe, zum Dank am Siegesort.
Wird uns das Herz zu enge und schwillt es uns vor Lust,
Verleihet sie uns Töne, erleichtert uns die Brust!

»Wie hübsch ist das,« sagte die Küstersfrau, »es ist, als ob das ganze Haus singt.«
»Tatsächlich,« sagte die Mutter, und sie lachte und lief in die große Stube hinein:
»Nein, nein, bleibt da,« rief sie, »ich singe hier. Dann gibt's Gesang in der ganzen Bude.«

Und treibt uns in die Weite das Streben nach dem Glück,
Nach ferner Zeiten Weisheit, nach fremder Welt Geschick,
Sie lockt und zieht uns heimwärts, wir folgen ihrem Laut,
Denn sie ist jung und lieblich, aus hellem Aug sie schaut.

Es wurde ganz still drüben beim Schmied. Jetzt konnten sie es in der Schmiede hören, daß »die Frau die Schule singen ließ«.

Der Schmied trat aus der Schmiede auf den weißen Kirchplatz. Er stand unter des Küsters Fenstern und lauschte.

»Jetzt aber wollen wir hier bleiben,« rief die Mutter, und alle liefen zu ihr in die große Stube hinein.

»Ja,« sagte Tine, »nun spielt der Junge Komödie.«

Der Junge war der Älteste. Seine Stimme war schrill wie eine Spieldose. Aber Verse konnte er. Alles, was die Mutter las, behielt er. Er gestikulierte und tobte umher.

»Seht den Jungen,« rief Tine, »seht den Jungen!«

Der Junge spielte Hakon, und er spielte den Chevalier in »Ninon«. Er mischte die Verse durcheinander, er schrie und flüsterte. Der Ofen mußte mitspielen. Der uralte Ofen des Küsters stand breitbäuchig und ernsthaft da. Der Junge flog an ihm herum, beschwor ihn und donnerte ihm seine Verse entgegen.

»Seht den Jungen, seht den Jungen!« rief die Mutter, die sich auf ihrem Stuhl vor Lachen krümmte.

Draußen klapperten die Holzpantoffel der Kinder auf der Treppe. Der Schultag war zu Ende. Die Mutter lief zum Fenster, um hinauszugucken: unten auf dem weißen Schnee lärmten die Jungens und prügelten sich.

»Satansbengels,« sagte der Küster, der hereingekommen war, und klopfte sich mit der Spitze seiner Pfeife, die ein wenig schief war, auf die Stirn.

»Ach,« erwiderte die Mutter, »sie sehen aus wie Flöhe auf einem Laken.«

Der Floh war in ihren Gleichnissen ein Lieblingstier – war überhaupt ihr Lieblingstier. Sobald eines der Kinder sich nur rieb, sagte sie augenblicklich mit heiligem Eifer: du hast einen Floh. Und sie zog das Kind ganz aus, untersuchte seinen ganzen Körper, jedes Kleidungsstück, jede Falte. Der Floh war nicht da.

Aber die Jagd machte ihr Spaß.

»Zieh dich an, das widerliche Tier ist davongesprungen,« sagte sie.

Aber war wirklich so eine kleine schwarze Kreatur da, und hatte sie das Tier mit ihren schönen Nägeln gefangen, so pflegte sie es lange anzusehen und darauf zu sagen:

»Laß es weiter springen.«

Der Küster setzte sich auf seinen großen Stuhl am Fenster. Die Frau saß ihm gegenüber, während es schummerig wurde.

»Singen Sie ein Lied,« sagte der Alte. Es war seine Wonne, wenn »die Frau« sang.

»Das von der Liebe,« bat Tine.

»Tine ist verliebt,« lachte die Mutter.

»Das von der Liebe« war eine irische Melodie. Die Worte sind unbekannt und vergessen. Nur die Mutter sang sie. Vielleicht hatte sie sie selber gedichtet. – Sie sang:

Schön ist der Sonne Licht,
und lieblich kann das Mondlicht sein,
wenn es in stiller Nacht
sich über den rinnenden Fluß
ergießet weit –
Schön ist der Sonne Licht.

Am schönsten doch
ist der Liebe Schein,
der über bei Liebenden Antlitz gleitet,
wenn er unerwartet und jäh
die Geliebte erblickt.

Doch wie die Sonne sinket
und die Erde im Dunkeln läßt,
so erlischt auch der Liebe Licht.
Und es ist Nacht.

Ach, Gott Vaters Sonne,
sie ist barmherzig,
sie gehet wieder auf.
Das Licht der Liebe, wenn es erloschen,
erlischt für alle Zeit.

Es ist nicht dies,
daß Menschen täuschen können;
ei ist nicht dies,
daß Menschen verlassen wurden.
Nein, nur der Liebe Licht,
das jäh erlosch –
und es ist Nacht.

Schön ist der Sonne Licht,
die Sonne leuchtet alle Tage,
und alle sehn die Sonne.
Doch wer da niemals sah
der Liebe Licht
entzünden sich und jäh erloschen,
der kennt den Tag nicht
und weiß nichts von Nacht.

Das Lied erstarb.
»Wie schön das Lied ist,« sagte Tine.
»Es ist sicher wahr,« sagte die Mutter.
Aber der alte Küster sagte, hinten von seinem Stuhl im Dunkel:
»Ja, die Liebe ist etwas, worüber man nicht nachdenkt. Sie kommt.«
»Und geht,« sagte Mutter.
»Das stimmt,« sagte die Küstermutter so still aus ihrem Winkel heraus.
Einen Augenblick schwieg alles. Aber dann sagte der Alte:
»Ja, kleine Frau – sehen Sie, das ist schon richtig. Sie kommt und sie geht. Aber es gibt wohl auch Menschen, denen sie die Tür verschließt, weil sie, wenn die Liebe nicht zu Hause ist, sich nicht gedulden und abwarten ... bis sie wiederkommt ...«
Die Mutter antwortete nicht.
Aber kurz darauf fing sie wieder an zu singen – und da war ihr Gesicht aufwärts gewendet und schimmerte bleich im Dunkel; es konnte in dieses Gesicht ein Ausdruck kommen, daß es dem Gekreuzigten glich –:

>»Ach, Gott Vaters Sonne,
sie ist barmherzig,
sie gehet wieder auf.
Das Licht der Liebe, wenn es erloschen,
erlischt für alle Zeit.«

»Tine,« sagte sie, und ihre Stimme klang plötzlich heiter, »jetzt wollen wir auf den Kirchhof gehen.«

Das tat sie oft im Schummern oder bei Abend, aber stets mußten Tine und die Kinder ihr auf den Fersen folgen.

Sie zogen sich an und gingen durch die blitzende Küche in den Garten hinaus.

»Gute Nacht,« sagten die Alten. Sie standen in der Küchentür.

»Gute Nacht.«

Der Garten war mit Schnee bedeckt. Auf den Bäumen lag Reif, in der Kälte glitzerten feine kleine Sterne.

»Passen Sie auf Ihre Rosen,« sagte die Mutter zu Tine.

»Sie sind zugedeckt,« antwortete Tine.

Sie öffneten die Gittertür und traten in den Kirchhof ein.

Alles war ganz still. Schwarze und weiße Kreuze ragten aus dem weißen Schnee hervor. Ihre Namen waren im Dunkel verschwunden.

»Hier ruht man sanft,« sagte die Mutter.

Durch den Schnee waren Pfade gebahnt. Die Kreuze zeigten an, wo Gräber waren. Mitten im Schnee stand die Kirche, weiß und groß.

Sie schritten weiter, um den Kirchhof herum.

Die Mutter und Tine gingen voran, die Kinder trabten im Schnee hinterdrein.

Licht kam nur von den Sternen über ihnen.

Tine und die Mutter sprachen von denen, die im letzten Jahre gestorben waren und jetzt im Grabe lagen. Sie sprachen von dem Sohn des Dorfschulzen.

»Ja, er hat viele unglücklich gemacht,« sagte Tine.

»Das sagt man.«

»Und Gott mag wissen, was sie eigentlich an ihm sahen?«

»Sahen?! Sahen?!«

Es war die Mutter, die sprach.

»Tine, die Bienen spüren, in was für Blumen Honig ist.«

»Ja, vielleicht.«

»Es war wohl Liebesstoff in ihm,« sagte die Mutter und schwieg eine Weile, ehe sie, indem sie vor sich hinstarrte, fortfuhr: »und sonst nichts.«

Sie setzten ihren Weg fort.

»Kommt, Kinder,« sagte die Mutter. Zu Tine aber bemerkte sie, und ihr Gesicht war aufwärts gewendet, ihren Sternen zu, denen sie die vielen Namen gab:

»Tine, es gibt im Leben nur zwei Dinge – die Liebe und den Tod.«

Sie kamen an das große Portal. Tine zog den Riegel zurück.

»Jetzt müssen wir aber heim,« sagte die Mutter. Sie ging nach Hause, die Kinder an ihrer Seite.

Ringsum war tiefes Schweigen, alle Häuser waren geschlossen. Menschen begegneten ihnen nicht, und die Hunde kannten sie.

Es war einer von Mutters schweren Tagen.

Auch als sie nach Hause kamen, wurde kein Licht angezündet, und die Mutter sprach nicht. Sie setzte sich nur an das alte Klavier, dessen Tasten weiß durch das viele Dunkel schimmerten, und sang:

Es kommen die Jahre,
Da wir schmerzlich wissen

Des Lebens Wert.
Es kommen die Jahre,
Da wir verlieren müssen,
Was uns beschert.

Der Vater öffnete seine Tür, und die Kinder erblickten seinen hohen Schatten darin.

Es kommen die Jahre,
Da das Heer der Gedanken
Einem Leichenzug gleicht.
Es kommen die Jahre,
Da das sehnsüchtge Schwanken
Der Müdigkeit weicht.

Der Vater regte sich nicht. Es war, als stünde er da in der schwarzen Finsternis wie ein schwarzes Standbild.

Es kommen die Jahre –
Da wird die Erinnerung
Selber zum Hohn.
Es kommen die Jahre,
Da wir leben nicht mehr –
Ach, stürben wir schon – –

Der Vater schloß die Tür.
Die Mutter fuhr bei dem Geräusch zusammen.
»Wer ist da?« fragte sie.
»Es war der Vater,« antwortete der älteste Junge aus der Ecke.
»Mutter, sing das Lied, das wir nicht verstehen.«
Aber die Mutter schloß das Klavier.
Lange wurde es nicht mehr geöffnet.
Aber dann konnten Zeiten kommen, wo die Mutter nur las.
Die Tür zum Bücherschrank stand nie mehr still, ein Band folgte dem andern. Der Kutscher fuhr nach Sonderburg, und der Kutscher brachte Bücher mit.
Sie saß stets auf derselben Stelle, am Fenster, auf »ihrem« Stuhl, unbeweglich. Das Buch lag auf ihrem Nähtisch, den Kopf hatte sie in die Hände gestützt. Die Kinder hörte sie nicht, um den Haushalt kümmerte sie sich nicht. Sie verschlang nur Buch auf Buch.
Der Vater kam herein.
»Willst du nicht ausgehen?« fragte er.
»Ich lese.«
»Willst du nicht zu Lehrers gehen?«
»Du siehst ja, ich lese.«
Sie las weiter, und die Hand schlug die Blätter um.
Es verging eine Stunde. Es vergingen viele Stunden. Die Kinder schlichen umher.
Zuweilen aber legte sie das geöffnete Buch auf die Knie, und mit eng gefalteten Händen starrte sie vor sich hin – schweigend, ehe sie weiter las.
Sie holte sich Bücher aus Vaters Regalen. Sie las über Naturwissenschaft und Dogmatik. Sie las und las.
Der Vater ging durch das Zimmer:
»Willst du denn nicht ausgehen?«
»Morgen.«
»Das sagst du jeden Tag.«
»Ja, aber ich lese.«

Sie las wie ein Trinker, der sich berauscht und sich wieder berauscht und seinen Rausch verlängert und nicht erwachen will.

In der Dämmerung kam Tine.

»Was haben Sie angefangen?« fragte Tine.

»Ich habe gelesen.«

»Was?«

»Ich weiß nicht.«

Plötzlich aber konnte sie in Klagen ausbrechen, in lange und heftige Vorwürfe gegen die Bücher, die sie verschlang, die ihren Durst nicht befriedigten.

»Worüber schreiben sie?« sagte sie und schlang, im Lichte des Feuers, vor dem sie saßen, die weißen Hände, die im Feuerschein glühten, um ihre Knie: »Sie schreiben schöne und dumme Worte über das, was wir alle wissen, was wir alle zu denken gewohnt sind ... über anderes schreiben sie nicht.«

»Alle Bücher handeln doch von Liebe,« sagte Tine.

Die Mutter lachte.

»Das tun sie eben nicht.«

»O doch.«

»Nein, gerade in dem Punkt verdrehen die Bücher uns das Leben, sie rauben uns den Mut, der Wahrheit in die Augen zu sehen.«

»Was für einer Wahrheit?«

»Der *Wahrheit.*«

Sie schwieg einen Augenblick. Der älteste Junge lag ihr zu Füßen und schaute empor in ihr schönes Gesicht.

»Ich kenne sie,« sagte sie, »aber sie – die *Dichter*« – und sie sprach das Wort mit einem stolzen Hohn aus, »sollten den Mut haben, sie *auszusprechen* ... ich suche nach einem, der es gewagt hat.

Sie schreiben Fabeln, die wir selber erfinden könnten, sie setzen Verse zusammen, die wir selber drechseln und am Klavier singen könnten ... Aber die Wahrheit sagen sie nicht ... Ja, die Buchbinder sind die einzigen, die sie durchschauen. Sie haben ja seit Olims Zeiten damit zu tun gehabt und haben gelernt, diese Lügen in ein goldenes Gewand zu kleiden ...«

»Freilich,« fuhr sie fort und lächelte ein bißchen, »die Buchhändler kennen sie vielleicht auch – sie lächeln immer so verbindlich, wenn man ein Buch kauft, als ob sie sagen wollten: daß du nicht klüger bist ... aber bitte schön – kaufe nur eine neue Lüge ...«

Sie saß immer noch mit verschlungenen Händen da, plötzlich aber sprach sie ganz ruhig:

»Was mich wundert, ist nur, daß sie alle so dumm sind, daß nicht einer von ihnen klug genug ist, sich steinigen zu lassen, weil er die Wahrheit gesagt ...«

»Ja, aber welche Wahrheit?« fragte Tine, die während Mutters »Leseraptus« ganz verzweifelt war.

Die Mutter schwieg eine Weile.

»O,« sagte sie. »Der Sohn des Dorfschulzen kannte sie. Aber der konnte nicht buchstabieren, und er war wohl auch zu faul, um Dichter zu werden.«

Tine, die durchaus nichts verstand, sagte ablenkend: »Ja, faul war er in allem, nur nicht darin, die Mädchen ins Unglück zu bringen ...«

»Er brachte sie nicht ins Unglück,« sagte die Mutter, »er liebte und er hörte auf zu lieben – – – wenn *das* vorbei war ...«

»Wenn was vorbei war?«

»Ja – die Begierde ... denn das ist das Geheimnis: es gibt nichts als den Trieb, er allein ist Herr und Meister ... Der Trieb brüllt zum leeren Himmel hinauf – er allein. Aber,« und die Mutter machte eine Bewegung mit der Hand »wir wollen nicht mehr davon sprechen ... weshalb sollte ich die Wahrheit sagen? ... Glauben Sie, daß wir Schnee bekommen?« fragte sie.

Ihr Antlitz war von dem roten Feuer beschienen ...

Dann stand sie auf. Man hörte ihre Schritte kaum. Lange erklang das leise Vorspiel, ehe sie sang:

Laßt die Toten ruhen,
laßt die Toten ruhen,
ihr Erinnerungen.
weckt es nimmer,
laßt mein totes Herze ruhn.
Nur im Tode gibt es Ruh und Frieden.
Laßt es ruhen,
laßt mein totes Herze ruhen.

Waren Frühlingstage,
voller Fliederdüften,
als in lauter Sonne
du das Fenster öffnest
und, im Jubel strahlend,
flüstertest:
»Noch ein Tag –
noch einen Tag zu leben.«

Waren stille, friedevolle Stunden,
wenn wir unter kargen, dünnen Vorstadtbäumen
schweigend schritten in der gleichen Freude,
daß gemeinsam unser Träumen, unsre Tränen.

Laßt es ruhen, laßt es ruhen,
weckt es nicht, mein totes Herze.
Nur im Tode gibt es Ruh und Frieden.
Ihr Erinnerungen,
weckt es nicht,
weckt es nicht, mein totes Herze.

Die Tage wurden länger, und auf dem Nähtisch in Mutters Glas standen Schneeglöckchen. Tine war so geschickt darin, sie unterm Schnee zu finden. Sie kannte die Stellen, an denen sie wuchsen, und sie wühlte und wühlte, bis sie sie fand.

Die Schneeglöckchen standen dicht an der Mauer. Tine legte sich auf die Knie und grub mit ihren flinken Händen, die ganz rot davon wurden.

»Seht, seht!« rief sie, wenn sie das zarte Grün fand.

»Ja, wie hübsch ist das,« sagte die Mutter, die am Fenster stand. »Aber wie kalt ist es noch,« fügte sie hinzu und schloß das Fenster.

Das ganze Haus wurde mit Schneeglöckchen angefüllt. Selbst die Mädchen hatten ein Glas voll vor ihrem Fenster stehen (es war ein vergittertes Fenster, die Mädchen wohnten wie in einem Gefängnis, aber die Knechte schlüpften wohl durch die Tür hinein), und eines Tages lief die Mutter hinaus und steckte einen Strauß an den alten Hut des Kuhhirten.

Er kam um den Kuhstall herumgeschlichen. Er schlich immer, gleichsam als wolle er die Verdauung des lieben Viehs nicht stören. Die Mutter saß an ihrem Fenster. Nun sprang sie auf.

»Jens soll Schneeglöckchen am Hut haben,« sagte sie und lief hinaus.

Über den Hof, zum Kuhstall.

Jens war ganz erschrocken. Aber die Mutter riß ihm den Hut vom Kopf und steckte die Schneeglöckchen hinter das Band.

Der Kuhhirt blieb stehen mit dem Hut in der Hand. Dann lachte er, meckernd und lange.

Die Mutter aber, die wieder hineingelaufen war, sagte zu Tine: »Uff, wie eklig war sein Hut anzufassen.«

Der Frühling meldete sich. Die Schwalben kamen, und die Anemonen sproßten hervor im Wäldchen hinter dem Gartenhaus der Mutter.

Dann machte es der Mutter Spaß, in den Wiesen umher zu waten.

Das Eis lag noch darauf, aber in kleine, fließende Inseln zerteilt.

Mit aufgehobenen Röcken stand die Mutter mitten auf den Eisschollen.

»Tine, Tine, es bricht!«...

Tine stand mitten im Morast, bis zu den Knien aufgeschürzt, auf das Schlimmste gefaßt.

Die Mutter flog von Scholle zu Scholle.

Bums – da lag der älteste Junge, bardauz, in der nassen Wiese.

»So, da liegt der Junge!«

Die Mutter sah sich die Situation einen Augenblick an. Nur der kurzgeschorene Kopf des Knaben guckte aus dem Wasser hervor.

»Herr Jesus, er sieht aus wie ein Seehund.«

Die Mutter lachte, daß sie und die Schollen bebten.

»Tine, Tine, ziehen Sie ihn heraus, damit Fritz nichts sieht.«

Tine packte den Jungen, daß er aufheulte.

Die Mutter flog von Scholle zu Scholle, während sie mit den Armen schlug wie ein Vogel, der sich zum Fliegen anschickt.

Die Knechte und der Kuhhirt kamen heraus, um zuzuschauen. Jens grinste, daß ihm die Pfeife aus dem Mund fiel.

Lars aber, der Großknecht, äußerte, die Frau spränge weiß Gott ebenso famos wie die, die durch den Reifen springen.

Lars war häufig in Flensburg gewesen und hatte die Zirkusdamen gesehen.

»Meiner Seel, ebenso famos,« sagte Lars und spreizte die Fäuste in den Hosentaschen.

Jens, der Kuhhirt, aber hatte seine eigene Meinung und zwar die, daß die Beine der Frau beinah so zierlich seien wie die einer Geiß, ganz bestimmt.

Die Mutter sprang auf den Schollen umher, bis es dunkel wurde. Dann setzten sie und Tine sich auf eine Bank, am Wegrand. Jenseits des Weges standen Pappeln.

»Wie glühend die Sonne untergeht,« sagte die Mutter.

»Ja, es gibt Sturm,« antwortete Tine.

Die Mutter sah lange auf die leise wiegenden Pappeln; sie standen so schlank gegen den Himmel.

Dann sagte sie leiser: »Ob die Pinien sehr viel anders ausschauen?«

Sie erhoben sich beide. Auf der Hoftreppe begegneten sie dem Vater.

»Was hast du für rote Backen!« sagte er, denn die Mutter war noch ganz glühend.

»Ach ja,« sagte sie und holte tief Atem, »ich bin auch direkt vom Schmied hierher gelaufen.«

Es war dunkel in allen Stuben, und alle Türen standen offen.

»Setzen Sie sich hierher, Tine,« sagte die Mutter, und Tine setzte sich, mit dem Kopf gegen den Klavierstuhl, zu ihren Füßen.

Mutters Finger liefen über die Tasten hin:

»Wie seltsam, aber es ist, als ertrüge ich es nicht länger als eine Stunde, froh zu sein.« Die Läufe wurden zu einem Vorspiel, und die Mutter sang:

> Ein jedes Kind, das du gebierst,
> Gebierst du für die Not,
> Und keimt ein neues Blatt hervor,
> Es keimt nur für den Tod.
>
> Ein jeder Liebesrausch, genossen,
> Trägt Schmerz in seinem Schoß,
> Ein jedes Liebeswort, verflossen,
> Ist aller Farbe bloß.
>
> Ein jedes Glücksgespinst, gesponnen,
> Zerreißt es dir gar bald.
> Als er der einen Kuß genommen,
> Sein Traum der andern galt.

»Wie ist das Lied traurig!« sagte Tine.

Die Mutter schwieg eine Weile, dann sagte sie:

»Wissen Sie, was ich mir wünschen könnte, Tine? – Daß ich ein Lied schreiben könnte, so traurig wie das Leben.«

Sie schwieg abermals, während die weißen Hände über den Tasten schimmerten: »Aber es ist weise bedacht: daß das Glück keinen Plural hat.«

»Ja, das ist seltsam.«

Die Mutter stützte ihren Kopf in die Hand:

»Nein,« sagte sie, »es gibt nur eins.«

Der Vater ging durch die Stube, durch die Dämmerung, wie ein Schatten.

»Wollt ihr nicht Licht machen?« fragte er.

»Gleich wird es angezündet,« antwortete die Mutter.

Und Tine steckte die Lampe an.

»Jetzt wollen wir Patience legen,« sagte die Mutter, und sie vergrub sich stundenlang in die Karten.

»In den Karten begegnet man immer dem Glücksbuben,« sagte sie.

Tine sah zu, bis ihr die Augen schwer von Schlaf wurden.

Nebenan im Zimmer hörte man unablässig den Vater hin und her gehen, hin und her.

Der Frühling kam.

An kalten und klaren Abenden streifte die Mutter mit Tine umher, über die Felder mit ihrem zarten Grün, auf Hügel und Anhöhen hinauf, wo sie weit sehen konnte.

Dort stand sie so gern.

Die Luft war noch kalt und biß sie in die Wangen, während die Sonne in einem blassen Rot unterging. Sie stand, mit der erhobenen Hand über den Augen, schlank gegen den Himmel, als spähe sie nach dem nahenden Frühling.

Dann wurden die Tage milder, in den Stuben daheim standen alle Schalen voll duftender Veilchen, und im Küchengarten kamen an den langen Reihen von Stachelbeerbüschen feine Blätter hervor.

Die Erde auf den Feldern wurde glänzend schwarz, der Humus lag feucht und blank und fruchtbar da – die Mutter konnte abends, wenn sie die Feldwege entlang gingen, Tine und die Kinder anhalten:

»Seht,« sagte sie, »seht, wie die Erde atmet.«

Die Frühjahrssaat sproßte in grünendem Gewimmel hervor, während der Roggen stramm und schlank dastand und den Abend mit dem starken Duft des jungen Grüns erfüllte.

Auch die Bäume bekamen Blätter, und alle Knospen sprangen, während die Luft satter und schwerer wurde; und der erste Dunst stieg aus der lebenden Erde auf, zu einem Blau des Himmels empor, das sich immer dunkler und kräftiger färbte.

Die Mutter hatte die Wanderkrankheit.

Sie ging und ging.

Plötzlich konnte sie stehen bleiben.

»Tine,« sagte sie, »es ist, als stöhnte die Erde.«

Im Garten blühten die Lilien auf.

Hoch und schlank würzten sie die dämmernde Nacht mit ihrem süßlichen Hauch.

Vom Teich stieg der Dunst auf, gesättigt mit dem Duft des Humus, wie ein heißer Atemstrom der Erde.

Um das weiße Gartenhaus schlangen sich glänzend die Rosenranken, und die Blätter entfalteten sich, während sie ihren sinnlich-herben Wohlgeruch verbreiteten.

Und überall, auf allen Dächern, flogen die weißen Tauben zueinander, während in Pappeln und Büschen die Vögel riefen und lockten.

»Wir wollen weiter gehen,« sagte die Mutter.

Sie ging mit Tine durch das Wäldchen hinter der Kirche, – Paradies wurde es genannt – die Anhöhe hinan.

Die Mutter pflückte schweigend einen Strauß tauiger Blumen.

Alles war grün geworden, und von Feldern und Wäldern und allen Sümpfen stieg ein zitternder Nebel zum dunkelnden Himmel auf.

Häuser und Höfe sahen sie zu ihren Füßen, und die Umrisse der weißen Kirche, und alles war in der schwangeren Feuchtigkeit der dampfenden Erde gleichsam verwischt.

Die Mutter schaute zum gewölbten Himmel auf und sagte:

»Die Sterne, Tine, wollen es nicht sehen.«

Sie schritten zurück durch das Wäldchen.

»Wie ist die Luft schwer!« sagte die Mutter.

»Das ist der Holunder,« sagte Tine.

»Wir wollen auf den Kirchhof gehen,« sagte die Mutter.

Sie öffneten die Pforte und traten ein.

Alle Büsche strotzten von Laub, und die Buchsbaumhecken glänzten. Hinter den weißen Mauern lag der Blumenduft dicht und schwer. Ringsum standen die stummen Kreuze.

Die Mutter blieb bald bei dem einen, bald bei dem andern Kreuz stehen. Und in die gesättigte Luft hinaus sprach sie leise die Namen auf den Kreuzen und die Worte der Inschriften:

»Mir geschehe nach deinem Wort.«

Und sie schritt weiter:

»Die Liebe ist des Gesetzes Erfüllung.«

Sie schritt weiter den Pfad entlang, und sie bog die Lilien zur Seite, als ertrage sie ihren Duft nicht.

»Jetzt haben Dorfschulzens den Hügel machen lassen,« sagte Tine.

»Ja,« antwortete die Mutter.

Sie beugte sich nieder und legte behutsam den Strauß, den sie trug, auf den frischen Hügel.

»Von ihnen, denen er das Glück brachte und die weinen mußten,« sagte sie.

»Ist das ein Dank?« fragte Tine.

Die Mutter antwortete nicht.

Schweigend, starr vor sich hinsehend, blieb sie vor dem frisch aufgeworfenen Grabe stehen. Eine Fledermaus flog vorbei, und die Mutter fuhr zusammen.

»Kommt,« sagte sie. Und als sie draußen waren, faßte sie sich an den Kopf:

»Tine – leben die Toten denn?« sagte sie, und sie versuchte zu lachen.

Unten am Abhang hinter der Mauer gab's ein Geflüster und Gehusche.

»Ach,« sagte Tine und lachte, »das sind ja nur die Knechte mit ihren Mädchen.«

Die Mutter kam nach Hause zurück, über den Hof, und ging in ihre Stube hinauf.

Es war Halbdunkel, und alle Türen standen offen.

»Maren, Maren!« rief sie durch das Haus.

Aber niemand antwortete.

Nur die Heimchen sangen im Waschhause und am Herde.

Die Mutter öffnete die Tür zum Waschhause.

»Maren, Maren!« rief sie über den Hof hinaus.

Sie sah nur ein paar Schatten, die zum Teiche hinunterflüchteten.

Sie schloß die Tür und ging langsam ins Haus. Wenn durch die Scheiben Licht auf ihr Gesicht fiel, schimmerte es bleich.

Sie setzte sich auf ihren Stuhl, und mit gefalteten Händen starrte sie in den leeren Raum hinaus.

Der Vater öffnete seine Tür.

»Ist hier jemand?« fragte er.

Im Halbdunkel antwortete sie leise:

»Ja – ich.«

Und der Vater sagte:

»Ich sah dich nicht.«

Er begann im Zimmer auf und nieder zu gehen und sagte:

»Ich rief vorhin, aber hier ist kein Mensch.«

»Nein,« antwortete die Mutter.

»Ja, wo sind sie denn – was machen sie alle?«

Mit einem leichten Wechsel der Stimme sagte die Mutter:

»Es ist Frühling, Fritz.«

Der Vater ging eine Weile hin und her.

»Du mußt sie zu Hause halten,« sagte er. »Das ganze Haus steht abends leer – das geht nicht an.«

Die Mutter regte sich nicht, aber indem sie den Hinterkopf an die Wand lehnte, sprach sie in die Luft hinaus und nicht zu ihm.

»Die Erde ist der Lehrmeister für ihre Kinder geworden.«

Der Vater blieb in einer Ecke stehen und setzte sich. Lange saß er schweigend da.

Dann sagte er:

»Wie weit du dich entfernt hast –«

Die Mutter antwortete nicht. Doch nach einer Weile sagte sie:

»Fritz, die Natur ist am stärksten, und die Erde selber treibt sie. Ja, Fritz,« und sie redete heftiger:

»Je mehr ich nachdenke, desto sicherer erkenne ich, es gibt nur ein Gesetz, ein einziges: daß das Leben fortgepflanzt sein will.«

Sie schwieg wieder einen Augenblick, dann sagte sie langsamer:

»Das glaube ich.«

»Fortgepflanzt zu welchem Ziel?«

»Ziel? Das Ziel ist die Fortpflanzung.«

»Und weshalb?«

Die Mutter sah in die leere Luft hinaus.

»Das weiß ich nicht,« sagte sie. »Gibt es nicht Billionen von Sternen? Sie werden das Ziel wohl vollbringen helfen.«

Sie schwiegen eine Weile.

Dann sagte sie:

»Weshalb, Fritz, sind die Menschen so eitel? Sind wir etwa nicht die geringsten Dienstboten in einem großen Hause, dessen Herrn wir nie von Angesicht zu Angesicht sehen?

Wir müssen unsere Tränen verbergen. Wir leiden und – bereiten Leiden.

Mehr wissen wir nicht.«

Der Vater erhob sich, aufgeregt.

»Dein ganzes eigenes Leben widerspricht dem, was du sagst; glaubst du denn, ich weiß nicht, daß dein ganzes Leben eine einzige Aufopferung ist?«

Die Mutter antwortete nicht gleich, dann sagte sie unendlich mild:

»Fritz, wenn man sich über die Leere des Lebens klar geworden ist, muß man es mit etwas ... Gleichgültigem füllen.«

»Ist denn die Aufopferung auch etwas Gleichgültiges?«

»Ja – vollkommen.«

Der Vater gab keine Antwort.

Es war, als glitte sein wandernder Schatten ins Dunkel hinein.

»Oder,« sie sprach ruhig, wie jemand, der eine letzte Frage stellt, »macht zum Beispiel meine Aufopferung dein Leben wirklich reicher?«

Vielleicht erwartete sie nur eine Sekunde lang eine Antwort; aber der Vater blieb stumm; und im Dunkeln zitterten vielleicht ihre Hände einen Augenblick.

Von ihrem erhöhten Platz her sagte sie dann:

»Es gibt zwar mancherlei Arten Scheinleben: in der Kunst, in der Aufopferung, in der Arbeit, in der Freundschaft, in der Tat; nur an einem Ort ist das Leben – dort, wo die Natur es gewollt hat.«

Die Mutter schwieg, und in der Stube war es still.

Leise wurden draußen die Türen aufgeklinkt.

Die Leute kamen nach Hause.

»Jetzt kommen sie wieder,« sagte die Mutter. Der Vater schritt zur Tür und rief hinaus, seine Stimme zitterte.

Dann erscholl von der Allee her Gesang, er tönte so hell und frühlingsgesättigt zu ihnen hinauf.

»Ach, das ist Tine,« sagte die Mutter. Und sie riß das Fenster auf.

Glühend kam des Küsters Tochter angelaufen.

»O, ich mußte her, dies sind die ersten Erdbeeren. Mutter hat sie heute abend gepflückt,« und sie reichte die roten Beeren zum Fenster hinauf.

»Entzückende Frau,« sagte sie.

Und die Mutter beugte das Gesicht über den Duft der Beeren.

Jeden Tag zur Mittagsstunde mußte Tine hinunter und sehen, ob die Rosen aufblühten.

Die wilden Rosen an den weißen Säulen von Mutters Gartenhaus.

»Ja, sie kommen schon,« sagte sie.

»Voriges Jahr kamen sie nicht,« sagte die Mutter, »und da hatten wir auch keine Erdbeeren.«

Rosen und Erdbeeren, die gehörten zu Mutters Geburtstag.

»Ja, voriges Jahr,« sagte Tine, »daran war nur die Kälte schuld.«

Und sie setzten sich hinein auf die weiße Bank und starrten über den Teich hin und sprachen davon, wie es letztes Jahr und vorletztes Jahr und das Jahr vordem und vor vielen, vielen Geburtstagen gewesen.

»Ach ja, aber damals waren Sie klein,« sagte die Mutter.

Mit einem Male lachte die Mutter, daß sie sich schüttelte:

»Du lieber Gott! Sie hatten ein schottisches Kleid an, wie saß das an Ihrem Körper! Nie in meinem Leben habe ich etwas so Rotohriges gesehen wie Sie, als Sie klein waren. Und drall!« sagte die Mutter.

Die Mutter lachte noch immer und redete von Tine als Kind.

Am schlimmsten aber war es an dem Geburtstag gewesen, als die dicke Madam Jespersen in den Teich gefallen war.

»Kinder!« sagte die Mutter. »Da sitzt sie, ganz nah am Rande, und plötzlich nimmt der liebe Gott sie und ihren Stuhl, und sie plumpst hintenüber, die Rechtsundlinksgestrickten hoch in die Luft.«

Der Anblick war gräßlich gewesen.

»Man sah ja nichts weiter als die drei Straußfedern über dem Wasserspiegel,« sagte die Mutter.

»Ja, da war ich eben konfirmiert,« bemerkte Tine.

Am Tage vor dem Geburtstage war ein Betrieb wie vor Weihnachten.

Tine buk, und Tine knetete.

Alle Küchenfenster standen weit offen, und Maren, das Waschmädchen, die einen selbstgestrickten wollenen Unterrock anhatte, schwitzte, daß es nur so troff.

Die Knechte kamen abwechselnd herbei und stellten sich in die Tür, um zuzusehen.

»Weg da, Lars,« sagte Tine. Sie flog ein und aus und rührte dabei unverdrossen die Sandtorte in einer Schüssel, so groß, als solle die ganze Gegend sich Leibschmerzen davon holen.

Die Mutter stand hilflos mitten in der Küche.

»Tine, daß es nur ja genug wird! Sie wissen, was in Jespersens hineingeht, wenn sie eingeladen sind.«

Die Schneebesen klangen gegen die irdenen Schüsseln, und die Männer-Marie heizte, daß der Ofen glühte.

Der Vater öffnete die Tür.

»Stella, deine Hände.«

»Fritz, ich rühre mich ja nicht.«

Und der Vater machte die Tür wieder zu.

Die Kinder stürmten herein vom Waschhause her und füllten die halbe Küche; sie wollten den Teig probieren.

Sie probierten, daß sie alle eigelbe Schnäbel kriegten.

»Und nun hinaus!« sagte Tine.

»Jetzt schließen wir die Tür zu.«

Die Kinder wurden vor die Tür gesetzt, die Mutter auch, und sie hörten nur, draußen im Hofe, die Löffel klappern und Tine kommandieren.

Maren, das Waschmädchen, stimmte das Lied von dem General Rye an.

Die Mutter lief die Allee hinunter und alle Kinder hinter ihr her.

»Fangt mich,« rief sie und lief voran.

Der Vater öffnete sein Fenster.

»Stella, deine Brust,« sagte er.

»Fritz, wir laufen nur!«

Die ganze Schar jagte weiter.

Am Ende der Allee begegnete ihnen ein Mann mit einem Leierkasten.

»Da ist ein Leierkasten!« rief die Mutter, »lieber Mann, kommen Sie doch herein.«

Und der Leierkastenmann hinkte voran, die anderen folgten hinterher, und die Mutter rief: »Tine, Tine, hier ist ein Leierkasten!«

Der Mann fing mitten im Hof an zu spielen, die Mutter aber schob ihn weg und sagte: »Lassen Sie mich.«

Und unter der Linde begann sie selber zu drehen, während sie laut auflachte, denn es war General Bertrams Abschiedslied, das sie leierte.

In der Küche liefen sie an die Fenster, und die Knechte erschienen in der Waschhaustür.

Jens, der Kuhhirt, steckte seinen Kopf aus dem Stall heraus.

»Da spielt die Frau selber,« sagte er.

General Bertrams Abschiedslied war vorüber, und die Mutter leierte weiter.

»Hei, hopp!« sagte sie, »jetzt kommt eine Polka! Tine, Tine,« rief sie, »jetzt könnt ihr tanzen.«

Die Mädchen liefen hinaus, Tine an der Spitze, und schweißtriefend und barhäuptig begannen sie mitten auf dem Hof um den Leierkasten herum zu tanzen. Marens Rock reichte ihr kaum bis zu den Knöcheln herab.

»Tanzt! tanzt!« rief die Mutter den Knechten zu.

Aber niemand außer Lars, dem Großknecht, wagte es; er schlich, ein bißchen verlegen, heran und zog die Holzpantoffel aus, ehe er Tine aufforderte und mit ihr, in seinen wollenen Socken, auf dem Rasen tanzte.

»Hallo, hallo,« rief die Mutter, »jetzt feiern wir Erntefest.«

Sie drehte den Leierkasten, daß ihr der Schweiß auf dem bleichen Gesicht stand.

Die Kinder umtosten jauchzend den Leierkasten.

»Tanzt, tanzt!« rief die Mutter, und die Kinder sprangen. Der lahme Leiermann aber stand gemütlich da und schnüffelte nach dem Backgeruch.

Lars hatte Tine geschwungen, daß ihr Kattunkleid flatterte – viel war nicht drunter – und jetzt machte er eine schiefe Verbeugung vor dem Leierkasten.

»Tine, drehen Sie!« rief die Mutter.

Tine lief herbei und drehte, und die Mutter schwang sich im Tanze, während alle Kinder schrien.

»Mutter tanzt, Mutter tanzt!«

Lars, der Großknecht, hielt die schlanke Mutter so behutsam umfaßt, als sei sie von Porzellan, während er auf den Socken umherhüpfte.

»Ah, ich kann nicht mehr,« sagte die Mutter. Tine aber drehte weiter, und die Mutter rief plötzlich:

»Nein, wenn Fritz nicht zu Hause wäre, müßten wahrhaftig die Pferde heraus.«

Sie wollte die Pferde heraus haben.

»Tine, am Tage vor meinem Geburtstag sagt er nichts.«

Sie rief den Kuhhirten.

»Jens! Jens!«

Jens kam herangehinkt.

»Jens,« sagte die Mutter und fing plötzlich zu flüstern an, »laß die Pferde heraus.«

Ringsumher tanzten die Mädchen, und die Kinder schrien, als mache ihr eigenes Geheul sie von Minute zu Minute toller.

»Da sind sie,« rief die Mutter. Die beiden Braunen setzten aus der Stalltür.

Hinterher kam »Beauty«.

»Jagt sie, jagt sie!« rief die Mutter, und sie selber schwenkte mit ihrem Taschentuch.

Die Pferde rasten umher, und die Mägde tanzten.

»Vorsicht! Vorsicht!« rief die Mutter. Es war ein einziger Spektakel.

»Stella, Stella!« erklang es plötzlich vom Fenster her.

»Herrgott – Fritz!« sagte die Mutter und stand plötzlich ganz steif da.

Die Mägde verschwanden in einem Nu, als habe die Erde sie verschlungen.

»Ja,« sagte die Mutter stotternd, »Fritz, ich weiß nicht, wie es gekommen ist.«

Der Vater aber schloß sein Fenster, und die Mutter sagte leise zu Tine, indem sie die Schultern hochzog, als ergötze sie sich:

»Jetzt soll der Mann Kaffee haben.

Denn, Tine, solche Leiermänner wissen tausend Geschichten.«

Der Leiermann kam in die Gesindestube, und die Mutter hörte stundenlang seinem Geschwätz zu.

»Ja, ja – weiter, Leiermann, weiter,« sagte sie und rückte ihm immer näher auf der Bank.

Der Leierkastenmann erzählte Geschichten von seiner Weltumsegelung.

Als er ging, bekam er einen Taler.

»Tine, nein,« sagte die Mutter voller Entzücken: »wie der Mann lügen kann. Das ist ganz wie in dem Stück im Lesebuch, wo die Negerkönigin sich zur Verdauung auf den Leib trampeln läßt.

Das stand im deutschen Lesebuch, und das ist wahr, wenn auch Fritz sagt, ich lüge. Aber kommen Sie nun,« sagte sie, »jetzt gehen wir.«

Sie gingen durch den Garten hinab.

Der Abend war lau und licht, und der Teich lag spiegelblank da.

Die ersten Rosen dufteten an der Hecke.

»Hören Sie, wie still es ist,« sagte die Mutter.

»Ja, so still.« –

Von den Wiesen stieg der Dampf auf. Weit in der Ferne sahen sie den Wald.

»Tine,« sagte die Mutter, »hier möchte ich gern sterben.«

Und an die weiße Säule gelehnt, daß die Rosen über ihr Haar fielen, schaute sie über den Teich und die Wiese und den Wald hin.

»Weshalb ist der Rahmen des Lebens so schön,« sagte sie. Und müde sank ihre schöne Hand seitwärts herab.

Am nächsten Morgen erschien Tine um fünf. Das erste, was sie tat, war die Mutter einzuschließen.

Sie drehte den Schlüssel in beiden Türen zweimal herum – auch in der Tür zum Schrankzimmer.

Denn vor drei Jahren hatte sich die Mutter am Geburtstage durch das Schrankzimmer über den Boden hinausgeschlichen und hatte plötzlich mitten im Gartenhaus gestanden: »Gott, da ist die Frau,« hatte Tine gesagt:

»Und Sie sind im Nachthemd!«

Die Mutter aber hatte alle Geschenke gesehen, ehe der Tisch fertig gedeckt war.

Die Kinder waren nach sechs nicht im Bett zu halten.

Sie wollten auf.

Die Mutter hatte auch keine Ruhe in ihrem Bett.

Sie sprang auf bloßen Füßen auf den Boden und donnerte an die verschlossene Tür.

»Jetzt will ich hinaus!« rief sie.

Und sie donnerte noch stärker.

Tine war aber noch nicht fertig mit dem Tisch.

Er war mit einem Damasttuch gedeckt; und von Rosen sollten lauter S auf das Tuch gelegt werden und ein S sollte auf den Geburtstagskringel gemacht werden. Es wurde aus einer Tüte daraufgespritzt, die mit Wasser und weißem Zucker gefüllt war.

Tine stand in der Küche und spritzte das Kunstwerk, während sich die Kinder um sie drängten, um zuzusehen.

Alle ihre Münder standen offen.

»So,« sagte Tine, »jetzt puste ich.«

Und mit hochrotem Kopfe pustete sie das S auf den Kringel, während die Kinder sie anstarrten.

»So,« sagte Tine, »jetzt den Schnörkel.«

Und sie pustete wieder.

Die Mutter hämmerte immer noch oben an die Tür:

»Tine, Tine!«

»Ja, ja!« rief Tine, die den Kringel trug, »Sie müssen wirklich noch dableiben.«

Die Mägde liefen mit rotangemalten Blumentöpfen in den Händen zum Gartenhaus hinunter.

Sie schenkten an jedem Geburtstage der Frau Goldlackstauden, die im Mägdezimmer bei der vielen nächtlichen Hitze aufgezogen waren.

Alle Gaben lagen an ihrem Platze auf dem Tisch, und Tine und die Kinder nahmen die Pracht in Augenschein.

Der Vater kam an der Hecke entlang gewandert.

Still legte er sein Geschenk auf den Tisch, halb versteckt, und schritt wieder davon.

»Jetzt können wir die Frau holen,« sagte Tine.

Die Kinder stürmten davon, ins Haus hinein, die Treppe hinauf.

»Mutter, Mutter – jetzt! –«

Und Tine öffnete die Tür.

Weißgekleidet liefen die Kinder der Mutter voraus, durch die grünen Hecken zum weißen Gartenhause hinunter.

»Mutter, Mutter,« schallte es in einem fort.

»Mama, Mama,« erscholl es, bis sie das weiße Gartenhaus erreichten. Und jedes der Kinder ergriff sein Geschenk und hielt es der Mutter mit ausgestreckten Händen entgegen.

»Mutter, Mutter, das ist von mir!«

»Mutter, Mutter, nein, dies ist von mir!«

Und sie standen auf den Zehen, um es ihr hinaufreichen zu können.

Einen Augenblick stand die Mutter da, weiß zwischen den weißen Kindern. Sie schaute weit über die sommerlichen Wiesen hin. Alles war in Licht gebadet: Himmel und Luft und Erde.

»Wie schön ist der Tag!« sagte die Mutter.

Und sie lächelte.

Da riß sie die Hand hoch – Tyras leckte ihr die Finger und legte sich ihr zu Füßen.

»Ach, bist du es?« sagte sie.

Und mitten im Sonnenlicht stand sie da zwischen den wilden Rosen, die Kinder um sich geschart und Tyras ihr zu Füßen.

Die Mägde kamen und die Knechte, die heute Stiefel trugen.

Sie schlichen ganz behutsam um den Teich herum, mit geducktem Nacken und Knien – sie sahen aus, als wollten sie in der Kirche den Opferpfennig erlegen.

Die Mutter drückte ihnen die Hand, einem nach dem andern.

Die Mägde schielten jede nach ihrem Geschenk hinüber und gingen dann weiter.

Zuhinterst trabte Jens, der Kuhhirt. Seine Hosen hingen hinten so traurig hinab, als käme er kondolieren.

Wenn sie glücklich alle fort waren, spülte sich die Mutter im Teich die Hände.

Tine war hinaufgegangen, um die Schokolade zu holen.

»Liebe Kinder, laßt sie uns gleich trinken,« sagte die Mutter: »dann ist es überstanden –«

Die Kinder waren weggelaufen, und sie war allein.

Still schritt sie hinein und öffnete den Brief, den der Vater auf ihren Tisch gelegt hatte.

Langsam faltete sie den Brief auseinander und las: »Dir Glück zu wünschen, kommt mir so wunderlich vor. Aber ich wünsche Dir das Beste, was das Leben Dir geben kann.

Dein Fritz.«

Die Mutter senkte wieder den Kopf.

Sie wußte selbst nicht, daß ihre Hände allmählich den Blumennamen auf dem Tischtuch zerstörten.

Da sah sie den Vater, der von der Hecke her auf sie zukam:

»Danke, mein Freund,« sagte sie und faßte seine Hand.

Und einen Augenblick standen sie da vor den vielen Gaben – beide schweigend.

Dann verschwand der Vater in der Richtung nach dem Wäldchen.

Um fünf Uhr nachmittags erschien die Bevölkerung des Ortes. Tine war zu Hause gewesen, um die Küsterfrau zu holen, die eine Sandtorte trug, eingewickelt in ein weißes Kopftuch.

Wenn die Familie Jespersen die Küsterfamilie beim Hofe des Dorfschulzen um die Ecke hatte biegen sehen, setzte sich Madam Jespersen mit den beiden Töchtern auch in Bewegung.

Madam Jespersen trug über ihrer Festperücke einen diademähnlichen Hut, an dem zwei unechte Straußfedern prangten.

Fräulein Stine war in einem schwarzen Damastkleid, das den Eindruck machte, als sei sie in diesem Aufputz konfirmiert. Übrigens war es den Kleidern Fräulein Stines eigentümlich, daß sie immer aussahen, als sei sie an den Handgelenken und unten herausgewachsen.

Der Geburtstag der Frau war, außer den gesetzlichen Ferien und Festzeiten, der einzige Tag, an dem Fräulein Stine sich frei machte.

Ihr Geschenk war eine Flasche Eau de Cologne, die die Mutter nachher in aller Stille in zwei kleine Flaschen verteilte und in der Gesindestube verschenkte.

Fräulein Helene war in hell und munter wie eine Geiß. Ihr Geschenk, das in rosa Seidenpapier gewickelt war, bestand aus einer Kanevasstickerei, deren Einfassung auf den Tapezierer wartete.

Fräulein Helenes Geschenke wurden regelmäßig im folgenden Herbst an den Basar in Sonderburg für die Verlosung abgeliefert.

Die Frau des Dorfschulzen war nach dem Tode des Sohnes zum erstenmal ausgegangen. Sie war feierlich wie ein Gesangbuch. Sie hatte morgens einen Topf Butter geschickt. Mannsleute waren überhaupt nicht da.

»Fritz,« sagte die Mutter, »an meinem Geburtstage wenigstens will ich frei sein. Ein einziger Mann genügt, um störend auf das Geklatsch zu wirken.«

Die Familie Jespersen nahm mitten im Gartenhause Platz, wo Frau Jespersen, ohne zu fragen, im Handumdrehen die Geschenke untersucht hatte.

Fräulein Stine drückte ihren Männermund so hart auf die Wange der Mutter, daß es fast weh tat.

Und geniert, während sie etwas murmelte, das halb ein Glückwunsch, halb eine Entschuldigung war, steckte sie die Eau de Cologneflasche in Mutters Tasche.

»Ach Gott,« sagte sie und wußte wohl selber kaum, was sie sagte, »was ist doch das Leben.«

Fräulein Helene war lauter jugendliche Unruhe. Jedes Geschenk mußte sie graziös an sich selber probieren.

Die Küstersfrau, die neben Fräulein Stine saß, erzählte, daß Madam Esbensen vorbeigefahren sei, nach Ulkeböl zu.

Madam Esbensen war die Hebamme.

»Natürlich,« sagte die Küstersfrau, »wollte sie zu Sörensens. Ich hab's ja gesehen, als sie letzthin vorbei fuhr, wie sie den Wagensitz füllte. Es mußte ganz nahe bevorstehen.«

Das Thema interessierte alle.

»Der liebe Gott behüte sie,« sagte die Mutter, »es ist das neunte.«

Alle redeten, außer des Dorfschulzen Frau, die in ihrem schwarzen Schal stramm und gerade dasaß und, ohne ein Wort zu sprechen, drei Tassen Schokolade leerte.

Die Küstersfrau sagte plötzlich, lauter als die anderen:

»Aber sonderbar ist es, Madam Jespersen, daß jedes Kirchspiel gewissermaßen *seinen* Monat hat. Hier ist es der Mai.«

Die Mutter, die sich krümmte wie ein Kätzchen, das in die Wärme kommt, lachte und fragte: »Aber liebste Madam Bölling, woher wissen Sie das?«

»Das kann man doch aus den Kirchenbüchern sehen,« sagte die Küstersfrau.

Und sie fügte hinzu:

»Aber die Todesfälle fallen am häufigsten in den November.«

Fräulein Stine sagte, in ihrer Schule hätten sie die meisten Geburtstage im Dezember.

Die Mutter begann über Ammen zu sprechen, während Fräulein Helene sich ein Korallenhalsband umgebunden hatte und vor dem Gartenhause mit Tyras spielte.

Durch viele kleine Schreie emanzipierte sie sich von der Konversation.

Da sagte die Mutter:

»Jetzt spielen wir.«

Und sie sprang von ihrer Bank auf und wollte Helene fangen.

»Fangt mich,« rief sie.

Tine flog hinterher.

»Fangt mich!«.

Die Kinder kamen hinter der Hecke hervor und liefen mit.

»Fangt mich!«

Die Mutter war voran.

»Fangt mich!«

Sie flogen um den Teich herum.

Stines Eau de Cologneflasche schlug gegen Mutters Beine, bis sie sie herausholte und auf den Rasen am Teiche setzte.

»Stine, Sie müssen mitspielen!« rief die Mutter.

Stine kam aus dem Gartenhaus heraus und setzte in großen Sprüngen hinter Tine her.

Die Mutter mußte sich vor Lachen an einen Baum lehnen.

Jungfer Stine sah, wenn sie lief, leibhaftig aus wie des Hühnerhändlers lendenlahme Mähre.

Mit einem Male warf die Mutter sich auf den Rasen nieder und alle andern legten sich um sie her.

»Jetzt wollen wir die Stichlinge füttern,« sagte die Mutter. Und alle warfen Krumen in den Teich hinein, wo die Stichlinge munter im Sonnenschein schwammen.

Die drei Alten saßen im Gartenhause.

Madam Jespersen hatte im geheimen die Geschenke betastet.

Tine bot Wein an, und die Gläser standen im Grase am Teich.

»Schenken Sie Stine ein,« sagte die Mutter. Jungfer Stine wurde immer so schwermütig, wenn sie ein paar Gläser getrunken hatte.

»Auch den Kindern,« sagte die Mutter.

Die Kinder bekamen Kirschwein, daß sie ganz schwindelig wurden.

Jungfer Stine aber hatte ihr Kinn in die Hände gestützt, und während die Mutter lachte und die Kinder umhertobten – der älteste Junge trank alle Reste aus den Gläsern –, deklamierte sie still in die Luft hinaus ein Gedicht aus einem alten deutschen Kalender.

»Weiter, weiter,« bat die Mutter.

Und Jungfer Stine deklamierte weiter mit ihrer Männerstimme – es klang, als lese sie die Messe.

Die Frau des Dorfschulzen hatte sich erhoben. Schweigend streckte sie die Hand aus zum Abschied, und die Mutter begleitete sie bis an die Hecke.

Die andern folgten ihr bald, und die Mutter sagte zu Tine:

»Räumen Sie das weg, Tine.«

Sie wies auf die Gläser und Teller, und schweigend setzte sie sich in die hinterste Ecke des Gartenhauses.

»Das alles auch,« sagte sie.

Sie meinte die Geschenke, und ihre Stimme klang, als ob das bloße Anschauen der Sachen ihren Augen weh täte. Tine ging umher und nahm alles fort.

Die Stimmen der Kinder schallten laut draußen im Hofe...

Als Tine zurückkam, saß die Mutter und las in einem alten Buch.

Tine setzte sich still zu ihr.

»Was lesen Sie?« fragte sie.

»Ein Gedicht,« sagte die Mutter.

»Was für eins?«

Die Mutter wendete das Blatt im Buche um und, als lese sie es für sich selber, wiederholte sie das Gedicht:

Ich träumte einen schönen Traum:
in der Wüste war ich.
Dort war nur Sand und Sand,
und nichts als Sand.
Doch plötzlich erblickte
mein erschrockenes Auge
ein furchtbares Gesicht:
die Raubtiere der Wüste schritten
in endlosem Zuge daher.
Zuvorderst gingen die Löwen
mit weißen Zähnen;
Tiger und Panther kamen
mit ihrem fleckigen Fell.
Doch hinterdrein schritten Hyänen,
deren kranke Gier nach Aas steht.

Es waren die Triebe des Menschen,
welche die Wüste absuchten.
Doch das Traumbild wechselte.
Und ich stand einsam
auf einem mächtigen Felde.
Das Feld aber war die Erde.
Und über der ganzen Erde
lagerte nächtliches Dunkel. –
Aus dem Dunkel hervor
ragte ein Kreuz, so groß,
als wolle sein gewaltiger Arm
Himmel und Erde umschlingen.
Tiefe Stille ringsum.
Nur dann und wann
vom Kreuze ein Tropfen fiel.
Und wieder wurde es still,
bis der nächste Tropfen rann.
Und abermals alles schwieg,
bis der nächste Blutstropfen fiel.
Dein Blut war es,
Gekreuzigte Menschheit.

Die Mutter schloß das Buch.

Den Kopf an die Wand ihres Gartenhauses gelehnt, starrte sie, bleich und stumm, in die Schönheit des Sommerabends.

»Tine,« sagte sie plötzlich.

Und Tine fuhr zusammen, denn die Mutter hatte ihren Namen gerufen fast wie einer, der um Hilfe fleht.

Aber die Mutter saß noch in derselben Stellung da, und sie flüsterte nur einige Worte, die Tine nicht verstand.

»Außerhalb Veronas gibt's keine Welt,« flüsterte sie.

Und sie schwieg wieder.

Nach einer Weile sagte sie:

»Tine, wissen Sie, was die Wahrheit ist – wenn man in meine Seele hineinsehen könnte, wie man durch eine Glasscheibe in ein Haus sieht, so würde man zwischen all dem Hausgerät da drinnen nicht einen Wunsch finden, keine einzige Hoffnung, nicht einmal den Schatten von einem Traum.«

»Dann wäre es besser zu sterben.«

»– Sterben, Tine, ist auch nicht das Schwerste – – – jeden Tag versuchen zu leben, das ist viel schwerer ...«

Stumm blieb sie sitzen, die Hände um die Knie, und flüsternd wie vorhin bewegte sie die Lippen zu Versen, die Tine nicht kannte.

> In seiner stillen Kammer,
> In ferner stillen Kammer
> Liegt mein Herz,
> Liegt meines Herzens Leiche.
>
> Und niemand weint
> Über dem toten Herzen:
> Denn es wurde nur
> Von Einem geliebt.
>
> Wer selber stirbt
> An seines Herzens Todestag,
> Der kann nicht weinen
>
> An seines Herzens Leiche.
> In seiner stillen Kammer,
> In seiner stillen Kammer
> Liegt mein Herz,
> Liegt meines Herzens Leiche.

Es wurde abends nicht mehr gesungen, und den Kindern wurde nie erlaubt, ehe sie zu Bett gingen, in ihren Nachtkleidern in der Wohnstube herumzutanzen.

Die Tanten waren angekommen.

Sie benutzten den Ort als Aufenthalt zur Nachkur, wenn sie von der Badereise kamen.

Sie sprachen mit gedämpfter Stimme, waren schlank wie ein Licht und trugen stets Halbhandschuhe.

Sie waren sehr ängstlich in bezug auf die Wege und führten stets einen Regenschirm mit, aus Rücksicht auf die Möglichkeit eines Regens.

»Liebste,« sagten sie zur Mutter, »ein nasser Strumpf am Fuß, auch nur eine halbe Stunde lang, und man hat seine Bronchitis, die wochenlang dauert.«

Die Mutter, die während des Nachkurbesuchs weiß vor Angst war, sagte ja zu allem und trug Baregekleider. Eigentlich denken tat sie den ganzen Tag lang nur an eins, ob die Kinder wohl wieder Unordnung in das Regiment von Tanten-Galoschen gebracht hätten.

Tine sah sie morgens.

Es war wie eine Art stillschweigender Verabredung, daß Tine während der Tantenkur aus dem Hause verschwand. Die Mutter und sie trafen sich in der Zeit fast wie ein paar Schmuggler. Morgens aber mußte sie da sein, um die Mutter aus dem Bett zu holen.

Die Kur der beiden Tanten forderte, daß sie ihr Lager um sieben Uhr verließen, und sie waren präzis wie eine Domuhr.

»Nun müssen Sie aufstehen,« sagte Tine.

»Ja, Liebste, wie spät ist es?«

Die Mutter liebte ihr Bett, und den Freiheitszustand, im Nachthemd zu sein.

»Aber jetzt müssen Sie aufstehen.«

»Ja − −.«

Endlich war sie aus dem Bett heraus.

Wenn sie zu den Tanten hinunter kam, hatte sie eine große, weiße Schürze vorgebunden und sah aus, als hätte sie von fünf an, wenn die Buttermaschine in Gang gesetzt wurde, im Hause gewirtschaftet.

Die beiden Tanten saßen, mit sehr steifen Rücken, jede an ihrer Seite des Tisches in der Gartenstube und warteten auf ihren Tee. Sie machten, wenn sie ihren kurgemäßen Morgenspaziergang antreten wollten, völlig den Eindruck von Reisebereitschaft. Kleider und Röcke waren mittels eines Systems von Haken in die Höhe gerafft, und auf den Köpfen trugen sie Hüte, groß wie Körbe, in denen man Totenkränze verschickt.

Diese Ungeheuer waren mit Spitzen garniert, die ihnen über die Augen hingen. »Ja, lieber Gott,« sagten sie mit Bezug auf die Spitzen, »das erste, was man beschützen muß, sind doch die Augen.«

Die Mutter sagte: »Sie sehen aus, als wollten sie nach Jerusalem pilgern.«

Sie gingen nicht in den richtigen Garten aus Angst vor den Fröschen, die sie verabscheuten.

»Es wimmelt davon, und sie hüpfen an einem empor .. es ist fast noch schlimmer als voriges Jahr.« Außerdem war der Weg durch den Küchengarten sechsmal hin und sechsmal zurück gerade die richtige Entfernung. Beim Gehen sprachen sie nicht.

»Der Arzt in Genf hat recht,« sagte Tante Bothilde, »man soll es nicht tun. Man soll gehen und seinen Nerven Ruhe gönnen.«

Bei jeder zweiten Schwenkung genossen sie ein Schokoladeplätzchen.

»Das ist das Vortreffliche an der Schweizer Schokolade,« sagten sie, »sie stärkt, ohne einem den Appetit zu benehmen. Die hiesige Schokolade, Liebste, das ist ja, als wenn man lauter Klumpen in den Mund bekommt.«

»Aber, das versteht sich, selbst in der Schweiz muß man die Marken genau kennen.«

Wenn die Tanten zurückkamen, ruhten sie. Das heißt, sie schliefen zwei Stunden, in wollene Decken eingewickelt.

»Liebes Kind,« sagte Tante Bothilde, »Wolle ist das einzige. Die Franzosen, ein Volk, das sich rüstig erhalten will, benutzen immer wollene Matratzen.«

»Über ihrer Sprungfedermatratze,« fügte sie nach Verlauf einer Sekunde hinzu.

»Liebe,« sagte Tante Anna, »Franzosen sind eben Franzosen.«

Die Angst der Mutter wuchs noch im Lauf des Tages. Die Mahlzeiten waren ihre Schreckensstunden. Man konnte ja nicht behaupten, daß die Kinder korrekt bei Tisch saßen.

Und das »Zutischsitzen« war die Spezialität der Tanten.

»Man muß doch zugeben,« sagte Tante Bothilde, »daß es von Wichtigkeit ist. Und lernt man es nicht in der Kindheit, so lernt man es nie ...«

»Ich kann dir die Versicherung geben: wenn dieser Stockfeldt es niemals zum Staatsminister brachte, so war es, weil er mit dem Messer aß.«

Eine Stunde vor Mittag begann die große Abseifung der Kinder.

Die Mutter stand daneben, während das Kindermädchen die Körper der Kinder mit Schwämmen bearbeitete, als hobelte sie rauhe Bretter ab.

»Anna Margrete,« sagte die Mutter, »passen Sie ja auf die Nägel.«

Anna Margrete bürstete die Nägel, als wolle sie den Kindern die Fingerspitzen abbürsten. »Sie sind noch nicht rein,« sagte die Mutter, »der Himmel mag wissen, wo ihr wieder herumgewühlt habt.«

»Und die Ohren,« sagte die Mutter.

»Lassen Sie mich!«

Sie machte sich selber über die Ohren her.

»Und hat man sie dann endlich rein,« sagte sie verzweifelt, »dann werden sie rot.«

Rot wurden sie.

Nun kam das Anziehen, auf allen Kleidern waren Flecke.

Die Mutter rieb und rieb mit Handschuhleder und Eau de Cologne.

»So, in Gottes Namen, nun muß es gehen,« sagte die Mutter.

Der Vater führte die Tanten zu Tisch. Sie waren in schwarz- und weißgestreifter Seide – ihren Table d'hote-Kleidern vom Bade – und trugen viele Ringe, die an den sehr abgemagerten Fingern gleichsam klapperten. Sie brachten zwei Pulverschachteln mit, die sie neben ihren Teller stellten.

Die Augen der Kinder waren starr vor Angst. Sie beklecksten sich sofort.

Die Mutter führte eine lebhafte Konversation, um die Aufmerksamkeit abzulenken – sie bekam vor Aufregung hektische Flecke auf ihren Wangen – sie sprachen von Kopenhagen und allen Bekannten dort:

»Ja, sieh mal,« sagte Tante Bothilde, »Jane ist ja furchtbar nett, aber sie hat ihre Eigenheiten. Man kann ja wirklich kaum den Fuß unter ihren Tisch setzen, so fängt sie schon von den Konfessionen an. Kleiner,« wendete sie sich plötzlich an den ältesten Jungen, »ein artiges Kind schiebt die Brust heraus und die Schultern in die Höhe, wenn es ißt. Dann sitzt man gerade ... – Und ich finde nun,« fuhr sie ohne Übergang fort, indem sie zu Jane und den Konfessionen zurückkehrte, »solche Sachen darf man nicht beim Essen diskutieren.«

»Man kann am ersten Weihnachtstag beim Bischof essen, und die Religion und derartiges wird mit keiner Silbe erwähnt. Das paßt doch wahrlich nicht zu geschliffenen Gläsern und Porzellan.«

Tante Anna ging dazu über, von Kristall und Porzellan überhaupt zu reden.

Sie sprach von einer Glashütte in Südfrankreich.

»Wo man,« sagte sie zum Vater, »wirklich wunderbare Sachen bekommt ... Aber, Lieber, jetzt fällt mir ein, weshalb sieht man dies Jahr nie deine schönen, geschliffenen Karaffen, die zum Madeira.«

Das Blut schoß der Mutter ins Gesicht – bei den Tanten ging nie etwas kaputt.

»Ja, Margrete hat – du entsinnst dich – sie hat – hat unglücklicherweise die eine zerschlagen ..«

»Richtig, wo ist Margrete? Das nette Mädchen, ich besinne mich so gut auf sie, diese nette, muntere kleine Person,« sagte Tante Bothilde.

»Sie machte leider Dummheiten, und da mußte sie aus dem Hause ...«

»Sie auch,« sagte Tante Anna.

Tante Bothilde aber fiel mit einem schnellen Blick auf die Kinder dazwischen:

»So!«

Dieses einzige »So« klang, als würde eine eiserne Pforte zugeschlagen.

Und es wurde nicht mehr von den Karaffen geredet.

»Kleine Stella,« hörte man nach einer Pause, »ein kleines Mädchen schlägt bei Tisch die Füße nicht übereinander.«

Die Schwester zuckte so heftig zusammen, daß sie die Gabel fallen ließ.

»So, nun hast du dir einen Fleck auf das Kleid gemacht,« sagte die Tante, und halb entschuldigend sagte sie, zur Mutter gewendet: »Liebste, du weißt, solche Dinge kommen nur vom beständigen Verbieten.«

Und bei ihrem Lieblingsthema angelangt, schloß sie damit, daß sie sagte:

»Man lehrt die Kinder nur dadurch anständig bei Tisch sitzen, daß man sie während des Essens die Ellbogen dicht an den Körper halten läßt.«

Die Mahlzeit war zu Ende, und der Kaffee sollte in der Gartenstube eingenommen werden.

Die Kinder waren aus der Eßstube mit einer Hast hinausgestürzt, daß sie draußen im Gange übereinanderfielen.

»Aber,« sagte Tante Anna, sie hatte kaum Platz genommen, »das kann ich nicht vergessen, Margrete, dies hübsche, muntre kleine Mädchen ...«

»Mit den Hübschen ist es immer am schlimmsten,« warf die Mutter ein, die den Kaffee filtrierte.

»Aber,« bemerkte Tante Bothilde, »es passiert ja buchstäblich jedes Jahr in eurem Kirchspiel.«

Die Mutter lächelte hinter der Maschine:

»Ja,« sagte sie, »mehrmals.«

Tante Bothilde war einige Minuten still.

Darauf sagte sie:

»Wir und unseresgleichen begreifen das ja nicht. Aber, Gott sei Dank, es geht uns ja nichts an.«

Tante Anna bemerkte:

»Ja, du, es passiert gewiß viel im Leben ... das Beste ist, zu tun, als sähe man es nicht ... die Sache ist ja nicht so einfach. Aber die Leute haben ja auch keine Erziehung.«

Die Mutter lächelte noch immer.

»Ob das hilft?« sagte sie.

Und ohne an die Tanten zu denken fügte sie hastig hinzu: »Das Unglück ist wohl, daß die Natur so grausam gewesen ist, Tiere zu schaffen, die denken. Erst paart das Tier sich und nachher ekelt sich der Mensch.«

Tante Bothilde saß wie versteinert, sie konnte kaum zu Worte kommen:

»Hör mal, du sagst mitunter Dinge ... du sagst Dinge, ... wir sind doch wohl alle Gottes Geschöpfe.«

Wenn die Tanten mit dem Kaffee fertig waren, schlummerten sie.

Tante Anna legte in aller Stille das Taschentuch über ihr Gesicht.

Wenn sie geruht hatten, wurde gelesen. Die Schwestern wechselten ab. Um in der Übung zu bleiben, lasen sie die belletristischen Sachen der drei Weltsprachen.

Tante Bothildes Lieblingsdichter war Dickens.

»Ja, man erfährt von dem Mann doch wirklich viel über die Menschen. Mit Goethe ist es ja ganz schön. Aber er wirkt mit samt seinem Weimar auf mich, als wäre er von Stein.«

Tante Anna zog die weiblichen Schriftsteller vor, und darüber entstand ein lebhafter Zank.

»Die Sprache mag ja,« bemerkte Tante Thilde, »sehr hübsch sein, aber der Inhalt ... es ist ja fast immer nur von der Liebe die Rede. –

Und über das Stadium kommt man ja doch, Gott sei Dank, hinaus. Außerdem kann man im Leben genug davon haben.«

Vor dem Tee gingen die Tanten wieder spazieren. Diesmal in der Allee.

Nach dem Tee saßen sie eine halbe Stunde auf der Gartentreppe und tranken Luft.

»Man spricht immer vom Wasser,« sagten sie. »Das Wichtigste ist die Luft. Wenn die Menschen klug wären und bei offenem Fenster schliefen, würden sie hundert Jahre alt.«

Nach Verlauf von sechs Wochen war die Nachkur beendigt. Sie reisten auf den Tag ab.

Das Letzte, was sie unternahmen, war die Verteilung von in Papier gewickelten Trinkgeldern.

Wenn die Tanten fort waren, kam eine andere Zeit. Die Freundinnen der Mutter statteten einen Besuch ab. Es waren die Töchter von dem Gute, wo sie erzogen war. Sie wirkten wie bunte Vögel, die weit her kamen.

Acht Tage lang leuchteten ihre Sonnenschirme auf den Gartenpfaden.

Die Fenster standen offen, so daß Haus und Garten ineinander übergingen, es summte von fremden Namen, und der Briefträger brachte Briefe, deren Aufschrift niemand in der Küche herausbuchstabieren konnte.

Es war die heiterste Zeit im ganzen Jahr. Die Freundinnen trugen Krinolinen, die in den Augen der Kinder aussahen wie die großen umgekehrten Kronleuchter drüben in Kopenhagen, in der Amalienstraße, und Mantillen mit langen Zipfeln. Fuhren sie aber aus, so hatten sie Straußfedern auf den Köpfen, ganz wie Zampa, das kleine Pferd, das sie in Augustenburg gesehen hatten und das am Tisch sitzen und mit einer kleinen Glocke nach seinem Essen schellen konnte. Alle plauderten sie durcheinander – Mamas Freundinnen. Aber am meisten redete Lady Lipton.

Sie wohnte weit weg, in einem fremden Lande, und sie kannte viele von den reichsten und vornehmsten Leuten. Der Vater führte sie mittags immer zu Tisch.

Wenn sie aber gegessen hatten, tranken sie Kaffee in der Gartenstube, und dann erzählte Lady Lipton. Sie erzählte von der Rachel, die sie liebte, und vom Kaiserhofe in den Tuilerien und von vielen fernen und sonderbaren Menschen, die sie kannte – während die Mutter lauschte.

»Erzähle weiter,« bat die Mutter, und die Lady erzählte weiter; von den Dichtern des großen Landes, unter denen sie lebte, von seinen Malern, deren Gemälde sie besaß, und am liebsten von einem wunderlichen und seltsamen jungen Dichter aus einem exotischen Lande, den sie in einer großen Stadt, wo allerlei Existenzen sich zusammenfinden, getroffen hatte, und dessen Bild sie auf ihrem Tisch oben im Fremdenzimmer stehen hatte. Die Mutter hörte auch am liebsten von ihm.

» *Ma chère*,« sagte die Lady, »ich glaube, das Leben ist ihm entglitten. Er hat die Kunst vergessen, da zu sein. Er kann seinen hohen Hut nicht mehr glatt streichen, und er mag seine Handschuhe nicht mehr zuknöpfen, um einen Besuch zu machen; er vermag es nicht mehr, alle die mechanischen Dinge zu tun, aus denen das Leben besteht: wie zum Beispiel zu seinem Barbier zu gehen, oder seinen Kaffee in einem Kaffeehause zu trinken, oder sich mit einer liebenswürdigen Dame zu Tisch zu setzen und einen gepuderten Hals zu betrachten...«

»Das verstehe ich,« warf die Mutter ein.

»Er empfindet gewiß keine Trauer,« sagte die Lady, »und er ist nicht desillusioniert, denn was die Illusionen betrifft, so sind sie ganz sicher bereits von seinen Vorfahren aufgezehrt.«

Sie schwieg eine Weile, dann sagte sie:

»Man könnte noch am ersten sagen, daß er zu den *désintéressés* gehört. Die Lebensdinge sind ihm gleichsam zu lauter Gleichgültigkeiten verwelkt, zu Lächerlichkeiten oder Ähnlichem, über das er sich höchstens wundern kann.«

Die Lady lachte plötzlich.

»Nie werde ich vergessen,« sagte sie, »wie er eines Tages zu mir kam und plötzlich ›Le Figaro‹, der auf meinem Tisch lag, auseinanderfaltete, und, indem er mit seiner schlanken Hand über die jämmerliche Zeitung hinwies, mit unbeschreiblichem, müdem Abscheu – nein Abscheu nicht, mit mattem Erstaunen mir sagte:

»Alles das handelt vom Krieg mit China.«

Die Lady schwieg einen Augenblick, dann sagte sie:

»Das ist wohl die Sache, für ihn ist alles zum Krieg mit China geworden.«

Die Mutter reichte die Tassen herum.

Dann sagte sie still:

»Vielleicht liebt er – oder hat geliebt.«

Die Lady antwortete:

»Das glaube ich nicht, *ma chère*. – Es gibt in allen großen Ländern merkwürdige Menschen, denen – ja, wie soll ich es sagen – die rein physische Seite der Liebe unüberwindlichen Abscheu einflößt. Sie werden Asketen aus Raffinement, und sie begehren beständig, während sie die Befriedigung verdammen –

René gehört zu ihnen.

Es treibt ihn zu den Frauen, und hält er sie nur im Arm, überhäuft er sie mit Schimpfworten.«

»Dann liebt er nicht,« sagte die Mutter.

Die Lady schwieg. Darauf sagte sie:

»Ist Liebe etwas anderes, als Begierde fühlen und sich dessen schämen?«

»Weißt du keines seiner Gedichte?« fragte die Mutter.

»Ein einziges,« antwortete die Lady.

»Sag es uns,« bat die Mutter.

Die Lady lehnte sich in ihrem Stuhl zurück, und in ihrer etwas fremdartigen Sprache, die den Worten einen seltsamen Klang verlieh, sagte sie langsam:

> Ich liebe dich, so wie das Meer den Strand,
> den weiten Strand, den es bespült,
> verdeckend ihn, bedeckend ihn vollständig
> mit ewgem Kuß.
> So wie der Liebende,
> wenn er von ihrer Füße Sohlen
> bis zu dem schönen Bogen ihrer Schläfen
> die Lippen führet,
> den ganzen Körper der geliebten Frau entlang,
> um, selig, alles zu besitzen...
> So liebe ich dich –
> So.
>
> Nein, ich liebe dich, so wie die Sonne liebt
> die goldenen Abendwolken,
> die ganz sie fassen und umfassen,
> wenn stolz, zum letztenmal, sie grüßet
> der Erde jammervolle Herrlichkeit und stirbt.

»Du kannst noch ein anderes,« sagte die Schwester der Lady.

»Ja,« antwortete die Lady, »ich kann noch eins.« Und in derselben Stellung, ohne sich zu regen, sprach sie, und ihre Altstimme färbte sich weicher:

> Wenn in den langen Nächten
> ich einsam ruhe
> und niemand schaut mein Antlitz
> und niemand meine trocknen Augen –
> dann denke ich:
> Wenn tot ich wäre,
> würdest du doch kommen
> und niederknien,
> dort, wo ich ruhte.
> Und meine Hand, die jetzt du meidest,
> würdest du fassen,
> meine kalte Hand,
> und in mein Ohr,
> das dich nicht hörte mehr,
> würdest du flüstern
> mit deiner Stimme Klang von damals:
> Wie ich dich liebte. – –
> Und der Tote würde lächeln.

Die Mutter hatte sich gesetzt und starrte mit großen Augen vor sich hin, während sie die Hände um die Knie gefaltet hielt. Dann flüsterte sie:

»Sage es noch mal, bis ich es kann.«

Die Lady lachte:

»Du kannst es ja schon,« sagte sie.

»Ja, das letzte.«

Und sehr sanft, fast unhörbar, wiederholte sie die fremden Worte, während ihre weißen Hände noch immer um ihre Knie gefaltet waren:

Ich liebe dich, so wie die Sonne liebt
die goldnen Abendwolken,
die ganz sie fassen und umfassen,
wenn stolz, zum letztenmal, sie grüßet
der Erde jammervolle Herrlichkeit und stirbt.

Alle schwiegen.

Dann sagte Lady Lipton:

»Aber auf sein Bild oben hat er den Vers geschrieben, den ich am meisten liebe.«

»Den weiß ich,« sagte die Mutter.

Und mit einer Stimme, fast als summe sie ein Wiegenlied, sprach sie den kleinen Vers vom Bilde – vom Bild des fremden und unbekannten Dichters:

Wie die Pflanze welket,
weil ihre Wurzel ohne Nahrung ist,
wie die Blume verblaßt,
weil die Sonne sie nicht erreicht,

so verwelke ich, und so verblasse ich, denn du hast mich nicht lieb. – –

Sie schwiegen wieder, bis plötzlich eine von den Schwestern der Lady zu lachen anfing und sagte:

»Kinderchen, es wäre nicht so übel, von dem jungen Manne geliebt zu werden.«

Und sie lachten alle laut auf, die Mutter am lautesten, und liefen alle in den Garten hinaus und warfen sich ins Gras, daß die Krinolinen hoch in die Höhe stiegen.

Abends war es am allerlustigsten.

Die Freundinnen hatten Feuerwerk mitgebracht; und sie brachten bengalische Flammen, blaue und grüne, in allen Büschen an und waren nahe daran, den ganzen Garten in Brand zu stecken.

Die Mutter zündete sie mit den Streichhölzern an und klatschte in die Hände.

Die Kinder sahen vom Kinderzimmer aus in ihren Nachtkleidern zu.

»Wie schön ist das, wie schön ist das,« rief die Mutter.

Von allen Büschen flammte es auf, blau und rot, sie selbst stand mitten auf dem Rasenplatz. Ihr bleiches Gesicht war aufwärts gerichtet, und die Hände hatte sie emporgereckt.

Dann sagte sie plötzlich:

»Aber die Sterne sind doch schöner.«

Und während die künstlichen Lichter langsam erloschen, eins nach dem andern, und das Boskett im Finstern lag, schauten sie alle empor zu den Sternen der Augustnacht.

»Zeige uns jetzt deine Sterne,« sagte Lady Lipton.

Die Mutter schüttelte den Kopf:

»Nein,« sagte sie, »jetzt wollen wir still sein.«

Sie blieb stehen, und die Freundinnen wurden schweigsam wie sie.

Kurz darauf gingen sie hinein. In den Stuben war es dunkel und kühl. Sie setzten sich alle in die Wohnstube, und niemand sprach. Schließlich sagte die Mutter:

»Ich glaube, die Sterne sind für die Traurigen da, damit sie verstehen sollen, daß es keinen Zweck hat, zu trauern, denn selbst unsre Trauer ist zu klein.«

Niemand antwortete.

Aber die Mutter erhob sich und setzte sich in der dunkeln Stube ans Klavier.

Die weißen Hände glitten über die Tasten, und während sie langsam – ganz langsam – einige Akkorde anschlug, sang sie leise, zu einer Melodie, die sie selbst gefunden hatte, die fremden Worte:

Wie die Pflanze welket,
weil ihre Wurzel ohne Nahrung ist,
wie die Blume verblaßt,
weil sie die Sonne nicht erreicht,
so verwelke ich, und so verblasse ich,
denn du hast mich nicht lieb. – –
Alles war still.

Über dem Garten, über den Feldern, über allen Wiesen funkelten die Sterne des Herbstes.

Die Freundinnen reisten ab, und die Erntezeit rückte heran, wo die schwerbeladenen Getreidewagen durch das Hoftor hereinrollten und die Mutter und Tine hoch oben auf dem Fuder neben den Mägden saßen, während die Kinder sich jauchzend in der Scheune wälzten, die gefüllt wurde.

Die Mutter sprang herunter, in Lars' Arme, und schrie:

»Halte mich, halte mich!«

Hinterher hatte sie solche Angst vor Ohrwürmern, daß sie sich bis auf die Haut entkleidete.

Auch die Erntezeit verrann, und die stillen, weißen Tage des Septembers kamen, der Garten lag leuchtend und ganz einsam da, und kaum eine Mücke summte über dem Teich.

Die Mutter saß meistens auf der weißen Treppe und ließ sich von der Sonne braten, während Tine zu ihren Füßen im Garten hantierte. Die Pappeln in der Allee bekamen gelbe Blätter und wurden gleichsam höher in der dünnen, klaren Luft.

Die Mutter schauerte zusammen:

»Wie lang die Schatten werden,« sagte sie.

Tine band die Rosen auf und sah über die Rasenplätze hin:

»Ja,« antwortete sie, »wir sind schon weit im Jahr.«

Die Mutter aber, die über die sonnenhellen Beete hinstarrte, wo nichts sich regte und alles glänzte, Blätter und Astern und die späten Rosen, sagte:

»Tine, irgendwo muß es doch Frieden geben: im Tode.«

Es wurde früh dunkel, und Tine und die Mutter und die Kinder gingen durch die Allee über die Felder hin, wo die Brombeerranken in den Gräben wucherten.

Sie begegneten niemandem, überall war es still. Hinter sich sahen sie, wie die Lichter des Dorfes, eins nach dem andern, angezündet wurden. Dann läuteten die Abendglocken.

Die Mutter blieb stehen; die Kinder hatten sich an sie geschmiegt. So weit sie blickte, lagen nur die weiten Felder und dort im Halbdunkel die stummen Lichter des Dorfes. Der Himmel war finster und ohne Sterne.

Lange redete niemand von ihnen. Dann sagte die Mutter, die im Dunkeln so groß aussah:

»Wissen Sie, Tine, hier sollte man die Menschen hinführen, die leiden.«

Kurz darauf aber sagte sie – und ihre Stimme war unbeschreiblich müde:

»Und doch, es würde nichts nützen. Ich glaube, die Schönheit der Erde erhöht nur das Leiden der Seele:

Es *gibt* keinen Trost.« –

Sie schritten weiter über die halbdunklen Felder. Die Glocken hatten aufgehört zu läuten, und man hörte keinen Laut außer dem Bellen einiger Hunde. Dann erstarb auch das.

»Wir wollen nach Hause gehen,« sagte die Mutter. Aber wenn sie nach Hause kamen, spielten die Kinder in der Wohnstube Zirkus in ihren Nachtkleidern. –

Die Pfarrer aus der Nachbarschaft kamen zum L'Hombre. Sie kamen herangerasselt in alten Kaleschen, mit dicken, rotbackigen Kutschern auf dem Bock; der Spieltisch wurde in Vaters Stube aufgestellt, wo der L'Hombre gespielt wurde, während man vor dem Rauch aus den langen Pfeifen nicht die Hand vor Augen sehen konnte.

Der alte Fangel fluchte und schimpfte, daß die Regale bebten und Mynsters Betrachtungen tanzten. Die Kinder, die nicht schlafen konnten, sprangen aus den Betten und bekamen Zwetschen, damit sie wieder ins Bett gingen.

Die Mutter spielte Klavier.

In Vaters Stube wurden sie immer hitziger und hitziger, die Groggläser wurden gefüllt, und der alte Fangel fluchte.

Der Morgen konnte anbrechen, und die Pastoren spielten noch.

»Nun spielen wir die letzte Partie auf dem Rasenplatz,« sagte der alte Fangel.

»Ja, tun Sie das, tun Sie das,« sagte die Mutter.

Die Pastoren verließen ihre Stühle – etwas unsicher waren sie auf den Beinen – und zogen durch die Wohnstube.

»Herrgott,« sagte Fangel, »so sieht man Gottes liebe Sonne wieder.«

Sie wackelten die Gartentreppe hinunter, ihre Groggläser wurden auf den Rasen gestellt, und auf dem Bauche liegend, spielten sie und schlugen dabei mit den fetten Händen ins Gras.

Die Mutter saß auf der Gartentreppe und lachte, lachte –

Doch legte sie dem alten Fangel eine wollene Decke über.

Aus dem Dorfe kamen Leute die Allee hinauf und gingen an ihnen vorüber.

»Guten Morgen,« sagten sie und nahmen still den Hut ab vor den geistlichen Herren.

»Guten Morgen, guten Morgen,« sagte der alte Fangel.

Die Sonne aber konnte hoch am Himmel stehen, und die Pastoren spielten immer noch.

Die Tage wurden kürzer und kürzer, an den Bäumen lichtete sich das Laub, und die allerletzten Rosen froren am weißen Hause entlang.

An der Südwand hingen noch die Trauben, voll und groß.

Die Mutter besah sie jeden Tag.

»Morgen wollen wir sie pflücken,« sagte sie zu Tine.

Am andern Tage holte sie eine Leiter herbei, und auf der obersten Stufe stehend, einen Korb in der Hand, pflückte sie die reichen, schweren Trauben.

Nun aß sie, und nun warf sie Tine eine Traube an den Kopf:

»Nimm sie, fang sie!« rief sie.

Die Leiter wurde weiter gerückt, und sie pflückte und pflückte.

Ganz oben stand sie. Aus Scherz hielt sie eine Traube an ihr dunkelschimmerndes Haar, während sie eine andere in der erhobenen Hand hielt. Die Sonne fiel auf sie, auf die funkelnden Trauben, auf das glänzende Haar.

Der Großknecht ging vorüber und blieb stehen.

Da warf ihm die Mutter die Traube gerade ins Gesicht:

»Ja, schön kann ich aussehen,« sagte sie und stieg die Leiter hinunter.

Sie ließ die Leiter wegnehmen, und Tine begann die Trauben zu zählen.

Die Mutter stand lange und betrachtete den nackten Weinstock.

Ihr Gesicht war wie verändert:

»Jetzt ist es vorbei,« sagte sie.

Sie ging hinein, ohne die Trauben zu beachten, und blieb lange, die Hände im Schoß, in ihrem Stuhl am Fenster sitzen, ganz im Dunkeln.

Drinnen in seinem Zimmer hörte man den Vater auf und ab gehen.

Draußen in der Küche hörte man Tine mit den Trauben herumwirtschaften, und die Stimmen der Leute, die hereinmußten und ihr Urteil über die Ernte abgeben. Tine kam in die Wohnstube und berichtete, wieviel Trauben es gewesen.

»Das waren ja viele,« sagte die Mutter.

»Ja – zehn mehr als voriges Jahr,« antwortete Tine.

»So.«

Im Hofe war es ganz finster.

Jens, der Kuhhirt, hatte seine Laterne angezündet, als er zum Vieh hinein ging.

Als er die Tür öffnete, brüllten die Kühe lang auf.

Die Mutter erhob sich von ihrem Platz. Wie ein Schatten glitt sie durch das Dunkel der Stube.

Sie setzte sich ans Klavier.

»Sind Sie da, Tine?« fragte sie.

»Ja, gnädige Frau.«

»Wissen Sie, ich saß eben und dachte daran, wie die Menschen glücklich sein könnten.«

»Aber es gibt ja auch überall glückliche Menschen,« antwortete Tine.

Die Mutter hob das bleiche Gesicht und sagte langsam:

»Es gibt genügsame Menschen, Tine, das mag wohl sein.«

Tine dachte eine Weile nach.

»Ja, Gottlob, es gibt ja so viele Arten Glück,« sagte sie.

Die Mutter schwieg. Dann sagte sie:

»Nein, Tine, ich habe Ihnen früher schon einmal gesagt, es gibt nur ein Glück, und der ist vielleicht am glücklichsten, der es nie gekannt hat.«

»Das verstehe ich nicht,« sagte Tine.

»Ja, denn es dauert nicht.«

Es war eine Weile still, bis Mutters schöne Hände über die Tasten glitten, und mit gedämpfter Stimme, während man den Vater an seiner Tür wie einen Schatten stehen sah, sang sie:

> Wie die Pflanze welkt,
> weil ihre Wurzel ohne Nahrung ist,
> wie die Blume verblaßt,
> weil sie die Sonne nicht erreicht;
> so verwelke ich, und so verblasse ich,
> denn du hast mich nicht lieb.

Der Gesang hörte auf.

Draußen war es Nacht. Drinnen war es dunkel. Die Mutter erhob sich.

»Zünden Sie die Lampe an, Tine,« sagte sie. »Die Kinder müssen ins Bett, und die Leute müssen Abendbrot bekommen.«

Printed in Poland
by Amazon Fulfillment
Poland Sp. z o.o., Wrocław

37104861R00097